聂资鲁　袁征　肖艳辉　主编

岳麓区法律经典案例评析（2016）

世界图书出版公司
广州·上海·西安·北京

图书在版编目 (CIP) 数据

  岳麓区法律经典案例评析 . 2016 / 聂资鲁，袁征，
肖艳辉主编 .—广州：世界图书出版广东有限公司，
2017.2
  ISBN 978-7-5192-2468-4

  Ⅰ . ①岳⋯ Ⅱ . ①聂⋯ ②袁⋯ ③肖⋯ Ⅲ . ①案例—
分析—长沙—2016 Ⅳ . ① D927.641.05

中国版本图书馆 CIP 数据核字 (2017) 第 043709 号

岳麓区法律经典案例评析（2016）
YUELUQU FALV JINGDIAN ANLI PINGXI（2016）

主　　编：聂资鲁 袁征 肖艳辉
责任编辑：成凤明
装帧设计：周文娜
出版发行：世界图书出版广东有限公司
地　　址：广州市新港西路大江冲 25 号
邮　　编：510300
电　　话：020-84460408
网　　址：http://www.gdst.com.cn
邮　　箱：wpc_gdst@163.com
经　　销：新华书店
印　　刷：长沙昌龙印刷有限公司
开　　本：710mm×1000mm　1/16
印　　张：19.5
字　　数：350 千
版　　次：2017 年 3 月第 1 版　　2017 年 3 月第 1 次印刷
国际书号：978-7-5192-2468-4
定　　价：58.00 元

序 言

同处国家重点风景名胜区岳麓山下的湖南大学法学院与长沙市岳麓区人民法院是实施国家"卓越法律人才培养计划"重要基地的共建单位。多年来，两院建立、健全了卓越法律人才培养的共建长效机制，合作开展了一系列在全国有着重要影响的共建活动，积累了大量的合作、共建经验。

司法是社会公平正义的最后一道防线，诉讼是现今社会解决纠纷的重要方式。大量的民商事纠纷和行政争议通过民事诉讼和行政诉讼的方式化解。由于司法诉讼专业性较强，在认知方面不易为一般民众所理解和接受。加强诉讼法律的普及宣传，剖析实务案例的规则指引，在理论界和实务界都具有积极而深远的意义。

为满足广大群众学法懂法的求知需求和高校法学专业实践教学的现实需要，湖南大学法学院与长沙市岳麓区人民法院决定共同合作出版"岳麓区法律经典案例评析"丛书。丛书将着力挖掘经典案例，阐释法律知识，介绍审判实务技巧。丛书将让读者感受到逻辑的力量和法律的尊严。每一个理论知识都体现出专家学者法律造诣的精深与博大，每一个案例都体现出人民法院司法审判的严谨和扎实。丛书的编纂过程，不是简单的文字整理和材料堆砌，而是一个对真实案件和法律知识精细研发，分析、研究，再分析、再研究的升华过程。每一个理论部分的研究，每一个案件的梳理、焦点问题的分析、法律条款的理解、证据的运用，都凝聚着专家与法官们集体的智慧。博大精深的理论结合生动鲜活的案例，将使本书具有很强的针对性、实用性，也表现出独特的学术价值。

现在面世的是《岳麓区法律经典案例评析（2016）》，该卷结合修订后的《民事诉讼法》、最高人民法院关于《民事诉讼法》的司法解释以及新修订的《行政诉讼法》等相关诉讼法律法规，深入浅出阐明了民事诉讼及行政诉讼的基本原理和相关知识，围绕着诉讼程序的进程分析了为什么诉、谁诉谁、到哪里诉以及怎么诉等方面的问题。同时，该卷还结合岳麓区人民法院真实的经典案例进行精析解读，由案件承办法官与大学教授共同对典型案例进行评析，从司法实务和法学理论角度深度剖析了当前司法实践中出现的一些法律适用冲突和争议问题，有很好的司法指导作用及实践教学示范价值。

概括而言，本书具有如下四个鲜明特色：

一是选材新颖务实，体例科学严谨。该卷重点关注和研究解读法院的民事诉讼、行政诉讼的相关知识，内容涵盖民事诉讼和行政诉讼的基本理论与案例，涉及诉讼实践的理论与实务等诸多方面。理论部分从诉讼法的价值、诉讼范围、管辖、当事人、证据、期间送达到法院调解、保全和先予执行、强制措施、审判制度等各个环节的问题都有生动阐述。

二是关注热点问题，突出务实管用。法学是一门实践性极强的科学，关注司法实践中的热点问题，成为2016卷的又一特色。该卷结合最高人民法院2015年2月4日颁布实施的新民诉法司法解释的规定及2015年5月1日实施的新行政诉讼法等相关法律法规以及司法案例进行编纂，关注热点、难点以及新问题，重点突出，具有针对性、新颖性等特点。

三是探讨疑难问题，博采双方所长。该卷系长沙市岳麓区人民法院与湖南大学法学院联合攻关的成果，岳麓区人民法院为本书提供了诸多疑难案件，每一个案例既有法官的分析，也有高校教师的点评，从多角度全面分析案情，理论和实务相结合，探讨疑难问题，引发读者思考，开阔读者视野。

四是精心选择案例，强化规则指引。该卷刊载的实务案例，均为岳麓区法院近几年审结的真实案件，集中体现了当前人民法院适用法律、依法裁判的司法智慧和现实担当，其中有的案例系该卷首次公布。在案例的体例编排方面，该卷列明了案例的案件编号、审理法院、案件出处，同时附上了判决书、裁定书。对于争议不大、与讲述知识点无关的内容，进行了删节；对于争议焦点问题，则完全予以保留。这样既方便读者阅读，也保留了案例的原汁原味，增强了书中案例的检索、引据功能。

窥豹一斑，可知全貌。法学院与法院合作的共建模式，丛书所采取的法学院与法院合作的编纂形式，具有良好的教育教学和实践指导价值，值得在学界和实务界大力推广。

党的十八届五中全会把坚持依法治国确定为必须遵循的原则，提出了法治建设的目标任务。依法治国是党领导人民治理国家的基本方略，是保障和推动经济社会持续健康发展的客观要求，也是促进社会和谐稳定和维护社会公平正义的必然要求。实现依法治国，首要在树立法律权威，关键在人民的内心拥护和真诚信仰。要将神圣的法律信仰植根在人民心中，必须让人民群众对法律知识和司法案例有充分的了解。丛书的编纂，为社会公众提供了普法学习的生动读本和维权诉讼的基本指引，也为司法工作者提供了业务学习的理论参考和实践办案的有益借鉴。我们希望有更多的高校和法院进一步加强合作，充分整合高校的研究资源与法院的实务资源，推出更多、更好的理论与实务紧密结合，既有高精尖理论水平，又接地气能务实管用的优秀成果，营造高校与法院合作共赢、携手发展的良好氛围，共促法律职业共同体的一体建设和协同发展。

是为序。

湖南大学二级教授、博士生导师
湖南大学法学院副院长　聂资鲁
湖南省长沙市岳麓区人民法院党组书记、院长　袁征
2016 年 5 月 5 日

目　录

民事诉讼部分

行政诉讼部分

民事诉讼部分

第一篇　基本制度

一、为什么需要民事诉讼

民事诉讼的主要目的就是要解决民事纠纷，所以先要了解什么是民事纠纷。

（一）民事纠纷的概念和特征

民事纠纷，又称民事冲突或民事争议，是社会纠纷的一种，是指民事主体违反了民事权利义务规范，侵害了他人民事权利或与他人发生争议，由此产生的以民事权利义务为内容的纠纷。

民事纠纷的内容主要表现为：有关财产关系的民事纠纷和有关人身关系的民事纠纷。前者如因财产所有关系和财产流转关系引起的民事纠纷；后者如因人格权关系和身份关系引起的民事纠纷。与刑事、行政性质的纠纷相比，民事纠纷最常见、数量也最多。民事纠纷是民事诉讼的主要受理范围。

民事纠纷具有：①主体之间法律地位平等；②内容为有关民事权利义务的争议；③基于违反民事实体法的规定而形成；④具有可处分性等特点。

（二）民事纠纷的解决机制

民事纠纷解决机制，是指解决民事纠纷的各种方法和制度。在国家出现以前，民事纠纷主要靠私力救济（又称自力救济）的方式解决。随着国家的出现，纠纷的解决逐步由公力救济[1]取代了私力救济，由国家建立一定的制度和

---

[1]　公力救济，是指国家以公权力为后盾，依照法律程序强制性解决纠纷，从而保障合法权益的方式，如行政裁决、诉讼。其中，诉讼是公力救济的典型形式。参见蔡虹.民事诉讼法（第三版）[M].北京：北京大学出版社，2013：8.

程序解决纠纷。在公力救济与私力救济之间，还有一种依靠社会的力量解决纠纷的机制，被称之为社会救济，如诉讼外调解、仲裁[1]等属于社会救济的范畴。[2]这三种纠纷解决方式尽管在不同的国家、不同的历史时期其作用和地位不同，但这三种解决纠纷方式相辅相成，互为补充，维护着社会的和谐与稳定。其中，公力救济具有合法性、程序性等优点。在现代社会，纠纷的解决通常是通过公力救济的方式来实现，然而，公力救济存在权利保护的交易成本较高等缺陷，相比而言，私力救济具有救济的直接性、纠纷解决依据的多元性和灵活性等特点，能够弥补公力救济存在的缺陷，在多元化纠纷解决机制中，私力救济存在进一步发展的空间，私力救济与公力救济既存在博弈关系又存在互补关系。[3]这使得私力救济在各国法制制度中占有一定的地位。只不过在法治社会中，公力救济是权利救济的主要方式，私力救济只是在一定范围内发挥其功能。但无论如何，社会上发生的纠纷并不都是通过审判来解决的，仅仅考虑审判过程内的纠纷解决，从社会整体的纠纷解决这一角度来看就意味着研究对象被局限于现象中极为有限的一个部分上。[4]

---

[1] 仲裁与诉讼，二者既有相同点也有不同点。相同点包括：处理争议的主体均是当事人之外的第三方；仲裁和诉讼都必须遵循一定的程序进行；仲裁和诉讼中的某些规则和制度是相一致的；仲裁裁决与诉讼判决都具有相同的法律效力，双方当事人必须全面履行。两者不同点包括：性质不同，即在是否具有国家意志性上不同；管辖权的依据不同，仲裁机构对案件的管辖权来源于双方当事人自愿协商，而人民法院对案件的管辖权来源于法律的规定。另外，仲裁与诉讼之间是或裁或审的关系，当事人只能选择其一，而仲裁程序的某些事项需要按诉讼程序办理，诉讼对仲裁起监督作用。张柏峰.中国当代审判制度概述[M].北京：人民法院出版社，2002：416-417.

[2] 诉讼外的纠纷解决机制，现被统称为"替代性纠纷解决方式"。(Alternative Dispute Resolution,简称为 ADR)。近年来，在西方的民事司法改革中，ADR 日益受到重视，已成为当代社会中与民事诉讼制度并行不悖、相互补充的重要社会机制。范愉.非诉讼纠纷解决机制研究[M].北京：中国人民大学出版社，2000：2.

[3] 舒瑶芝.民事诉讼程序分流研究[M].北京：法制出版社，2013：56.

[4] 舒瑶芝.民事诉讼程序分流研究[M].北京：法制出版社，2013：55.

二、什么是民事诉讼和民事诉讼法

（一）民事诉讼概述

民事诉讼是法院根据当事人的请求就民事纠纷事件利用国家权力强制解决的程序。相对于其他纠纷解决方式，诉讼以国家强制力为后盾，居于优势地位，一旦纠纷被系属于诉讼，其他民事程序都应终止或中止。而且，法院审判的结果具有终局性。[1]《民事诉讼法》第 3 条规定："人民法院受理公民之间、法人之间、其他组织之间以及他们相互之间因财产关系和人身关系提起的民事诉讼，适用本法的规定。"选择民事诉讼是解决民事纠纷的重要方式之一。

实际上，民事诉讼涵盖了诉讼活动与诉讼法律关系两个方面的内容。诉讼活动既包括法院的审判活动，大体分为一审程序、二审程序、审判监督程序和执行程序等主要阶段。每一个阶段又细分为若干子阶段，它们并非各自独立存在，而是彼此关联，有机统一；也包括诉讼参与人的诉讼活动。如原告起诉、被告应诉答辩、证人出庭作证等。诉讼法律关系，是指法院和一切诉讼参与人之间在诉讼过程中所形成的诉讼权利义务关系。例如，原告起诉后，法院经审查认为符合起诉条件，裁定予以受理，便与原告发生了诉讼法律关系；法院在受理后，在法定期限内将起诉状副本送达被告，便与被告发生了诉讼法律关系。[2]

民事诉讼具有严格的程序性，其内容大体由第一审程序、第二审程序和执行程序组成，具体步骤依次为：①起诉与受理；②审理前的准备；③开庭审理；④裁判；⑤上诉；⑥执行。不过需要注意的是，虽然这六个阶段共同构成民事诉讼的整体，但并不是每一具体的民事案件都必须经历所有阶段。如有的案件因在一审结束后没有提出上诉而就此终结，后面的阶段就无需经历了。另外，在已经发生法律效力的裁判确有错误时，还应按照审判监督程序进行再审。

在现实纷繁复杂的各种诉讼事件和纠纷中，虽然表现形式各不相同，形式

---

[1] 齐树洁.民事程序法 [M].厦门：厦门大学出版社，2002：25.

[2] 齐树洁.民事程序法 [M].厦门：厦门大学出版社，2002：23-24.

也各异，但是就其基本类型而言，都无外乎两种类型，即诉讼事件和非讼事件。所谓诉讼事件，是指存在相互直接对立的双方当事人，并对诉讼所涉及的标的存在民事权益争议的民事事件；所谓非讼事件，是指一般不存在直接对立的双方当事人，并且利害关系人在没有民事权益争议的情况下，请求法院确认某种事实是否存在，或法律关系发生、变更或消灭的民事事件。诉讼事件与非讼事件作为诉讼纠纷的最基本分类，涵盖了法院行使审判权解决民事纠纷的全部诉讼类型。[1]

（二）民事诉讼的目的

所谓民事诉讼目的，是指民事诉讼制度的存在或设立的意义，即国家制定民事诉讼制度所期望达到的目标或结果。民事诉讼目的的确立，反映了立法者对民事诉讼的本质属性、基本规律以及社会客观需要的认识和态度，同时也将决定民事诉讼程序的设计。[2]民事诉讼目的虽为一种对民事诉讼功能的主观反映，但民事诉讼目的的确立有利于为民事纠纷的解决提供方向与目标。

目前，国内外有关民事诉讼目的的学说有权利保护说、维护司法秩序说、纠纷解决说、程序保障说、权利保障说等。

民事诉讼目的的理论研究，为民事诉讼制度的制定提供了基本的理念。不同的目的观，随之而来的有不同的制度设计结构。[3]民事诉讼目的往往取决于特定历史时期占主导地位的民事诉讼价值观，同时，民事诉讼目的的实现也会制约着民事诉讼价值观，在很多情形下，会导致诉讼价值观的变化。现代民主法制社会中，民事诉讼的目的不仅在于维护国家所设定的实体法秩序，还在于保护当事人的民事权利（特别是程序性权利），这在我国《民事诉讼法》第2条中也有体现。

---

[1] 廖中洪. 中国民事诉讼程序制度研究 [M]. 北京：中国检察出版社，2004：210-211.

[2] 蔡虹. 民事诉讼法（第三版）[M]. 北京：北京大学出版社，2013：39.

[3] 陈静. 论民事诉讼目的的若干问题 [J]. 青年与社会，2013（23）.

（三）民事诉讼法的概念和任务

民事诉讼法是指国家制定或认可的、用以调整民事法律关系主体的各种行为和诉讼权利义务关系的、诉讼主体必须遵循的行为规范。

民事诉讼法有实质意义上的民事诉讼法与形式意义上的民事诉讼法之别。实质意义上的民事诉讼法指规定关于民事诉讼法一切事项之法规而言；形式意义上的民事诉讼法，指命名为"民事诉讼法"之法律而言。除"民事诉讼法"外，凡规定有关民事法院之组织、权限、管辖、当事人能力、当事人适格、诉讼行为之要件、程序及效果之法规，皆为实质意义上的民事诉讼法。[1]

依据《民事诉讼法》第2条规定，民事诉讼法的任务，可以概括为以下五项：①保护当事人行使诉讼权利；②保证人民法院查明事实，分清是非，正确适用法律，及时审理民事案件；③确认民事权利义务关系，制裁民事违法行为，保护当事人的合法权益；④教育公民自觉遵守法律；⑤维护社会秩序、经济秩序，保障社会主义建设事业顺利进行。

（四）我国民事诉讼法的法律渊源

民事诉讼法的渊源，是指民事诉讼法的表现形式，是民事诉讼法律规范的存在形式或载体。中国民事诉讼法的法律渊源有以下几种：

1. 宪法。《宪法》作为国家的根本大法，具有最高的法律效力，是国家一切立法活动的基础，是制定各种法律的依据，《民事诉讼法》也不例外，从指导思想、基本原则、任务，到有关的制度、程序方面的规定，都是根据《宪法》的有关规定和基本精神而制定的。具体体现在以下几个方面：①《宪法》规定了中华人民共和国人民法院是国家的审判机关，本法就具体规定了各级人民法院行使审判权审理民事案件的原则、制度和程序；②《宪法》规定人民法院审判案件，除法律规定的特殊情况外，一律公开进行，据此，本法就规定了公开审判的具体制度，如何进行公开审判，以及不公开审理的特殊情况；③《宪法》规定了中华人民共和国公民在法律面前一律平等，任何组织

---

[1] 姚瑞光.民事诉讼法论[M].北京：中国政法大学出版社，2011：6.

或者个人都不得有超越宪法和法律的特权，据此，本法规定了民事诉讼当事人有平等的诉讼权利，人民法院审理民事案件，应当保障和便利诉讼当事人行使诉讼权利，对诉讼当事人在适用法律上一律平等；④《宪法》规定了中华人民共和国人民检察院是国家的法律监督机关，本法就规定了检察机关进行法律监督的具体程序。这表明民事诉讼法是宪法精神的体现[1]，民事诉讼法的制定和修改，必须以宪法为根据。通过制定民事诉讼法，将宪法中有关民事诉讼程序的抽象的法律规范变为可操作的、具体的民事诉讼法的法律条文，使宪法精神得到具体化。中国民事诉讼法第 1 条明确规定："中华人民共和国民事诉讼法以宪法为根据……制定"。

2. 民事诉讼法典。《中华人民共和国民事诉讼法》于 1991 年 4 月 9 日第七届全国人民代表大会第四次会议通过，自 1991 年 4 月 9 日公布之日起施行。2007 年对民事诉讼法进行了第一次修改，2012 年 8 月 31 日十一届全国人民代表大会常务委员会第二十八次会议通过了修改《中华人民共和国民事诉讼法》的决定，并对民事诉讼法进行了第二次修订。本法对民事诉讼程序作出了系统的规定，属于形式意义上的民事诉讼法，是中国民事诉讼法主要的法律渊源。

3. 司法解释。为了弥补《民事诉讼法》内容上的粗陋与不足，以及为了适应和推进民事审判方式改革的需要，最高人民法院先后颁布了一系列的司法解释，例如 1992 年 7 月 14 日颁布的《关于适用〈中华人民共和国民事诉讼法〉若干问题的意见》(该《意见》于 2015 年 2 月 4 日失效)、1993 年 3 月执行的《最高人民法院关于严格执行公开审判制度的若干规定》、1993 年 11 月 16 日颁布的《第一审经济纠纷案件适用普通程序开庭审理的若干规定》与《经济纠纷案件适用简易程序开庭审理的若干规定》、1994 年 12 月 22 日颁布的《关于在经济审判工作中严格执行〈中华人民共和国民事诉讼法〉的若干规定》、1997 年 5 月 29 日颁布的《关于人民法院立案工作的暂行规定》、1998 年 7 月 6 日颁布的《关于民事经济审判方式改革问题的若干规定》、1998 年 7 月 8 日颁布的《关于人民法院执行工作若干问题的规定（试行）》、2001 年 12 月 6 日通过的《关于民事诉讼证据的若干规定》、2003 年 7 月 4 日《关于适用简易程序审理民事

[1] 杨荣馨.《中华人民共和国民事诉讼法》释义 [M]. 北京：清华大学出版社，2012：1-2.

案件的若干规定》、2007 年 6 月 4 日发布的《最高院关于加强人民法院审判公开工作若干意见》以及 2014 年 12 月 18 日通过，于 2015 年 2 月 4 日起施行的《最高人民法院关于适用〈中华人民共和国民事诉讼法〉的解释》（以下简称《民事诉讼法司法解释》），等等。

4. 其他法律、法规中有关民事诉讼的规范。

（五）民事诉讼法的效力

民事诉讼法的效力，又称为民事诉讼法的适用范围，是指民事诉讼法对什么人、什么事、在什么时间和空间发生效力。

1. 对人的效力

民事诉讼法对人的效力，是指民事诉讼法适用于哪些人，哪些人进行民事诉讼应遵守我国的《民事诉讼法》。依据《民事诉讼法》第 4 条规定，凡在中华人民共和国领域内进行民事诉讼，必须遵守我国民事诉讼法。这意味着无论是中国公民、法人或其他组织，还是外国人、无国籍人、外国企业或组织，只要这些主体在我国领域内进行民事诉讼，就必须适用我国的《民事诉讼法》。

不过需要注意的是，《民事诉讼法》第 261 条规定："对享有外交特权与豁免的外国人、外国组织或者国际组织提起的民事诉讼，应当依照中华人民共和国有关法律和中华人民共和国缔结或者参加的国际条约的规定办理。"又依据《中华人民共和国外交特权与豁免条例》及有关国际条约的规定，上述人员或组织享有司法豁免权，因此，这些主体不受我国的司法管辖，自然也就不适用我国《民事诉讼法》。

2. 对事的效力

民事诉讼法对事的效力，是指民事诉讼法适用于哪些案件，哪些争议应当适用我国民事诉讼法来解决。依据《民事诉讼法》第 3 条及其他相关条文的规定，适用民事诉讼法审理的案件可列举以下五类：

（1）由民法调整的平等主体之间的财产关系和人身关系纠纷所发生的案件。前者包括基于物权、债权发生的纠纷，后者包括基于民事主体的人格权和身份权等发生的纠纷；

（2）由经济法调整的经济关系纠纷，法律规定适用民事诉讼法审理的案件；

（3）本应由劳动法调整的劳动关系纠纷，法律规定适用民事诉讼程序审理的案件；

（4）法律规定适用民事诉讼程序解决的其他案件。主要包括适用特别程序审理的选民资格案件和宣告公民失踪、死亡等非讼案件、按照督促程序解决的债务案件；

（5）按照公示催告程序解决的宣告票据和其他有关事项无效的案件。

3. 空间效力

民事诉讼法的空间效力，是指民事诉讼法适用的空间范围。根据我国《民事诉讼法》第4条的规定，民事诉讼法适用的空间范围是我国的领域，这里包括我国的领土、领海、领空以及领土延伸的范围。考虑到我国是一个统一的多民族国家，为了照顾少数民族的特殊情况和特殊需要，《民事诉讼法》规定，民族自治地方的人民代表大会根据宪法和民事诉讼法的原则，结合当地民族的具体情况，可以制定变通或者补充的规定。这种变通或者补充的规定是我国民事诉讼法的有机组成部分。[1]需要注意的是，我国港澳台地区暂不适用《民事诉讼法》。

4. 时间效力

民事诉讼法的时间效力，是指民事诉讼法从何时起开始生效，其效力又于何时终止，也即民事诉讼法的有效期间。根据法律适用的一般原则，法律一般自国家立法机关公布施行之日起发生效力，法律的效力终止时间也是由国家作出正式宣布。我国现行的《民事诉讼法》自1991年4月9日起生效，于2012年8月31日颁布的修改后的民事诉讼法的有关条文，自2013年1月1日起生效。

（六）民事诉讼法的基本原则和特有原则

民事诉讼法的基本原则，是指在民事诉讼的整个过程中，或者在重要的诉讼阶段起指导作用的准则。它是民事诉讼活动的核心和基础性指导思想，它的确立和变化，对整体民事诉讼制度产生根本性影响。民事诉讼法基本原则是制

---

[1] 杜新宇. 浅谈我国民事诉讼法的任务和效力范围 [J]. 青年与社会，2014（29）.

定、适用、解释民事诉讼法的依据，也是法院、当事人以及其他诉讼参与人进行民事诉讼活动所必须遵循的根本性准则。[1] 当民事诉讼中出现民事诉讼法未规定的具体问题时，法院和当事人以及其他诉讼参与人可以根据民事诉讼法的基本原则灵活处置。在立法上民事诉讼法基本原则的不确定性和模糊性与民事诉讼法具体规定的确定性和精确性的统一，使民事诉讼法构成了一个科学的法律系统。民事诉讼法基本原则对民事诉讼法的实施具有指导性，民事诉讼中的各项具体制度和权力义务的规定是对民事诉讼法所定之基本原则的落实。[2] 2012年最新修正的《民事诉讼法》，增加"诚实信用原则"；删除"人民调解"的规定；扩大检察院实行法律监督的范围，将"民事审判活动"修改为"民事诉讼活动"。[3]

民事诉讼法基本原则体系可以分为根据宪法原则，结合人民法院组织法等有关规定制定的基本原则与根据民事诉讼法的特殊要求制定的特殊原则。前者如以事实为根据，以法律为准绳原则、诉讼权利平等原则，这些原则的特点在于它们不仅适用于民事诉讼，而且也适用于刑事或行政诉讼；而后者反映了民事诉讼的特殊规律，是民事诉讼法的特有原则。

民事诉讼法的特有原则主要设置在《民事诉讼法》第一章之中，分别包括如下具体原则：

1. 当事人诉讼权利平等原则。《民事诉讼法》第 8 条规定："民事诉讼当事人有平等的诉讼权利。人民法院审理民事案件，应当保障和便利当事人行使诉讼权利，对当事人在适用法律上一律平等。"依据本条规定，当事人诉讼权利平等原则具体包括如下三个方面：①当事人平等地享有诉讼权利；②人民法院应当保障和便利当事人平等地行使诉讼权利；③对当事人在适用法律上一律平等。

2. 同等原则和对等原则。《民事诉讼原则》第 5 条规定："外国人、无国籍人、外国企业和组织在人民法院起诉、应诉，同中华人民共和国公民、法人和其他组织有同等的诉讼权利义务。外国法院对中华人民共和国公民、法人和其他组

[1] 江伟.民事诉讼法[M].北京：中国人民大学出版社，2008：59.

[2] 王福华.民事诉讼法学[M].北京：清华大学出版社，2012：37-38.

[3] 李金蔚.浅析民事诉讼法基本原则[J].神州，2013（14）.

织的民事诉讼权利加以限制的，中华人民共和国人民法院对该国公民、企业和组织的民事诉讼权利，实行对等原则。"本条规定的同等原则和对等原则实际上是国际法上国家平等原则在民事诉讼法上的体现，是国家平等原则对人民法院审理涉外民事诉讼案件的要求。[1]依据该条规定，我国法律对在人民法院进行民事诉讼的外国人、无国籍人、外国企业和组织，赋予同等的诉讼权利义务，即采取同等原则。但是，如果外国法院对中华人民共和国公民、法人和其他组织的民事诉讼权利加以限制的，中华人民共和国人民法院对该国公民、企业和组织的民事诉讼权利，也采取相应措施，加以限制，即此时采取的是对等原则。

3. 法院调解自愿和合法的原则。《民事诉讼法》第 9 条规定："人民法院审理民事案件，应当根据自愿和合法的原则进行调解；调解不成的，应当及时判决。"法院调解原则是人民法院行使审判权的重要方式。人民法院审理民事案件时，应当注重调解，促使双方当事人达成协议，解决纠纷。法院调解原则主要包括以下几个方面的含义：①法院审理民事案件，只要有调解的可能，应当尽量用调解的方式结案，商事案件也包括在内[2]；②法院调解必须遵循自愿和合法的原则；③调解适用于诉讼的任何阶段，即适用于诉讼的整个过程；④调解作为法院解决民事纠纷的一种方式，并不是法院审理民事纠纷的必经程序，那些无法用调解方式解决的纠纷，应当及时判决。

4. 辩论原则。《民事诉讼法》第 12 条规定："人民法院审理民事案件时，当事人有权进行辩论。"本条被认为是民事诉讼法对辩论原则的规定，辩论权是当事人的一项重要的诉讼权利。辩论原则贯穿于民事诉讼程序的全过程，即从当事人起诉到诉讼终结的整个过程，当事人都有权行使辩论权。而辩论的内容既可以是程序方面的问题，也可以是实体方面的问题；既可以是言辞形式，也可以是书面形式。本条规定的辩论原则的基础是诉讼当事人享有平等的诉讼权利，原告和被告享有平等的诉讼地位。

5. 诚实信用原则。《民事诉讼法》第 13 条第 1 款规定："民事诉讼应当遵循诚实信用原则。"如前所述，该原则是 2012 年修改的《民事诉讼法》新增内容。

[1] 杨荣馨.《中华人民共和国民事诉讼法》释义 [M]. 北京：清华大学出版社，2012：9.

[2] 汤维建，向泰. 民事诉讼法 [M]. 北京：中国人民大学出版社，2003：78.

在民法领域，诚实信用原则被称为"帝王条款"，可见诚实信用原则对现代民法的影响重大。在现代民事诉讼法中，同样需要确立该原则以强调民事诉讼法的诉讼本位和对实体正义的追求。[1] 诚实信用原则在民事诉讼中，主要适用于对当事人及诉讼参与人的诉讼行为上，表现为对当事人及诉讼参与人诉讼行为的规制和要求，具体包括以下几个方面：①当事人及诉讼参与人负有真实陈述的义务；②当事人及诉讼参与人负有促进诉讼的义务；③禁止以欺骗方法形成不正当诉讼状态；④禁反言；⑤禁止滥用诉讼权利；⑥禁止规避法律等。民事诉讼中的诚实信用原则对法官和法院的导向和规制主要包括以下几个方面：①对法官的自由心证进行控制；②对法官的自由裁量进行控制；③禁止突袭裁判，要求法官通过诉讼程序与当事人充分交涉，保障当事人的民事诉讼权利。

6. 处分原则。《民事诉讼法》第 13 条第 2 款规定："当事人有权在法律规定的范围内处分自己的民事权利和诉讼权利。"处分原则，是指民事诉讼当事人在法律规定的范围内，有权按照自己的意愿处分自己的民事权利和诉讼权利。关于处分原则，需要注意以下几点：①享有处分权的主体是与案件有法律上直接利害关系的当事人；②当事人处分的权利包括民事实体权利与民事诉讼权利。对民事实体权利的处分，主要表现为当事人自主决定审理的对象和范围；对民事诉讼权利的处分主要表现为当事人对诉讼的进行和终结有决定权。

需要注意的是，民事诉讼当事人行使处分权不得违反法律规定，不得损害国家、社会、集体及个人的利益，如有违反，该不当的处分行为会被认定为无效。

7. 检察监督原则。《民事诉讼法》第 14 条规定："人民检察院有权对民事诉讼实行法律监督。"从法理上分析，检察监督属于法制监督中的一种。法制监督是法制运行过程中不可或缺的贯穿性机制，是权力制约体系的有机组成部分，是现代民主和法制政治的基本运行机制。检察监督属于法制监督体系中国家监督中的一类，根据宪法规定，人民检察院是国家专门法律监督机关，其监督属于宪法的明确授权。2012 年修改的《民事诉讼法》在民事检察监督环节，对监督范围、监督方式、监督手段的规定均有所突破。如新《民事诉讼法》第

---

[1] 杨荣馨.《中华人民共和国民事诉讼法》释义 [M]. 北京：清华大学出版社，2012：21.

208 条增加了人民检察院有权对法院调解活动进行监督的规定，拓宽了检察监督的范围，将调解书纳入了检察监督的范围，强化了监督的手段[1]。本法第 208 条至第 213 条、第 235 条等规定，是检察监督原则的具体化。

8. 支持起诉原则。《民事诉讼法》第 15 条规定："机关、社会团体、企业事业单位对损害国家、集体或者个人民事权益的行为，可以支持受损害的单位或者个人向人民法院起诉。"受注释法学派的影响，学者称之为支持起诉原则。支持起诉原则，是指对损害国家、集体或他人民事权益的行为，作为受害人的单位或个人不能、不敢或不便向人民法院起诉时，有关机关、社会团体、企业事业单位有权支持受损害的单位或个人向人民法院起诉，请求司法保护。此原则可以有效利用社会力量，为弱势群体实现诉讼权利提供帮助，制止民事违法行为，有利于实现社会正义，维护社会法制。然而，三十多年的民事诉讼实践至今，该原则也受到了多方质疑。[2]

三、为什么可以诉：基于诉权

（一）什么是诉权？诉权是指民事纠纷的主体所享有的，就特定的民事争议请求法院保护自己的民事实体权益的权利

既然宪法和法律赋予民事主体生命权、财产权等各种权利，那么也应保证民事主体在这些权利受到侵害或发生争议时能获得充分的救济，因为，"没有救济的权利不是权利"。在文明社会中，国家禁止私力救济，将强制性解决纠纷的职能全部收为己有，当然也就产生了国家对民事主体的权利遭受侵害时给予保护的义务。与此对应，民事主体也就应当拥有保护权利的请求权，其中最重要的方式就是利用诉讼的权利。[3]民事主体享有的实体权利是行使诉权的前提，而诉权是实现民事主体实体权利的保障。虽然法律赋予了每个人权利与义

---

[1] 丁怿芳. 从检察监督原则看新民诉给检察机关带来的机遇 [J]. 职工法律天地（下），2014（1）.

[2] 刘丽. 论和谐社会中的支持起诉原则——为我国民事诉讼法的修改建言献策 [J]. 消费导刊，2008（1）.

[3] 蔡虹. 民事诉讼法（第三版）[M]. 北京：北京大学出版社，2013：75.

务，但基于人的本性，我们不能期待每个人在任何时候都能够自觉履行自己应履行的义务，因此有必要针对他拒绝履行或怠于履行义务的情形设置可有效地促使其履行义务或承担责任的制度来维护相关权利人的利益，从而实现社会的优良秩序。

（二）诉权与诉讼权利的关系

诉权与诉讼权利之间是密切联系，又相互区别的关系。诉权是诉讼权利的基础，而诉讼权利是诉权的具体表现形式。只有享有诉权的人才能具体进行诉讼，否则，无法进行诉讼，诉讼权利也无从产生。反过来，诉权的实现，需要借助诉讼权利，通过诉讼权利将诉权的内容予以具体化，如果诉权不能具体化为诉讼权利，诉权的实现也变得不可能。

二者的区别主要表现在以下几个方面：（1）法律依据和内容不同。诉权是宪法、人民法院组织法以及依据宪法制定的民法、经济法、民事诉讼法赋予的；而诉讼权利，仅仅是民事诉讼法规定的权利，宪法和民法、经济法没有规定当事人的诉讼权利。（2）时间有先后之分。诉权产生在先，诉讼权利产生在后。从民事权利受到侵犯或与他人发生民事纠纷时起，民事主体便享有诉权。而诉讼权利只是因起诉和受理而产生了民事诉讼法律关系时才产生，不存在民事诉讼法律关系，也就不可能有诉讼权利。（3）存续期间不同。诉讼的存续期间要比诉讼权利长。诉权的存续期间贯穿于整个诉讼过程，而诉讼权利依当事人在诉讼过程中的地位和所处的具体诉讼阶段不同而不同。（4）主体范围不同。诉权的享有主体是民事主体，而诉讼权利的享有主体并不限于民事主体，证人、鉴定人、翻译人员等诉讼参与人也享有诉讼权利，但他们不享有诉权。民事诉讼法律关系中既享有诉讼权利又享有诉权的主体只能是合格的当事人。（5）人民法院在应当受理案件而不受理的情况下，人民法院所侵犯、所剥夺的是民事主体的诉权而非诉讼权利。[1]

---

[1] 王国征.诉权和诉讼权利的区别 [J].法学杂志，1992（2）.

（三）什么是诉？

1. 诉的概念和特征

民事诉讼中的诉，是指当事人依照法律规定，向人民法院提出的保护其合法权益的请求。诉是一个具有双重含义的概念，包括实体意义上的和程序意义上的诉。所谓程序意义上的诉，是指当事人向法院提出的启动民事审判程序的请求；所谓实体意义上的诉，是指当事人向法院提出的保护其民事权益的请求。诉是由原告以诉讼的方式提起的。

诉的特征包括：第一，诉只能由当事人提出，即纠纷的当事人是诉的主体；第二，诉只能向法院提出。虽然可以解决纠纷的机构很多，但只有向法院提出的解决纠纷的请求，才能称之为诉；第三，诉是一种请求，是当事人向法院提出的请求。诉包括实体意义上的诉和程序意义上的诉。后者是手段，前者是目的，前者与当事人的起诉权相对应，后者与当事人的胜诉权相对应。当事人的实体意义上的诉同时也是法院裁判的依据，法院裁判一般不得超出请求范围或数额，也不得遗漏当事人的诉讼请求。

2. 诉的要素

诉的要素是诉的内在组成，是指构成一个诉所不可缺少的因素。它是区别不同种类的诉和每一个具体的诉的依据，并使诉特定化、具体化，使此诉与彼诉相区别，可以防止重复起诉。一般认为，诉的要素包括：诉的主体（诉的当事人）、诉的标的、诉的理由。

（1）诉的主体

也称诉的当事人，是指发生民事纠纷，以自己的名义请求人民法院行使审判权的人及其相对人。任何一个诉都必须要有诉的主体，诉的主体主要表明纠纷究竟发生于何人之间。即使诉的其余要素均相同，但只要诉的主体不同，就可形成另外一个新诉。

（2）诉讼标的

诉讼标的，是指当事人之间发生民事权利义务争议并提请人民法院作出裁判的实体权利义务关系。诉讼标的是诉的客体，是法院裁判的对象。确定的诉讼标的是法院审理和裁判的对象,因此在诉讼过程中,不允许任意变更诉讼标的。

诉讼标的不同于诉讼标的物。前者是当事人之间发生争议的民事权利义务关系,后者是这些民事权利义务关系所指向的对象。任何一个案件都必须具有一个特定的诉讼标的,但并不是任何案件都需要存在诉讼标的物。

诉讼标的也不同于诉讼请求。前者是当事人之间发生争议的民事权利义务关系,而后者是基于这些民事权利义务关系向法院提出的要求。

（3）诉的理由

诉的理由,是指当事人提出诉这一请求所依据的事实与法律规定。事实依据一般包括两类:一类是引起民事法律关系发生、变更或消灭的事实;二是权利受到侵害或法律关系发生争议的事实。

3. 诉的分类

依据当事人诉的目的和内容不同,诉可以分为确认之诉、给付之诉、变更之诉。

（1）确认之诉

确认之诉,是指原告请求人民法院确认其与被告之间是否存在某种民事法律关系的诉。在此类诉中,原告只是要求法院确认特定的民事法律关系存在与否。请求法院确认某一民事法律关系存在的诉称之为积极的确认之诉;请求法院确认某一民事法律关系不存在的诉称之为消极的确认之诉。

确认之诉是基于当事人双方对他们之间是否存在一定的民事法律关系的理解不同而产生的,当事人提起确认之诉是为了通过法院的审理消除争议。

（2）给付之诉

给付之诉,是指原告请求法院判令被告向其履行某种特定给付义务的诉。这个义务可以是给付一定的金钱、财物,也可以要求为或不为一定的行为。

给付之诉不同于确认之诉,确认之诉只是要求法院确认特定的民事法律关系是否存在,而在给付之诉中,当事人之间对他们之间是否存在一定的民事法律关系问题上没有分歧,当事人提起给付之诉的目的是请求法院根据他们之间既存的民事法律关系判令对方履行义务。

依据给付内容的不同,可将给付之诉分为特定物给付之诉、种类物给付之诉和行为的给付之诉。还可以依据履行义务的时间不同,可将给付之诉分为现在给付之诉和将来给付之诉。

（3）变更之诉

变更之诉，又称为形成之诉，是指原告请求人民法院依法以判决的形式改变或消灭既存的一定民事法律关系的诉。变更之诉与给付之诉相同，当事人对于他们之间是否存在某种特定民事法律关系并无分歧，变更之诉只是原告想要改变现存的民事法律关系。原告提起变更之诉，须提出发生了引起民事法律关系变更或消灭的新的法律事实的证据。

以上三种诉，虽然各自的目的和内容不同，但它们不仅可以单独提出，又可一并提出，三种诉可以同时存在于同一案件之中。

（四）什么是反诉？

1. 反诉的概念和特征

反诉，是指在已经开始的民事诉讼程序中，本诉被告针对本诉原告向人民法院提出的与本诉在事实上和法律上有牵连的独立的反请求。

能够提起反诉是被告的一项重要的诉讼权利。民事诉讼法设立反诉制度的目的在于，一方面赋予被告一种救济手段，另一方面是为了通过法院对本诉与反诉的合并审理，可以达到诉讼经济的目的。同时，还可避免人民法院就同一案件作出相互矛盾的判决。

反诉的特点包括：①当事人的同一性，即在反诉中，本诉中的双方当事人仍然是反诉中的双方当事人，只不过他们的地位发生了转换，本诉中的被告在反诉中成为原告，本诉中的原告在反诉中成为被告；②诉讼请求的独立性。这表现在，虽然反诉是本诉被告利用已经开始的诉讼程序提出与本诉中原告的诉讼请求有密切联系的反请求，但这种请求本身并不依附于本诉中原告的诉讼请求而存在。即使本诉的诉讼请求被放弃或撤回，反诉依然存在，法院仍然要对其进行审理并作出裁判；③反诉的目的具有对抗性。被告提出反诉，目的在于使本诉原告的诉讼目的无法全部实现或部分实现。

2. 反诉的提起和审理

反诉是诉的一种，提起反诉须具备一定的条件，具体包括：①反诉的主体和相对人具有特定性，反诉只能由本诉的被告针对本诉的原告提出。依据《民事诉讼法司法解释》第233条的规定，反诉的当事人应当限于本诉的当事人的范围；②反诉须向受理本诉的法院提起，且受诉法院对反诉有管辖权。因确立反诉制度的目的之一就是对本诉与反诉进行合并审理，因此反诉只能向受理本诉的法院提出。至于受理本诉的法院是否对反诉享有管辖权，只要不违背专属管辖、协议管辖等强制性规范，本诉法院均对反诉享有管辖权。反诉应由其他人民法院专属管辖的，裁定不予受理，告知另行起诉；③反诉与本诉须适用同一诉讼程序，这同样是为了实现合并审理的目的；④反诉须在法律规定的期间内提出。依据最高人民法院《关于民事诉讼证据的若干规定》（以下简称《证据规定》）第34条的规定，反诉一般应在本诉受理后举证期限届满前提出，超出举证时限提出的反诉，如果人民法院认为应当合并审理，须重新指定举证期限；⑤须反诉与本诉之间存在牵连关系。这种牵连关系表现为事实上或法律上的牵连，反诉与本诉存在牵连关系，才有合并审理的必要。反诉与本诉的诉讼标的及诉讼请求所依据的事实、理由无关联的，裁定不予受理，告知另行起诉。

本诉的被告提出反诉后，人民法院应审查是否符合反诉提起的条件，对于符合条件的反诉，应予受理。在开庭审理过程中提出的反诉，除非本诉原告放弃法定的答辩期利益，法院应休庭让原告答辩并另行指定开庭的日期。法院原则上应对本诉与反诉进行一并审理，除了例外情况以外，应对两诉一并调查和辩论，一并作出裁判。

四、到哪里诉？

到哪里诉涉及到主管和管辖的问题。

（一）主管概述

诉讼程序的第一个问题，就是要解决当发生民事纠纷时，民事主体可以向谁起诉的问题。而哪些法院对于哪些民事纠纷具有受理权限，这是法院主管问题。在民事诉讼中，主管问题之所以发生，是因为民事纠纷是社会纠纷中数量最多的一种，而国家为解决这些纠纷设置了多种解决方式。民事纠纷发生后，有的可通过人民法院按照诉讼程序解决，有的可以由其他国家机关、社会团体，分别采用其他的方法，如调解、仲裁或行政的方法予以解决，因此，就必须合理地划分人民法院同其他国家机关、社会团体在处理民事纠纷方面的职权分工和权限。[1]

《民事诉讼法》第3条规定：人民法院受理公民之间、法人之间、其他组织之间以及他们相互之间因财产关系和人身关系提起的民事诉讼，适用本法的规定。这一规定是以发生争议的实体法律关系是否属于民事关系为标准来划定民事诉讼主管范围的。可以作为民事诉讼受理的案件具体包括以下几类：（1）由民法调整的平等主体之间的财产关系和人身关系产生的案件；（2）由婚姻法调整的婚姻家庭关系产生的案件；（3）经济法调整的部分经济关系产生的案件；（4）由劳动法调整的劳动合同关系和劳资关系产生的案件；（5）由其他法律调整的社会关系产生的特殊类型案件。

（二）民事诉讼主管与其他组织主管之间处理争议的关系

为了有效地解决大量的民事权益纠纷，我国建立了多元的解决纠纷的机制，除了人民法院以外，其他国家机关、社会团体也在一定范围内有权处理民事纠纷。因此有必要明确人民法院与其他国家机关、社会团体之间的主管范围。

1. 人民法院与人民调解委员会

人民调解委员会作为群众性自治组织，只能调解民间的一般民事纠纷，性质严重、情节复杂、影响重大的民事案件一般由人民法院进行审理。需要注意的是，对于人民调解委员会可以调解的民事纠纷，人民法院均有权予以审理。

二者的不同之处主要有两点：其一，一方当事人提起民事诉讼，法院有义务受理；人民调解不是民事诉讼的必经阶段，是否经过人民调解完全由当事人自行确定；其二，对法院和人民调解委员会均有权处理的纠纷，一方向调解委员会申请调解，另一方向法院起诉的，由法院主管。经双方当事人同意，纠纷交由人民调解委员会调解后调解未成功的，当事人可向法院起诉，法院应予受

---

[1] 蔡虹. 民事诉讼法（第三版）[M]. 北京：北京大学出版社，2013：134.

理；其三，人民调解解决争议不具有法律效力，当事人对经人民调解委员会主持达成的调解协议不服时，仍然可以向人民法院提起民事诉讼。

2. 人民法院与仲裁机构

民事诉讼与仲裁是两种并列的具有法律效力的争议解决方式，处于或裁或审的状态，即当事人或者通过签订仲裁协议的方式进行仲裁，或者进行诉讼。如果当事人一旦以协议的方式选择仲裁，则应当提起仲裁。但是劳动争议仲裁与农业集体经济组织内部的农业承包合同纠纷仲裁为例外，当事人无需达成仲裁协议即可单方申请仲裁，而且即使作出仲裁裁决，对裁决不服的，仍可以向法院起诉。

（三）管辖

1. 管辖的概念及分类

民事诉讼中的管辖，是指人民法院之间受理第一审民事案件的分工和权限。它是在法院内部具体确定特定的民事案件由哪个法院行使民事审判权的一项制度。

主管只划定了民事审判权作用的范围，只解决了哪些纠纷可以作为民事诉讼受理，并未解决具体由哪个法院来受理哪些纠纷。主管与管辖是民事诉讼中具有密切联系但又互不相同的两个概念。主管先于管辖发生，它是确定管辖的前提与基础。只有主管问题先得到解决之后，才能进一步解决管辖问题。

我国的法院有四级，除最高人民法院外，每一级都有多个法院，因此，在解决了某一纠纷是否属于法院民事诉讼受案范围的问题后，接着就需要对属于法院民事诉讼受案范围的纠纷作进一步划分，再具体分配到各个法院。在这个过程中，会发生两次分配：第一次分配发生在不同级别的法院之间，通过分配明确四级法院各自受理一审民事案件的分工和权限；第二次分配是在第一次分配完成以后，对于通过第一次分配划归本级法院受理的一审民事案件，进一步进行划分并分配到同一级中的各个具体法院。

在民事诉讼理论中，按照不同标准可对管辖作出如下不同的分类：（1）依据是否有法律规定为标准，管辖可分为法定管辖和裁定管辖。法定管辖，是指法律明文规定第一审民事案件的管辖法院。法定管辖分为地域管辖和级别管辖。与此相反，裁定管辖并不是由法律明文规定，而是由人民法院以裁定的方式确定案件的管辖。民事诉讼法规定的移送管辖、指定管辖、管辖权的转移，都是通过裁定的方式来确定管辖法院的，都属于裁定管辖的范畴；（2）依据是否由法律强制规定为标准，管辖可分为专属管辖和协议管辖。专属管辖，是指法律明确规定某类案件只能由特定法院管辖，其他法院无权管辖，也不允许当事人协议变更管辖。需要注意的是，专属管辖是法院管辖独有的制度，仲裁没有专属管辖。协议管辖，是指双方当事人在合同纠纷或者其他财产权益纠纷发生之前或发生之后，以协议的方式选择解决他们之间纠纷的管辖法院。这里的其他财产权益纠纷包括因物权、知识产权中的财产权而产生的民事纠纷；（3）依据诉讼主体、诉讼客体与法院辖区之间的关系不同，可以将管辖分为共同管辖和合并管辖。共同管辖，是指两个以上的法院对同一案件都有管辖权；合并管辖，又称牵连管辖，是指对某个案件有管辖权的人民法院可以一并审理与该案有牵连的其他案件。[1]

2. 管辖恒定

管辖恒定，是指确定案件的管辖权，以起诉时为准，起诉时对案件享有管瞎权的法院，其后若确定管辖权的因素发生变化，受诉法院亦不得将案件移送给因确定管辖权因素发生变化而在理论上拥有管辖权的法院，而是应继续审理此案直至作出判决。[2]

管辖恒定主要分为级别管辖恒定和地域管辖恒定。前者主要指级别管辖按起诉时的诉讼请求或诉讼标的额确定后，一般不因诉讼过程中诉讼请求或诉讼标的额的增减而发生变动。但当事人故意规避级别管辖等规定的除外；后者指地域管辖按起诉时的标准确定后，不因诉讼过程中确定管辖的因素的变动而变动。

---

[1] 我国现行《民事诉讼法》并没有对合并管辖作出明文规定。但是，鉴于诉的合并制度的顺利运行需要立法提供必要的程序保障，有必要在《民事诉讼法》中对合并管辖作出明文规定，为诉的合并制度提供管辖上的保障。参见张晋红.民事诉讼合并管辖立法研究 [J]. 中国法学，2012（2）: 154.

[2] 陈桂明，李仕春.程序安定论——以民事诉讼为对象的分析 [J]. 政法论坛，1999（5）.

3.级别管辖

如前所述，依据是否有法律规定为标准，管辖分为法定管辖和裁定管辖。法定管辖又分为级别管辖和地域管辖。

级别管辖，是指按照一定的标准，划分上下级法院之间受理第一审民事案件的分工和权限。级别管辖是人民法院系统内部从纵向确定不同级别的法院之间管辖第一审民事案件的分工和权限。在我国，除一些专门法院以外分为四等级，分别是基层人民法院、中级人民法院、高级人民法院和最高人民法院。级别管辖实际上是划分以上四级法院之间受理第一审民事案件的分工和权限。

依据我国《宪法》第 123 条规定，中华人民共和国人民法院是国家的审判机关。根据 1982 年颁布的《宪法》和 1979 年《人民法院组织法》的规定，我国人民法院的组织体系，由最高人民法院、地方各级人民法院、军事法院等专门人民法院构成。我国人民法院分为四级，即最高人民法院、高级人民法院、中级人民法院和基层人民法院。最高人民法院作为最高审判机关，监督地方各级人民法院和专门人民法院审判工作。地方各级人民法院包括基层人民法院、中级人民法院和高级人民法院，上级人民法院监督下级人民法院审判工作。

我国民事诉讼法对于级别管辖的划分标准，主要是以案件的性质、繁简程度和案件影响的大小，并适当考虑诉讼主体的特点来确定级别管辖的。依据 1992 年最高人民法院关于适用《中华人民共和国民事诉讼法》若干问题的意见相关规定，争议标的金额的大小也是确定级别管辖的重要依据，针对各地人民法院确定的级别管辖的争议标的数额标准各有不同，最高人民法院于 2008 年 3 月 30 日发布了《全国各省、自治区、直辖市高级人民法院和中级人民法院管辖第一审民商事案件标准》，以此进一步具体明确了全国各地高级人民法院与中级人民法院管辖的第一审民事案件。

另外，针对审判实践中发现的违反级别管辖规定的问题，为了依法维护诉讼秩序和当事人的合法权益，最高人民法院于 2009 年通过了《关于审理民事级别管辖异议案件若干问题的规定》，该规定于 2010 年 1 月 1 日起施行。该规定以强化上级法院对级别管辖秩序的审判监督力度，规范级别管辖秩序，提高裁判的权威性和公信力作为其目的。[1]

4. 各级法院管辖的第一审民事案件

我国《民事诉讼法》第 17 条至第 20 条，对各级人民法院管辖的第一审民事案件，作出了明确的规定。

（1）基层人民法院管辖的第一审民事案件

依据我国《民事诉讼法》第 17 条规定，基层人民法院管辖第一审民事案件，但本法另有规定的除外。也就是说，除法律规定应由中级人民法院、高级人民法院和最高人民法院管辖的第一审民事案件外，其他第一审民事案件原则上均由基层人民法院管辖。在人民法院组织系统中，基层人民法院数量多、分布广、审判人员的数量多，并且没有审理上诉案件的任务。所以，一般来说，将第一审民事案件原则上都交给基层法院承担是比较符合法院工作均衡负担原则的。同时，由于民事纠纷的发生地、当事人住所地或者争议的财产所在地，都与基层人民法院辖区相联系，因此，由基层人民法院作为第一审法院，既方便当事人诉讼，又方便人民法院审理。[2]

（2）中级人民法院管辖的第一审民事案件

依据我国《民事诉讼法》第 18 条规定，中级人民法院管辖的第一审民事案件包括：重大涉外案件、在本辖区有重大影响的案件及最高人民法院确定由中级人民法院管辖的案件（包括著作纠纷、专利纠纷[3]和商标纠纷、海事海商纠纷[4]、重大的涉港澳台的民事案件、地区、地级市（含本级）以上的工商行政管理机关核准登记企业的破产案件、纳入国家计划调整的企业破产案件、证券虚假陈述民事赔偿案件、以中国证券登记结算有限责任公司或其分支机构为

---

[1] 刘学文，姜启波，王胜全，刘小飞 . 最高人民法院《关于审理民事级别管辖异议案件若干问题的规定》解读 [J]. 法律适用，2010（1）.

[2] 法律出版社法规中心 . 民事诉讼常见法律问题及疑难解决法条速查与文书范本 [M]. 北京：法律出版社，2014：15.

[3] 依据《民事诉讼法司法解释》第 2 条第 1 款的规定，专利纠纷案件由知识产权法院、最高人民法院确定的中级人民法院和基层人民法院管辖。

[4] 依据《民事诉讼法司法解释》第 2 条第 2 款的规定，海事、海商案件由海事法院管辖。海事法院的级别相当于中级人民法院。

被告、第三人的部分第一审民事案件[1]、垄断民事纠纷[2]等）。依据《民事诉讼法司法解释》第1条，重大涉外案件，包括争议标的额大的案件、案情复杂的案件，或者一方当事人人数众多等具有重大影响的案件。在本辖区有重大影响的案件中的"本辖区"，是指中级人民法院的辖区。"有重大影响"是指案件本身涉及的范围或案件的处理结果影响之大，已超出了基层人民法院辖区范围，如果这些案件仍让由基层人民法院行使审判权，将会很难取得良好的社会效果。

（3）高级人民法院管辖的第一审民事案件

依据我国《民事诉讼法》第19条规定，高级人民法院管辖在本辖区内有重大影响的第一审民事案件。本条并未对高级人民法院管辖的第一审民事案件作出具体规定，只是原则规定管辖本辖区内有重大影响的第一审民事案件。这是因为考虑到高级人民法院既要审理由中级人民法院审结的第一审民事案件，还要对全省、自治区、直辖市内的基层人民法院和中级人民法院民事审判工作实行监督和指导。因此，作为高级人民法院，除了管辖本辖区内有重大影响的案件外，主要精力应投入到指导和监督下级人民法院民事审判工作上面。为了

---

[1] 最高人民法院《关于中国证券登记结算有限责任公司履行职能相关的诉讼案件指定管辖问题的通知》第1条规定："根据《中华人民共和国民事诉讼法》第37条和《中华人民共和国行政诉讼法》第22条的有关规定，指定中国证券登记结算有限责任公司及其分支机构所在地的中级人民法院分别管辖以中国证券登记结算有限责任公司或其分支机构为被告、第三人的下列第一审民事和行政案件：

　　1. 中国证券登记结算有限责任公司或其分支机构根据法律、法规、规章的规定，进行证券登记、存管、结算业务或对结算参与人及其他相关单位和人员作出处理决定引发的诉讼；

　　2. 中国证券登记结算有限责任公司或其分支机构根据法律、法规的授权和国务院证券监督管理机构的依法授权，进行证券登记、存管、结算业务或对结算参与人及其他相关单位和人员作出处理决定引发的诉讼；

　　3. 中国证券登记结算有限责任公司或其分支机构根据其章程、业务规则的规定以及相关业务合同、协议、备忘录的约定，进行证券登记、存管、结算业务或对结算参与人及其他相关单位和人员作出处理决定引发的诉讼；

　　4. 中国证券登记结算有限责任公司或其分支机构在履行证券登记、存管、结算职能过程中引发的其他诉讼。"

[2] 最高人民法院《关于审理因垄断行为引发的民事纠纷案件应用法律若干问题的规定》第3条规定："第一审垄断民事纠纷案件，由省、自治区、直辖市人民政府所在地的市、计划单列市中级人民法院以及最高人民法院指定的中级人民法院管辖。经最高人民法院批准，基层人民法院可以管辖第一审垄断民事纠纷案件。"

便利当事人诉讼和人民法院办案，提高审判效率，改变最高人民法院和高级人民法院审理民事、经济纠纷案件数量过多、超审限严重的情况，以利于更有效地监督和指导下级人民法院民事、经济审判工作，最高人民法院于1999年4月9日作出《关于各高级人民法院受理第一审民事、经济纠纷案件问题的通知》中明确了各高级法院受理一审案件的标的范围。

（4）最高人民法院管辖的第一审民事案件

依据我国《民事诉讼法》第20条的规定，最高人民法院管辖在全国有重大影响的案件和认为应当由本院审理的第一审民事案件。最高人民法院是我国的最高审判机关，其主要任务是对全国地方各级人民法院和军事法院等专门人民法院实行审判监督和指导，对于在审判过程中有关适用法律、法规的批复、指示或司法解释，同时还要受理不服各高级人民法院第一审民事裁判的上诉和抗诉案件，所以最高人民法院一般不受理第一审民事案件。但《民事诉讼法》也没有完全排除最高人民法院受理第一审民事案件的可能性，这无疑为出现有必要由最高人民法院审理的案件时，为其能够行使审判权提供了理论依据，这种立法处理是值得肯定的。

5. 地域管辖

所谓地域管辖，又称"区域管辖"，是指同级人民法院之间受理第一审民事案件的分工和权限。地域管辖是在某个案件的级别管辖确定之后对管辖权所作的进一步划分，它解决的是同级但是不同地域法院之间受理第一审民事案件的分工和权限。

从各国民事诉讼法关于地域管辖的规定来看，确定地域管辖的标准主要有两个：其一是诉讼当事人的所在地（尤其是被告的住所地）[1]与法院所在地的地域关系；其二是诉讼标的、诉讼标的物或法律事实与法院所在地的地域关系。根据以上标准，在当事人的所在地、诉讼标的等处于某一法院辖区内时，该地区的法院就可对该案件行使管辖权。我国民事诉讼法在确定地域管辖时适用的

---

[1] 依据《民事诉讼法》第3条的规定，公民的住所地是指公民的户籍所在地；法人或者其他组织的住所地是指法人或者其他组织的主要办事机构所在地；法人或者其他组织的主要办事机构所在地不能确定的，法人或者其他组织的注册地或者登记地为住所地。

也是上述标准。我国法院的辖区与行政区域相一致，即同级不同区域的法院，它们享有的审判权作用的空间范围与地方行政权可及的空间范围基本上是一致的。[1] 即在当事人的所在地或诉讼标的处于某一行政区域内时，诉讼就由设在该行政区域内的法院管辖。

根据《民事诉讼法》的规定，地域管辖分为一般地域管辖、特殊地域管辖、专属管辖、共同管辖和协议管辖。下面就对地域管辖的以上类型分别予以介绍。

（1）一般地域管辖

一般地域管辖，是指根据当事人所在地（住所地、经常居住地）与其所在地的法院的隶属关系确定的管辖。

依据《民事诉讼法》第21条的规定，我国民事诉讼一般地域管辖的原则是"原告就被告"，即原告提起诉讼应到被告所在地。通常情况下，都应按此原则确定案件的管辖，但《民事诉讼法》还规定，在一些特殊情形下，民事诉讼由原告住所地人民法院管辖，这就是"原告就被告"原则的例外。

依据《民事诉讼法》第23条的规定，下列民事诉讼，由原告住所地人民法院管辖；原告住所地与经常居住地不一致的，由原告经常居住地[2]人民法院管辖：

第一，对不在中华人民共和国领域内居住的人提起的有关身份关系的诉讼。这类诉讼必须具备两个条件：一是被告不在中国领域内居住；二是必须是涉及身份关系的诉讼，即涉及婚姻关系、亲子关系、收养关系等基于婚姻、血缘等产生的关系。

第二，对下落不明或者宣告失踪的人提起的有关身份关系的诉讼。这类诉讼必须具备两个条件：一是被告必须下落不明或者为法院宣告失踪的人；二是案件必须是与身份关系有关的诉讼。这两个条件必须同时具备，缺一不可。

第三，对被采取强制性教育措施的人提起的诉讼。这种情况下由于被采取强制性教育措施的人离开了自己的住所地或者经常居住地，且人身自由受到一

---

[1] 王福华.民事诉讼法学 [M].北京：清华大学出版社，2012：81.

[2] 依据《民事诉讼法》第4条的规定，公民的经常居住地，是指公民离开住所地至起诉时已连续居住一年以上的地方，但公民住院就医的地方除外。

定的限制，原告不便依据"原告就被告"原则向被采取强制性教育措施的人住所地法院提起诉讼。因此，法律规定这类案件由原告住所地人民法院管辖。

第四，对被监禁的人提起的诉讼。正在被监禁的人，是指在监狱、看守所或者劳动改造场所被关押失去人身自由的人。包括依法被囚禁的未决犯人、已判刑人员和被实施监禁以进行劳动改造的罪犯。由于他们在被监禁期间失去了人身自由，脱离了住所地或者经常居住地，原告很难知道他们的地址，无法或者不便向被告住所地人民法院起诉。为了维护当事人的利益，法律规定这类案件由原告住所地或者经常居住地人民法院管辖。

此外，《民事诉讼法司法解释》第6条至第16条还规定了综合适用"原告就被告"、"被告就原告"原则的情形。具体包括以下几种情形：

第一，被告一方被注销城镇户口的，由原告住所地法院管辖；双方均被注销城镇户口的，由被告居住地的人民法院管辖。

第二，当事人的户籍迁出后尚未落户，有经常居住地的，由该地人民法院管辖；没有经常居住地的，由其原户籍所在地人民法院管辖。

第三，双方当事人都被监禁或者被采取强制性教育措施的，由被告原住所地人民法院管辖。被告被监禁或者被采取强制性教育措施1年以上的，由被告被监禁地或者被采取强制性教育措施地人民法院管辖。

第四，追索赡养费、抚育费、抚养费案件的几个被告住所地不在同一辖区的，可以由原告住所地人民法院管辖。

第五，不服指定监护或者变更监护关系的案件，可以由被监护人住所地人民法院管辖。

第六，双方当事人均为军人或者军队单位的民事案件由军事法院管辖。

第七，夫妻一方离开住所地超过1年，另一方起诉离婚的案件，可以由原告住所地人民法院管辖。夫妻双方离开住所地超过1年，一方起诉离婚的案件，由被告经常居住地人民法院管辖；没有经常居住地的，由原告起诉时被告居住地人民法院管辖。

第八，在国内结婚并定居国外的华侨，如定居国法院以离婚诉讼须由婚姻缔结地法院管辖为由不予受理，当事人向人民法院提出离婚诉讼的，由婚姻缔结地或者一方在国内的最后居住地人民法院管辖。

第九，在国外结婚并定居国外的华侨，如定居国法院以离婚诉讼须由国籍所属国法院管辖为由不予受理，当事人向人民法院提出离婚诉讼的，由一方原住所地或者在国内的最后居住地人民法院管辖。

第十，中国公民一方居住在国外，一方居住在国内，不论哪一方向人民法院提起离婚诉讼，国内一方住所地人民法院都有权管辖。国外一方在居住国法院起诉，国内一方向人民法院起诉的，受诉人民法院有权管辖。

第十一，中国公民双方在国外但未定居，一方向人民法院起诉离婚的，应由原告或者被告原住所地人民法院管辖。

在以上案件中，被告、原告住所地或所在地人民法院均有可能成为案件的管辖法院。

（2）特殊地域管辖

我国民事诉讼法规定的特殊地域管辖，是指以诉讼标的所在地、法律事实所在地以及被告住所地为标准确定的管辖。特殊地域管辖是相对于一般地域管辖而言的，凡是特殊地域管辖的案件，优先适用特殊地域管辖的规定确定管辖法院。[1]

依据我国《民事诉讼法》第 23 条至第 32 条及《民事诉讼法司法解释》第 17 条至第 23 条以及第 24 条至第 27 条的规定，以下十种诉讼属于特殊地域管辖的诉讼。

第一，因合同纠纷提起的诉讼，由被告住所地或者合同履行地人民法院管辖。合同或者其他财产权益纠纷的当事人可以书面协议选择被告住所地、合同履行地、合同签订地、原告住所地、标的物所在地等与争议有实际联系的地点的人民法院管辖，但不得违反本法对级别管辖和专属管辖的规定。合同约定履行地点的，以约定的履行地点为合同履行地。合同对履行地点没有约定或者约定不明确，争议标的为给付货币的，接收货币一方所在地为合同履行地；交付不动产的，不动产所在地为合同履行地；其他标的，履行义务一方所在地为合同履行地。即时结清的合同，交易行为地为合同履行地。合同没有实际履行，

---

[1] 叶青.民事诉讼法：案例与图表 [M].北京：法律出版社，2009：28.

且当事人双方住所地均不在合同约定的履行地的，由被告住所地人民法院管辖。财产租赁合同、融资租赁合同以租赁物使用地为合同履行地。但合同对履行地另有约定的，从其约定。以信息网络方式订立的买卖合同，通过信息网络交付标的的，以买受人住所地为合同履行地；通过其他方式交付标的的，收货地为合同履行地。但合同对履行地另有约定的，从其约定。

第二，因财产保险合同纠纷提起的诉讼，如果保险标的物是运输工具或者运输中的货物，可以由运输工具登记注册地、运输目的地、保险事故发生地人民法院管辖。因人身保险合同纠纷提起的诉讼，可以由被保险人住所地人民法院管辖。

第三，因票据纠纷提起的诉讼，由票据支付地或者被告所在地人民法院管辖。

第四，因公司设立、确认股东资格、分配利润、股东名册记载、请求变更公司登记、股东知情权、公司决议、公司合并、公司分立、公司减资、公司增资、解散等纠纷提起的诉讼，由公司住所地人民法院管辖。

第五，因铁路、公路、水上、航空运输和联合运输合同纠纷提起的诉讼，由运输始发地、目的地或者被告住所地人民法院管辖。

第六，因侵权行为提起的诉讼，由侵权行为地或者被告住所地人民法院管辖。这里的"侵权行为地"，包括侵权行为实施地、侵权结果发生地。信息网络侵权行为实施地包括实施被诉侵权行为的计算机等信息设备所在地，侵权结果发生地包括被侵权人住所地。因产品、服务质量不合格造成他人财产、人身损害提起的诉讼，产品制造地、产品销售地、服务提供地、侵权行为地和被告住所地人民法院都有管辖权。

第七，因铁路、公路、水上和航空事故请求损害赔偿提起的诉讼，由事故发生地或者车辆、船舶最先到达地、航空器最先降落地或者被告住所地人民法院管辖。

第八，因船舶碰撞或者其他海事损害事故索赔提起的诉讼，由碰撞发生地、碰撞船舶最先到达地、加害船舶被扣留地或者被告住所地人民法院管辖。

第九，因海难救助费用提起的诉讼，由救助地或者被救助船舶最先到达地人民法院管辖。

第十，因共同海损提起的诉讼，由船舶最先到达地、共同海损理算地或者航程终止地人民法院管辖。

第十一，已经离婚的中国公民，双方均定居国外，仅就国内财产分割提起诉讼的，由主要财产所在地人民法院管辖。

第十二，当事人申请诉前保全后没有在法定期间起诉或者申请仲裁，给被申请人、利害关系人造成损失引起的诉讼，由采取保全措施的人民法院管辖。当事人申请诉前保全后在法定期间内起诉或者申请仲裁，被申请人、利害关系人因保全受到损失提起的诉讼，由受理起诉的人民法院或者采取保全措施的人民法院管辖。

6. 专属管辖

专属管辖，是指将特定种类的案件专门划归某一个或某几个法院管辖。同普通地域管辖和特别地域管辖相比较而言，专属管辖最为突出的特点就在于其在管辖法院确定上的绝对排他性，即凡属于专属管辖的案件，除了立法所明确限定的某一个或某几个法院具有管辖权之外，其他任何法院均无管辖权。与此同时，专属管辖还具有阻却当事人基于意思自治原则协议变更管辖法院以及法院依照职权裁定更易案件管辖的效力。[1]

依据我国《民事诉讼法》第 33 条的规定，属于专属管辖的诉讼有以下三类：

（1）因不动产纠纷提起的诉讼，由不动产所在地人民法院管辖。这里的"不动产纠纷"是指因不动产的权利确认、分割、相邻关系等引起的物权纠纷。农村土地承包经营合同纠纷、房屋租赁合同纠纷、建设工程施工合同纠纷、政策性房屋买卖合同纠纷，按照不动产纠纷确定管辖。不动产已登记的，以不动产登记簿记载的所在地为不动产所在地；不动产未登记的，以不动产实际所在地为不动产所在地。

（2）因港口作业中发生纠纷提起的诉讼，由港口所在地人民法院管辖。

（3）因继承遗产纠纷提起的诉讼，由被继承人死亡时住所地或者主要遗产所在地人民法院管辖。

---

[1] 赵钢.专属地域管辖与特别地域管辖趋同论[J].法学杂志，1998（01）.

另外，依据我国《海事诉讼特别程序法》第7条的规定，下列海事诉讼，属于海事法院专属管辖：

（1）因沿海港口作业纠纷提起的诉讼，由港口所在地海事法院管辖。

（2）因船舶排放、泄漏、倾倒油类或者其他有害物质，海上生产、作业或者拆船、修船作业造成海域污染损害提起的诉讼，由污染发生地、损害结果地或者采取预防污染措施地海事法院管辖。

（3）因在中华人民共和国领域和有管辖权的海域履行的海洋勘探开发合同纠纷提起的诉讼，由合同履行地海事法院管辖。

7. 共同管辖

共同管辖也称为选择管辖，是指对于某类诉讼两个或两个以上人民法院均有管辖权，原告可以选择向其中一个人民法院起诉。对于共同管辖的诉讼，原告有权从自己有利的角度出发从数个有管辖权的法院中进行选择，而被选中的法院应当尊重当事人所做的选择，不得将案件移送给另一个有管辖权的法院。共同管辖中因管辖权发生争议的，由相关法院进行协商确定管辖，协商不成的，报相关法院共同的上级法院指定管辖。

8. 协议管辖

协议管辖，又称合意管辖或约定管辖，是指当事人双方就某一民事纠纷发生之前或之后，以书面方式约定特定案件的管辖法院。2012年新修订的《民事诉讼法》，不仅在第34条拓展了管辖协议的适用案件类型和可选法院范围，而且还新增第127条第2款首次确立了拟制管辖协议制度。这两条规定不仅适用于国内民事争议，还适用于涉外民事诉讼。

依据《民事诉讼法》第34条的规定，协议管辖须具备以下条件：

（1）在审级上，协议管辖仅适用于第一审民事案件。

（2）在案件类型上，协议管辖只限于因合同纠纷或者其他财产权益纠纷提起的诉讼。当事人因同居或者在解除婚姻、收养关系后发生财产争议，约定管辖的，也可依据《民事诉讼法》第34条的规定确定管辖。

（3）在表现形式上，协议管辖必须以书面合同的形式选择管辖。书面协议，包括书面合同中的协议管辖条款或者诉讼前以书面形式达成的选择管辖的协议。

（4）在选择范围上，仅限于本案的被告住所地、合同履行地、合同签订地、原告住所地和标的物所在地等与争议有实际联系的地点的人民法院，而不能选择与合同没有实际联系地的人民法院，且当事人选择的管辖法院必须是确定的、单一的。根据管辖协议，起诉时能够确定管辖法院的，从其约定；不能确定的，依照《民事诉讼法》的相关规定确定管辖。管辖协议约定两个或两个以上与争议有实际联系的地点的人民法院管辖，原告可以向其中一个人民法院起诉。管辖协议约定由一方当事人住所地人民法院管辖，协议签订后当事人住所地变更的，由签订管辖协议时的住所地人民法院管辖，但当事人另有约定的除外。

（5）在管辖类型上，当事人只能协议变更第一审的地域管辖，但不得违反《民事诉讼法》有关级别管辖和专属管辖的规定。

9. 裁定管辖

裁定管辖，是指法院以裁定的方式确定诉讼的管辖。裁定管辖是对法定管辖的补充和变通，依据我国《民事诉讼法》第 36 条至第 38 条的规定，裁定管辖主要包括移送管辖、指定管辖和管辖权转移。

（1）移送管辖

移送管辖，是指人民法院发现受理的案件不属于本院管辖的，移送给有管辖权的人民法院管辖。[1] 很多情况下移送管辖是发生在同级法院之间，但有时也发生在上下级法院之间。人民法院发现受理的案件不属于本院管辖的，应当移送有管辖权的人民法院，受移送的人民法院应当受理。

依据《民事诉讼法》第 36 条的规定，移送管辖必须具备三个条件：①人民法院已经受理了案件；②人民法院发现受理的案件不属于本院管辖；③受移送的人民法院对案件有管辖权。

这里需要注意禁止移送的几种情形，具体包括：①受移送的人民法院不能再自行移送（受移送的人民法院认为受移送的案件依照规定不属于本院管辖的，应当报请上级人民法院指定管辖）；②有管辖权的法院受理案件以后，根据管辖恒定原则，不能以当事人住所地、经常居住地变更为由移送管辖；③两个以上人民法院都有管辖权的诉讼，先立案的人民法院不得将案件移送给另一

---

[1] 柴发邦 . 民事诉讼法学新编 [M]. 北京：法律出版社，1992：142.

个有管辖权的人民法院。人民法院在立案前发现其他有管辖权的人民法院已先立案的，不得重复立案；立案后发现其他有管辖权的人民法院已先立案的，裁定将案件移送给先立案的人民法院。

（2）指定管辖

指定管辖，是指上级人民法院以裁定的方式指定其下级人民法院对某个案件行使管辖权。依据《民事诉讼法》第 36 条及第 37 条的规定，指定管辖适用于以下三种情形：①受移送的人民法院认为受移送的案件依照规定不属于本院管辖的，应当报请上级人民法院指定管辖；②有管辖权的人民法院由于特殊原因，不能行使管辖权的，由上级人民法院指定管辖；③人民法院之间因管辖权发生争议，由争议双方协商解决；协商解决不了的，报请它们的共同上级人民法院指定管辖。发生管辖权争议的两个人民法院因协商不成报请它们的共同上级人民法院指定管辖时，双方为同属一个地、市辖区的基层人民法院的，由该地、市的中级人民法院及时指定管辖；同属一个省、自治区、直辖市的两个人民法院的，由该省、自治区、直辖市的高级人民法院及时指定管辖；双方为跨省、自治区、直辖市的人民法院，高级人民法院协商不成的，由最高人民法院及时指定管辖。报请上级人民法院指定管辖时，应当逐级进行。对报请上级人民法院指定管辖的案件，下级人民法院应当中止审理。指定管辖裁定作出前，下级人民法院对案件作出判决、裁定的，上级人民法院应当在裁定指定管辖的同时，一并撤销下级人民法院的判决、裁定。

（3）管辖权转移

管辖权转移，是指经上级人民法院决定或同意，将案件的管辖权由上级人民法院转移至下级人民法院，或者由下级人民法院转移至上级人民法院。管辖权转移通常在直接的上下级法院之间进行，是对级别管辖的变通和个别调整。管辖权的转移和移送管辖是两个不同的概念。前者是有管辖权的人民法院，将案件的管辖权转移给原来没有管辖权的人民法院，所转移的是案件的管辖权，而后者是无管辖权的人民法院将不属于自己管辖的案件移送给有管辖权的人民法院，所移送的仅是案件，而非管辖权。

依据《民事诉讼法》第 38 条的规定，管辖权转移的情形包括以下两种：

①下级人民法院的管辖权转移至上级人民法院。上级人民法院有权审理本应由下级人民法院管辖的第一审民事案件。同时，下级人民法院对它所管辖的第一审民事案件，认为需要由上级人民法院审理的，可以报请上级人民法院审理。

②上级人民法院的管辖权转移至下级人民法院。确有必要将本院管辖的第一审民事案件[1]交下级人民法院审理的，应当报请其上级人民法院批准。依据最高人民法院《关于审理民事级别管辖异议案件若干问题的规定》第 5 条的规定，对于应当由上级人民法院管辖的第一审民事案件，下级人民法院不得报请上级人民法院交其审理。

五、谁诉谁：诉讼当事人和代理人

（一）诉讼当事人概念和特征

民事诉讼当事人，是指因民事权利义务发生争议，以自己的名义进行诉讼，要求法院行使民事裁判权的人及其相对人。

当事人的称谓，因诉讼程序和阶段的不同而有所不同，在第一审普通程序、简易程序和小额诉讼程序中，起诉和被诉的主体分别被称为原告和被告。在第二审程序中，原一审程序中的当事人被称为上诉人和被上诉人。在审判监督程序中，如果适用第一审程序进行再审，则原审的原告和被告仍被称为原告和被告；如果适用第二审程序进行再审，则原审的上诉人和被上诉人仍被称为上诉人和被上诉人。在特别程序中，请求法院行使民事裁判权的人通常被称为申请人；但在选民资格案件程序中，则被称为起诉人。在督促程序中，要求法院行

---

[1] 依据《民事诉讼法司法解释》第 42 条的规定，上级法院可以交由下级法院审理的第一审民事案件的类型包括：①破产程序中有关债务人的诉讼案件；②当事人人数众多且不方便诉讼的案件；③最高人民法院确定的其他类型案件。以上案件应当在开庭审理前移交下级人民法院审理。人民法院交下级人民法院审理前，应当报请其上级人民法院批准。上级人民法院批准后，人民法院应当裁定将案件交下级人民法院审理。

使民事裁判权的人及其相对人分别被称为申请人和被申请人。在公示催告程序中，又分别被称为申请人和利害关系人。在执行程序中，则被称为申请执行人和被执行人。

民事诉讼当事人特征包括以下三点：①以自己的名义进行诉讼；②与案件有直接利害关系；③受人民法院裁判约束。

（二）诉讼权利能力和诉讼行为能力

诉讼权利能力，也被称为当事人诉讼权利能力或者当事人能力，是指成为民事诉讼当事人，享有民事诉讼权利和承担民事诉讼义务所必需的诉讼法上的资格。当事人具备当事人能力，这是诉讼要件之一。如果当事人不具备当事人能力，法院将驳回起诉。

诉讼权利能力与民事权利能力有着密切的联系。在通常情况下，二者是一致的，即只要有民事权利能力的人就具有诉讼权利能力，但也有一些情况是，没有民事权利能力的人，也可以有诉讼权利能力，成为民事诉讼中的当事人。例如，依据《民事诉讼法》第48条的规定，不具有民事权利能力的其他组织，在某些情况下，也可以有诉讼权利能力。

需要注意的是，依据《民事诉讼法》第48条的规定，公民、法人和其他组织均可称为民事诉讼中的当事人，然而，公民的诉讼权利能力与法人和其他组织的诉讼权利能力，在存续时间上是不同的。公民的诉讼权利能力始于出生，终于死亡，而法人和其他组织的诉讼权利能力，始于成立，终于终止。

诉讼行为能力，又称为诉讼能力，是指当事人可以亲自实施诉讼行为，并通过自己的行为，行使诉讼权利和承担诉讼义务的诉讼法上的资格。

有诉讼权利能力但没有诉讼行为能力的人，虽然可以成为民事诉讼中的当事人，但其为诉讼行为，必须通过其法定代理人或者由其法定代理人委托的诉讼代理人代为实施诉讼行为。只有同时具备诉讼权利能力和诉讼行为能力的人，才能独立行使诉讼权利，履行诉讼义务。

有诉讼权利能力但没有诉讼行为能力的人，实际上只有公民，因为只有在公民的情形下诉讼权利能力和诉讼行为能力在存续时间上有不一致的可能，法人及其他组织的诉讼权利能力和诉讼行为能力始终是同时产生，同时消灭。

诉讼行为能力对应的是民事行为能力，但二者是互不相同的概念。例如，在分类上有所不同。诉讼行为能力可分为有诉讼行为能力和无诉讼行为能力；而民事行为能力则可分为完全民事行为能力、限制民事行为能力和无民事行为能力。其中，只有具有完全民事行为能力的公民才有诉讼行为能力，无民事行为能力和限制民事行为能力的公民都没有诉讼行为能力，虽然他们也可以成为民事诉讼的当事人，但不能亲自实施诉讼行为。

诉讼行为能力与诉讼权利能力的关系可总结为：诉讼行为能力是诉讼权利能力的充分不必要条件，有诉讼行为能力者一定有诉讼权利能力，但有诉讼权利能力者不一定有诉讼行为能力。

（三）当事人适格

1. 当事人适格的含义

当事人适格，又称为正当当事人，是指在具体的诉讼中，有作为本案当事人起诉或应诉的资格，这种资格又称诉讼实施权。

当事人适格与诉讼权利能力不同。诉讼权利能力是作为抽象的诉讼当事人的资格，它与具体的诉讼无关，通常取决于有无民事权利能力。而当事人适格是作为具体的诉讼当事人的资格，是针对具体的诉讼而言的。判断当事人是否适格，要看当事人与本案诉讼标的有没有法律上或事实上的联系，只有与本案诉讼标的有直接联系的，才是本案的适格当事人。

当事人适格与作为纯粹形式上的当事人也不同。形式上的当事人是指认为自己的权利受到侵害而向法院起诉请求保护的主体及被诉的主体，前者为原告，后者为被告；而当事人适格则是指对本案诉讼标的的确有直接联系而有权要求法院作出判决的主体及被请求的相对人。

2. 判断当事人适格与否的标准

为了使诉讼在适格的当事人之间进行，从而使法院的裁判具有实际意义，有必要用一定的标准来判断起诉或者应诉的当事人是否为本案的适格当事人。

不论是从法院裁判目的的角度，还是从民事主体向法院提起诉讼的目的的角度分析，得出的结论都是一样的，即适格的当事人须是与所发生争议的民事法律关系有法律上或事实上的联系的主体。

但在某些例外的情况下，非民事法律关系或民事权利的主体，也可以作为适格的当事人。这些例外的情况，主要有以下两种：

（1）根据当事人的意思或法律的规定，依法对他人的民事法律关系或民事权利享有管理权的人。例如，破产程序中的清算组、遗产管理人、遗嘱执行人等。

（2）在确认之诉中，对诉讼标的有确认利益的人。在确认之诉中，适格当事人并不要求其是该被争议法律关系的主体，只要该当事人对该争议的法律关系的解决具有法律上的利害关系就可以成为该案件的适格当事人。

（四）当事人的诉讼权利和义务

为了当事人能够充分地利用民事诉讼程序解决纠纷，法律赋予当事人一系列权利。同时，为了保障民事诉讼程序顺利进行，民事诉讼法也为当事人设定了相应的义务。

依据《民事诉讼法》第49条及其他相关的规定，当事人享有以下权利：（1）起诉和提起反诉的权利；（2）委托诉讼代理人的权利；（3）申请回避的权利；（4）收集和提供证据的权利；（5）进行陈述、质证和辩论的权利；（6）选择调解的权利；（7）自行和解的权利；（8）申请保全和先予执行的权利；（9）申请顺延诉讼期间的权利；（10）提起上诉的权利；（11）申请再审的权利；（12）申请执行的权利；（13）查阅、复制本案有关材料的权利。

当事人需要承担的义务包括：（1）依法行使诉讼权利的义务；（2）遵守诉讼秩序的义务；（3）履行生效法律文书的义务。

（五）当事人的变更

当事人的变更，是指在诉讼过程中，根据法律的规定或基于当事人的意思，原诉讼的当事人被变更或变动为新的当事人的一种诉讼现象。当事人的变更包括法定的当事人变更和任意的当事人变更。

法定的当事人变更，是指根据法律规定，诉讼过程中出现某种情况时发生当事人变更。法定的当事人变更主要有以下三种情形：

（1）在诉讼过程中，当事人死亡，发生诉讼继承的情形。在诉讼中，一方当事人死亡，会导致他的民事权利义务将转移给他的继承人，其诉讼权利义务也会随之转移给他的继承人，从而发生当事人的变更。但如果该民事权利义务具有人身性，专属于死亡一方当事人，则不发生当事人变更。

（2）因法人或其他组织合并或分立所发生的当事人变更。在诉讼过程中，如果法人或其他组织发生合并或分立，其民事权利义务只能由合并或分立后的法人或其他组织承担，其诉讼权利也只能由合并或分立后的法人或其他组织承担，从而发生当事人变更。

（3）法人解散、依法被撤销或宣告破产。在诉讼过程中，如果法人被解散、依法撤销或宣告破产，将由其清算组织接管法人财产，了结债权、债务，参与诉讼，由此发生当事人的变更。

发生法定的当事人变更后，原来的诉讼程序并不终止，而是继续进行，原当事人的诉讼权利义务由新的当事人承担，原当事人所实施的一切诉讼行为，对新的当事人仍然有效。在民事诉讼理论中，这种情况也被称为当事人诉讼权利义务的承担或者当事人诉讼权利义务的继承。

任意的当事人变更是相对于法定的当事人变更而言的，主要是指在诉讼过程中，因原诉讼当事人不适格而发生的当事人变更。不过，我国现行《民事诉讼法》并没有对任意当事人变更作出规定。

（六）民事诉讼当事人的范围

我国《民事诉讼法》所规定的当事人分为狭义当事人和广义当事人。狭义当事人仅指原告和被告；广义当事人还包括诉讼中的第三人。

根据我国《民事诉讼法》第48条的规定，公民、法人和其他组织可以作为民事诉讼的当事人，即采取的是狭义当事人概念。公民通常指具有一个国家国籍，并根据该国的宪法和法律规定享有权利并承担义务的人。法人指具有民事权利能力和民事行为能力，依法独立享有民事权利和承担民事义务的组织。其他组织指合法成立、有一定的组织机构和财产，但又不具备法人资格的组织。依据《民事诉讼法司法解释》第52条的规定，"其他组织"主要包括：①依法登记领取营业执照的个人独资企业；②依法登记领取营业执照的合伙企业；③依法登记领取我国营业执照的中外合作经营企业、外资企业；④依法成立的社会团体的分支机构、代表机构；⑤依法设立并领取营业执照的法人的分支机构；⑥依法设立并领取营业执照的商业银行、政策性银行和非银行金融机构的分支机构；⑦经依法登记领取营业执照的乡镇企业、街道企业；⑧其他符合本条规定条件的组织。

通常情况下诉讼当事人双方都只有一人，但有的案件中当事人一方或双方人数为多数，这种当事人一方或双方为两人以上的诉讼，称之为共同诉讼。共同诉讼又分为必要共同诉讼和普通共同诉讼。前者具有：①共同诉讼人之间的诉讼标的具有同一性；②法院必须合并审理、合一判决等特点；而后者具有：①各个共同诉讼人与对方当事人争议的法律关系的性质或请求权性质相同（即诉讼标的属于同一种类）；②人民法院可以合并审理，但不合一确定，而是分别确定等特点。

共同诉讼中人数众多的一方当事人可以从本方当事人中推选出代表他们的利益实施诉讼行为的人，这类主体在《民事诉讼法》中被称为诉讼代表人。诉讼代表人必须按照《民事诉讼法》第53条、第54条的规定履行自己的职责。

另外，对诉讼当事人双方的诉讼标的，当事人以外的第三人认为有独立请求权而提出诉讼请求并参加诉讼时，该第三人属于有独立请求权的第三人，诉讼中的地位相当于原告。另外一种第三人虽然对当事人之间的诉讼标的并无独立的请求权利，但因案件的处理结果与其有法律上的利害关系，所以为了维护自己的利益而参加到当事人一方进行诉讼，这类主体称之为无独立请求权的第三人。无独立请求权的第三人具有独立的诉讼地位，但却不是完整意义上的当事人。

（七）诉讼代理人

诉讼代理人，是指以当事人的名义，在一定权限范围内，代理当事人实施诉讼行为，接受诉讼行为的人。诉讼代理人代理当事人进行诉讼活动的权限，称为诉讼代理权。

诉讼代理人具有以下特征：①以被代理人的名义进行诉讼活动；②诉讼代理人是有诉讼行为能力的人[1]；③在代理权限内实施诉讼行为。诉讼代理人的代理权限，来源于法律规定或当事人的授权。凡是超越代理权所实施的诉讼行为，都是无效的诉讼行为，不能产生诉讼法上的效果；④诉讼代理的法律后果由被代理人承担；⑤在同一诉讼中，不能代理双方当事人。因为，双方当事人利益往往是相互对立的，同时为双方代理可能会损害一方当事人的利益。

依据我国《民事诉讼法》有关诉讼代理人的规定，我国的诉讼代理人分为法定诉讼代理人和委托诉讼代理人。

1. 法定诉讼代理人

（1）法定诉讼代理的产生依据

法定诉讼代理是根据法律的直接规定而发生的诉讼代理。依据《民事诉讼法》第 57 条及《民事诉讼法司法解释》第 83 条的规定，无民事行为能力人和限制民事行为能力人的监护人是他们的法定代理人。事先没有确定监护人的，可以由有监护资格的人协商确定；协商不成的，由人民法院在他们之中指定诉讼中的法定代理人。能够成为法定诉讼代理人的主体包括与被代理人有身份关系的亲属和对被代理人有监护责任的其他监护人。

法定诉讼代理具有：①代理权基于法律规定产生；②代理的对象只限于无民事行为能力人和限制民事行为能力人；③法定诉讼代理人的范围只限于对被代理人享有亲权和监护权的人，其他人不能担任法定诉讼代理人等特点。

（2）法定诉讼代理人的代理权限及其诉讼地位

法定诉讼代理人既可以代理当事人处分诉讼权利，也可以代理当事人处分实体权利。法定诉讼代理人所为的一切诉讼行为，均应视为被代理人本人所为的诉讼行为，与被代理人本人所为的诉讼行为产生同等效力。

法定诉讼代理人在诉讼中处于与当事人类似的诉讼地位，也即法定诉讼代

---

[1] 《民事诉讼法司法解释》第 84 条规定："无民事行为能力人、限制民事行为能力人以及其他依法不能作为诉讼代理人的，当事人不得委托其作为诉讼代理人。"

理人在诉讼中与其所代理的当事人的诉讼地位基本相同。

（3）法定诉讼代理权的消灭

法定诉讼代理权消灭的原因包括：①被代理人具有或者恢复了民事行为能力；②法定诉讼代理人本人丧失了诉讼行为能力；③基于收养或婚姻关系而发生的监护权，因收养或婚姻关系被解除，而导致法定诉讼代理权消灭；④法定诉讼代理人或被代理人死亡；⑤诉讼结束；⑥其他导致法定诉讼代理权消灭的情况。

2. 委托诉讼代理人

委托诉讼代理是根据被代理人的授权委托而发生的诉讼代理。委托诉讼代理人所代理的对象为具有诉讼行为能力的人，这是委托诉讼代理与法定诉讼代理的一个重要区别。

（1）委托诉讼代理的特点

委托诉讼代理与法定诉讼代理相比，主要有以下特点：①诉讼代理权基于委托人的授权而产生；②诉讼代理事项和诉讼代理权限，除法律有特别规定外由委托人决定；③代理人和被代理人均有诉讼行为能力。

依据《民事诉讼法》第58条及《民事诉讼法司法解释》第85条至第87条的规定，委托代理人的范围可以总结如下：

首先，可以成为委托代理人的主体包括：律师、基层法律服务工作者；当事人的近亲属或者工作人员；当事人所在社区、单位以及有关社会团体推荐的公民。

其次，与当事人有夫妻、直系血亲、三代以内旁系血亲、近姻亲关系以及其他有抚养、赡养关系的亲属，可以当事人近亲属的名义作为诉讼代理人。

第三，与当事人有合法劳动人事关系的职工，可以当事人工作人员的名义作为诉讼代理人。

第四，有关社会团体推荐公民担任诉讼代理人的，应当符合下列条件：①社会团体属于依法登记设立或者依法免予登记设立的非营利性法人组织；②被代理人属于该社会团体的成员，或者当事人一方住所地位于该社会团体的活动地域；③代理事务属于该社会团体章程载明的业务范围；④被推荐的公民是该社会团体的负责人或者与该社会团体有合法劳动人事关系的工作人员。

第五，专利代理人经中华全国专利代理人协会推荐，可以在专利纠纷案件中担任诉讼代理人。

（2）委托诉讼代理人的代理权限及其诉讼地位

委托诉讼代理人拥有多大的代理权限，取决于被代理人的授权，即当事人、法定代理人授予他多大的权利，便享有多大的权利。

诉讼代理人代为承认、放弃、变更诉讼请求，进行和解，提起反诉或者上诉，必须有委托人的特别授权，授权委托书仅写"全权代理"而无具体授权的，诉讼代理人无权行使上述权利。当事人如果在授权委托书中没有写明代理人在执行程序中有代理权及具体的代理事项，代理人的代理权限仅限于第一审或者第二审程序，在执行程序中没有代理权。

委托诉讼代理人在诉讼中的地位与法定诉讼代理人不同，它不相当于当事人的诉讼地位，而只是具有独立诉讼地位的诉讼参加人。

（3）委托诉讼代理权取得和消灭

委托诉讼代理权是基于委托人的授权而发生的。导致委托诉讼代理权消灭的原因有：①诉讼结束，代理人已经履行完毕诉讼代理职责；②代理人辞去委托或被代理人解除委托；③被代理人死亡或作为被代理人的法人解散。

六、民事诉讼证据

（一）民事证据的概念和特征

民事证据，是指在民事诉讼中能够证明民事案件真实情况的各种客观事实材料。民事证据不仅是当事人用来证明自己主张的证据材料，也是法院认定案件事实并作出裁判的根据。

民事证据有三个最基本的特征，即客观真实性、关联性和合法性。

（二）民事证据的种类

我国《民事诉讼法》第63条将证据分为八种，具体包括：书证、物证、视听资料、证人证言、当事人的陈述、电子数据、鉴定意见、勘验笔录等。

1. 书证

书证，是指以文字、符号、图形等所记载的内容和涵义来证明案件事实的证据。需要注意的是，我国《民事诉讼法》和最高人民法院的《证据规定》对于书证的提交有不同的规定，《民事诉讼法》第70条规定："书证应当提交原件，提交原件有困难的，可以提交复制件……"而《证据规定》第20条规定："调查人员调查收集书证，可以是原件，也可以是经核对无误的副本或复制件。是副本或者复制件的，应当在调查笔录中说明来源和取证情况。"《民事诉讼法司法解释》第111条对《民事诉讼法》第70条规定的"提交书证原件确有困难"作出了进一步解释，依据该解释，属于提交书证原件确有困难的情形包括以下几种：①书证原件遗失、灭失或者毁损的；②原件在对方当事人控制之下，经合法通知提交而拒不提交的；③原件在他人控制之下，而其有权不提交的；④原件因篇幅或者体积过大而不便提交的；⑤承担举证证明责任的当事人通过申请人民法院调查收集或者其他方式无法获得书证原件的。在以上情形中，人民法院应当结合其他证据和案件具体情况，审查判断书证复制品等能否作为认定案件事实的根据。

2. 物证

物证，是指以其存在的形状、质量、规格、特征等来证明案件事实的证据。物证是通过其外部特征和自身所体现的属性来证明案件的真实情况，它不受人们主观因素的影响和制约。因此，物证是民事诉讼中重要的证据之一。

依据《证据规定》第21条的规定，调查人员调查收集的物证应当是原物；被调查人提供原物确有困难的，可以提供复制品或者照片。提供复制品或者照片的，应当在调查笔录中说明取证情况。

另外，依据《证据规定》第77条的规定，物证的证明力一般大于一般意义的书证、视听资料和证人证言；无法与原物核对的复制品，不能单独作为认定案件事实的依据。

民事诉讼中常见的物证有：争议的标的物（房屋、物品等）；侵权所损害的物体；遗留的痕迹（印记、指纹）等等。

3.视听资料

视听资料，是指利用录音、录像、电子计算机储存的资料和数据等来证明案件事实的一种证据。外国民事诉讼法一般没有将视听资料作为一种独立的证据类型对待，仅将其作为一种书证或物证对待，而我国《民事诉讼法》将其归为一类独立的证据加以使用。依据《民事诉讼法司法解释》的相关规定，视听资料包括录音资料和影像资料。

《证据规定》第22条进一步规定："调查人员调查收集计算机数据或者录音、录像等视听资料的应当要求被调查人提供有关资料的原始载体。提供原始载体确有困难的可以提供复制件。提供复制件的，调查人员应当在调查笔录中说明其来源和制作经过。"人民法院对视听资料，应当辨别真伪，并结合案件其他证据，审查确定能否作为认定事实的根据。

4.证人证言

证人，是指由于知晓案件事实，依法被人民法院传唤到法庭作证的人。证人就案件事实向法院所作的陈述称为证人证言。

我国《民事诉讼法》第72条第1款规定："凡是知道案件情况的单位和个人，都有义务出庭作证。有关单位的负责人应当支持证人作证。……"从这个条文中可以看出我国《民事诉讼法》所规定的证人，包括单位和个人两大类。即凡是知道案件情况的单位和个人都有义务出庭作证。关于证人的能力，《民事诉讼法》第72条第2款规定："不能正确表达意志的人，不能作证。"即证人除必须了解案件事实外，还须能够正确表达自己的意志。依据《证据规定》第53条的规定，无民事行为能力和限制民事行为能力的人当待证事实与其年龄状况相适应的可以作为证人。需要注意的是，诉讼代理人、办理本案的法官、书记员、翻译人员和检察人员不能同时作为证人。

依据《证据规定》第54条的规定，当事人申请证人出庭作证，应当在举证期届满10日前提出，并经法院许可。证人证言可以采取口头或书面形式。

人民法院在证人出庭作证前应当告知其如实作证的义务以及作伪证的法律后果，并责令其签署保证书，但无民事行为能力人和限制民事行为能力人除外。证人拒绝签署保证书的，不得作证。

一般情况下证人应当出庭作证，但在下列情形下可以不出庭作证：①因健康原因不能出庭的；②因路途遥远，交通不便不能出庭的；③因自然灾害等不可抗力不能出庭的；④其他有正当理由不能出庭的。

5. 当事人陈述

当事人陈述，是指当事人在诉讼中就案件事实情况，向法院所作的陈述。当事人陈述作为证据的一个种类是我国的民事诉讼证据种类划分中的特色。当事人陈述分为口头陈述和书面陈述，也可以分为对案件事实的陈述和当事人的承认两类。

当事人的承认又可以分为审判上的承认和审判外的承认两种。审判上的承认，是指在审判案件时，当事人向法院所作的承认。这种承认是一方当事人对对方当事人所作的关于事实的陈述表示同意，一旦承认即可免除对方当事人的举证责任。这种承认的主体仅限于原告、被告、法定代理人、第三人、诉讼代表人和经被代理人特别授权的诉讼代理人等。审判外的承认，是当事人在法院外对某些事实所作的承认。这种承认不能作为免除举证责任的根据，因其没有人民法院的参与，对法庭不具有任何拘束力。

依据《证据规定》第74条及第76条的规定，诉讼过程中，当事人在起诉状、答辩状、陈述及其委托代理人的代理词中承认的对己方不利的事实和认可的证据，人民法院应当予以确认，但当事人反悔并有相反证据足以推翻的除外。当事人对自己的主张，只有本人陈述而不能提出其他相关证据的，其主张不予支持，但对方当事人认可的除外。

人民法院对当事人陈述的可靠性的判断，必须综合全部案情和其他证据加以判定。

6. 鉴定意见

鉴定人，是指运用自己的专门知识和技能，对案件的特殊问题进行鉴别后作出判断的人。鉴定人对案件专门性问题（不涉及案件的法律问题）所作出的书面意见，叫鉴定意见。

依据《民事诉讼法》第76条的规定，鉴定意见有两种启动途径，即基于当事人申请和基于人民法院的委托两种方式。当事人申请鉴定的事项须与待证事实有关联，或者对证明待证事实有意义，否则人民法院不予准许。

为了能够使鉴定人在充分了解与鉴定内容相关的案件材料，法律赋予了必要时可以询问当事人、证人的权利。鉴定人在鉴定完毕后应提出书面鉴定意见。当事人对鉴定意见有异议或者人民法院认为鉴定人有必要出庭的，鉴定人应当出庭作证。经人民法院通知，鉴定人拒不出庭作证的，鉴定意见不得作为认定事实的根据。

依据《证据规定》第27条的规定，当事人对人民法院委托的鉴定部门作出的鉴定结论有异议申请重新鉴定，提出证据证明存在下列情形之一的，人民法院应予准许：①鉴定机构或者鉴定人员不具备相关的鉴定资格的；②鉴定程序严重违法的；③鉴定结论明显依据不足的；④经过质证认定不能作为证据使用的其他情形。又依据《证据规定》第28条的规定，当事人自行委托有关部门作出的鉴定结论，另一方当事人有证据足以反驳并申请重新鉴定的，人民法院应予准许。

鉴定人出具的鉴定书，应当具有以下内容：①委托人姓名或者名称、委托鉴定的内容；②委托鉴定的材料；③鉴定的依据及使用的科学技术手段；④对鉴定过程的说明；⑤明确的鉴定结论；⑥对鉴定人鉴定资格的说明；⑦鉴定人员及鉴定机构签名盖章。

此外，《民事诉讼法》第79条对专业人士出庭制度作出了规定。《民事诉讼法司法解释》第123条进一步规定："人民法院可以对出庭的具有专门知识的人进行询问。经法庭准许，当事人可以对出庭的具有专门知识的人进行询问，当事人各自申请的具有专门知识的人可以就案件中的有关问题进行对质。具有专门知识的人不得参与专业问题之外的法庭审理活动。"设置该制度的目的在于确保对专业问题，也能够在开庭审理中进行充分的探讨，以利于真相的揭示。

最后，依据《证据规定》第77条的规定，鉴定结论的证明力一般大于其他书证、视听资料和证人证言。

7.勘验笔录

勘验笔录，是指勘验人员对案件的诉讼标的物和有关证据经过现场勘验、调查所作的记录。依据《民事诉讼法司法解释》第124条的规定，勘验的启动途径也有两种，即基于当事人申请和法院依职权进行两种方式。

依据《民事诉讼法》第80条的规定，勘验人员勘验物证或者现场，必须出示人民法院的证件，并邀请当地基层组织或者当事人所在单位派人参加。当事人或者当事人的成年家属应当到场，拒不到场的，不影响勘验的进行。有关单位和个人根据人民法院的通知，有义务保护现场，协助勘验工作。勘验人应当将勘验情况和结果制作笔录，由勘验人、当事人和被邀参加人签名或者盖章。另外，依据《证据规定》第30条的规定，对于绘制的现场图应当注明绘制的时间、方位、测绘人姓名、身份等内容，并应当保护他人的隐私和尊严。人民法院可以要求鉴定人参与勘验。必要时，可以要求鉴定人在勘验中进行鉴定。

依据《证据规定》第77条的规定，勘验笔录的证明力一般大于其他书证、视听资料和证人证言。

此外，电子数据也是证据的一个种类。电子数据是指通过电子邮件、电子数据交换、网上聊天记录、博客、微博客、手机短信、电子签名、域名等形成或者存储在电子介质中的信息。储存在电子介质中的视听资料，适用电子数据的规定。

以上对民事诉讼证据的法定分类进行了介绍。此外，在民事诉讼证据理论中，学者们根据不同的标准，对证据作了如下划分：

第一，按照证据与当事人所主张事实的关系，可将证据分为本证与反证。

第二，按照单个证据与证明对象之间的关系，可将证据分为直接证据和间接证据。需要注意的是，依据《证据规定》第77条的规定，直接证据的证明力一般大于间接证据。

第三，按照证据的来源，可将证据分为原始证据和传来证据。根据最高人民法院《关于民事经济审判方式改革问题的若干规定》第27条第3款的规定，原则上对只有传来证据证明的事实不予认定。依据《证据规定》第77条的规定，原始证据的证明力一般大于传来证据。

（三）证据的保全

1. 证据保全的概念和条件

证据保全，是指在证据有可能毁损、灭失，或以后难以取得的情况下，人民法院对证据进行保护，以保证其证明力的一项措施。证据保全是当事人出于诉讼的目的，向法院专门的证据保全部门提出申请，由该部门按照法定程序对证据进行调查，对其客观性和真实性予以确认的诉讼活动。[1] 证据保全制度作为证据制度的一部分，在诉讼中发挥着非常重要的作用。

证据保全的条件可以概括为以下几点：①保全的证据应与案件所涉及的法律关系有关；②保全的证据存在灭失或以后难以取得的可能性；③依据《民事诉讼法》第 81 条的规定，证据保全既可以在诉讼过程中申请，也可以在提起诉讼或申请仲裁之前进行；④诉讼保全可基于当事人或利害关系人的申请启动，也可以由人民法院主动采取保全措施。

2. 证据保全的程序

证据保全必须在规定的期限内提出申请。依据《证据规定》第 23 条的规定，当事人证据保全的申请不得迟于举证期限届满前 7 日提出。法院在受理证据保全申请时，可以责令申请人提供担保。法院一旦要求申请人提供担保，申请人必须提供担保，否则法院将驳回其申请。人民法院接受申请后，应当作出裁定，并及时采取相关的保全措施。对情况紧急的，必须在 48 小时内作出裁定；裁定采取保全措施的，应当立即开始执行。

依据《民事诉讼法》第 81 条的规定，因情况紧急，在证据可能灭失或者以后难以取得的情况下，利害关系人可以申请诉前证据保全。在这种情形下，申请人应当提供担保，否则法院将驳回其申请。人民法院接受申请后，必须在 48 小时内作出裁定；裁定采取保全措施的，应当立即开始执行。

此外，《著作权法》中对诉前证据保全作出了特别规定，该法第 51 条规定："为制止侵权行为，在证据可能灭失或者以后难以取得的情况下，著作权人或者与著作权有关的权利人可以在起诉前向人民法院申请保全证据。人民法院接受申

---

[1] 张睿. 论证据保全的合理内涵 [J]. 青年与社会，2014，（2）.

请后，必须在 48 小时内作出裁定；裁定采取保全措施的，应当立即开始执行。人民法院可以责令申请人提供担保，申请人不提供担保的，驳回申请。申请人在人民法院采取保全措施后 15 日内不起诉的，人民法院应当解除保全措施。"

（四）民事诉讼法中的证明

1. 证明对象

证明对象，也称之为证明客体或证明标的，是指需要用证据予以证明的与案件有关的事实。与民事纠纷有关的各种事实，是法院审理民事纠纷并作出裁判的主要依据。

《证据规定》第 2 条规定："当事人对自己提出的诉讼请求所依据的事实或者反驳对方诉讼请求所依据的事实有责任提供证据加以证明。没有证据或者证据不足以证明当事人的事实主张的，由负有举证责任的当事人承担不利后果。"由此可知，证明对象首先应包括诉讼请求所依据的事实和反驳对方诉讼请求所依据的事实。此外，《证据规定》采用排除法，即采取规定一些无须证明的事实的方法，间接地阐释了证明对象的范围为无须证明的事实以外的所有事实。依据《民事诉讼法司法解释》第 93 条的规定，免于证明的事实包括：①自然规律及定理；②众所周知的事实；③根据法律规定推定的事实；④根据已知的事实和日常生活经验法则推定出的另一事实；⑤已为人民法院发生法律效力的裁判所确认的事实；⑥已为仲裁机构的生效裁决所确认的事实；⑦已为有效公证文书所证明的事实。其中对于第②项至第④项规定的事实，当事人有相反证据足以反驳的除外；对于第⑤项至第⑦项规定的事实，当事人有相反证据足以推翻的除外。另外，依据《民事诉讼法司法解释》第 92 条的规定，自认的事实也无须证明，只是涉及身份关系、国家利益、社会公共利益等应当由人民法院依职权调查的事实，不适用自认的规定。自认的事实与查明的事实不符的，人民法院不予确认。

2. 证明责任

《证据规定》第 2 条对证明责任作出了明确的规定，即当事人对自己提出的诉讼请求所依据的事实或者反驳对方诉讼请求所依据的事实有责任提供证据加以证明。没有证据或者证据不足以证明当事人的事实主张的，由负有举证责任的当事人承担不利后果。

证明责任的特征可以概括为以下三点：①证明责任只能由一方当事人承担；②证明责任的对象仅限于主要事实；③证明责任是法院的裁判规范，而非当事人诉讼行为的规范。[1]

3. 证明责任的分配

（1）证明责任分配的含义

所谓证明责任的分配，是指法院在诉讼中按照一定的规范或标准，将事实真伪不明的败诉风险，在双方当事人之间进行分配。当作为裁判基础的案件事实处于真伪不明时，必然要由一方来承担由此而带来的不利后果，这一不利后果应当由谁来承担就是证明责任分配所要解决的问题。案件中所涉及的全部主要事实的证明责任只让原告或被告一方来承担，会有违公平正义原则。因此，在民事诉讼中双方当事人均须负证明责任。

（2）证明责任分配的原则

证明责任的分配一般遵循"谁主张，谁举证"的原则，其法律根据在于《民事诉讼法》第64条第1款的规定。依据该原则，无论是原告、被告，共同诉讼人、诉讼代表人，还是诉讼中的第三人，都有责任对自己的主张提供证据加以证明。

《证据规定》和《民事诉讼法司法解释》对于该原则在司法实践中的具体适用问题作了进一步规定，具体包括如下内容：

第一，当事人对自己提出的诉讼请求所依据的事实或者反驳对方诉讼请求所依据的事实有责任提供证据加以证明。没有证据或者证据不足以证明当事人的事实主张的，由负有举证责任的当事人承担不利后果。（《证据规定》第2条、《民事诉讼法司法解释》第90条）

第二，主张法律关系存在的当事人，应当对产生该法律关系的基本事实承担举证证明责任；主张法律关系变更、消灭或者权利受到妨害的当事人，应当对该法律关系变更、消灭或者权利受到妨害的基本事实承担举证证明责任，但

---

[1] 王福华. 民事诉讼法学 [M]. 北京：清华大学出版社，2012：211.

法律另有规定的除外。(《民事诉讼法司法解释》第91条)

第三，在合同纠纷案件中，主张合同关系成立并生效的一方当事人对合同订立和生效的事实承担举证责任；主张合同关系变更、解除、终止、撤销的一方当事人对引起合同关系变动的事实承担举证责任。对合同是否履行发生争议的，由负有履行义务的当事人承担举证责任。(《证据规定》第5条第1、2款)

第四，对代理权发生争议的，由主张有代理权一方当事人承担举证责任。(《证据规定》第5条第3款)

第五，在劳动争议纠纷案件中，因用人单位作出开除、除名、辞退、解除劳动合同、减少劳动报酬、计算劳动者工作年限等决定而发生劳动争议的，由用人单位负举证责任。(《证据规定》第6条)

第六，在法律没有具体规定，依本规定及其他司法解释无法确定举证责任承担时，人民法院可以根据公平原则和诚实信用原则，综合当事人举证能力等因素确定举证责任的承担。(《证据规定》第7条)

在某些特殊情形下，遵循证明责任的一般分配原则分配证明责任会有失公平，在这种情形下，法律有必要对该原则进行一定的调整，即将按照一般原则原本由一方承担的证明责任，改为由对方当事人承担。

依据《证据规定》第4条的规定，下列侵权诉讼中，按下列规定承担举证责任。

第一，因新产品制造方法发明专利引起的专利侵权诉讼，由制造同样产品的单位或者个人对其产品制造方法不同于专利方法承担举证责任。

第二，高度危险作业致人损害的侵权诉讼，由加害人就受害人故意造成损害的事实承担举证责任。

第三，因环境污染引起的损害赔偿诉讼，由加害人就法律规定的免责事由及其行为与损害结果之间不存在因果关系承担举证责任。

第四，建筑物或者其他设施以及建筑物上的搁置物、悬挂物发生倒塌、脱落、坠落致人损害的侵权诉讼，由所有人或者管理人对其无过错承担举证责任。

第五，饲养动物致人损害的侵权诉讼，由动物饲养人或者管理人就受害人有过错或者第三人有过错承担举证责任。

第六，因缺陷产品致人损害的侵权诉讼，由产品的生产者就法律规定的免责事由承担举证责任。

第七，因共同危险行为致人损害的侵权诉讼，由实施危险行为的人就其行为与损害结果之间不存在因果关系承担举证责任。

第八，因医疗行为引起的侵权诉讼，由医疗机构就医疗行为与损害结果之间不存在因果关系及不存在医疗过错承担举证责任。

此外，《侵权责任法》第38条规定："无民事行为能力人在幼儿园、学校或者其他教育机构学习、生活期间受到人身损害的，幼儿园、学校或者其他教育机构应当承担责任，但能够证明尽到教育、管理职责的，不承担责任。"该条文确立了对象为无民事行为能力学生校园伤害事故案件的过错推定原则，学校应对其已经尽到教育、管理职责负举证责任。

需要注意的是，以上举证责任倒置情形并非举证责任的全部倒置，而是根据具体情况对某些事实的举证责任予以倒置。以上有关证明责任的特殊分配的规定中，均没有对损害事实的证明责任加以倒置。

4. 证明标准与程序

证明标准，是指法院在诉讼中认定案件事实所要达到的证明程度，是法院判断待证事实的基准。在诉讼中，如果该待证事实的证明没有达到证明标准时，该待证事实就处于真伪不明的状态。证明已达到证明标准时，法院就应当以该事实作为裁判的依据。

当有争议的待证事实一旦按照证明责任分配的一般原则或特殊原则确定由哪一方当事人承担证明责任后，面临的下一个问题就是，证明应当达到怎样的程度，才不至于使待证事实处于真伪不明的状态，从而避免因此而产生的不利后果。

对于当事人来讲，只有了解了证明标准，才知道应当收集哪些证据、如何用这些证据证明才能达到证明的要求，而不至于在证据不足时提起诉讼，或者在已经达到证明标准时仍不提起诉讼。在诉讼中反证的运用也与证明标准有密切的关联。反证的证明标准可以理解为，提出的反证要足以推翻本证。

民事诉讼的证明标准与刑事诉讼的证明标准有所不同。前者是一种盖然性的证明要求；而后者一般要求证明须达到一种使法官确信的状态或能够排除一切合理怀疑。因此，刑事诉讼的证明标准要高于民事诉讼。这是由两种诉讼不同的性质决定的。

证明程序主要涉及举证时限、证据交换、人民法院调查收集证据等问题。

（1）举证时限

举证时限，是指法律规定或法院、仲裁委员会指定的当事人能够有效举证的期限。举证时限是一种限制当事人申诉与诉讼的条件。如果当事人没有在法律规定或法院、仲裁委员会指定的期限内提交证据的，就视为放弃举证的权利。逾期举证的，要承担一系列不利后果。举证时限制度可促使当事人积极举证，从而提高诉讼效率。

举证期限的确定有当事人协商和法院指定两种情形。依据《民事诉讼法司法解释》第99条第1款的规定，当事人协商确定举证期限的，须经人民法院准许。在法院指定的情形下，依据同法第99条第2款的规定，指定的举证期限，第一审普通程序案件不得少于15日，当事人提供新证据的第二审案件不得少于10日。又依据同法第100条的规定，当事人申请延长举证期限的，应当在举证期限届满前向人民法院提出书面申请。申请理由成立的，人民法院应当准许，适当延长举证期限，并通知其他当事人；延长的举证期限适用于其他当事人。申请理由不成立的，人民法院不予准许，并通知申请人。

另外，当事人增加、变更诉讼请求或者提起反诉的，应当在举证期限届满前提出。

关于当事人逾期提供的证据，《民事诉讼法司法解释》第101条及第102条对此作出了规定。具体内容包括：①当事人逾期提供证据的，人民法院应当责令其说明理由，必要时可以要求其提供相应的证据；②当事人因客观原因逾期提供证据，或者对方当事人对逾期提供证据未提出异议的，视为未逾期；③当事人因故意或者重大过失逾期提供的证据，人民法院不予采纳。但该证据与案件基本事实有关的，人民法院应当采纳；④当事人非因故意或者重大过失逾期提供的证据，人民法院应当采纳。

举证原则上需要在审理前的准备阶段进行。但依据《民事诉讼法》第146条和第200条的规定，"新证据"可以不受举证时限的限制，可以在举证时限届满后，开庭审理过程中（包括一审、二审）随时提出。

（2）证据交换

证据交换，是指于诉讼答辩期届满之后，开庭审理以前，在人民法院的主持下，当事人之间相互明示其持有证据的行为或过程。依据《民事诉讼法》第133条的规定，人民法院决定开庭审理后，可通过要求当事人交换证据等方式，明确争议焦点。结合此规定与《证据规定》第37条至第40条的规定，可以总结出证据交换的以下几个特点：①证据交换可以由当事人的申请启动，也可以由法院依职权启动；②证据交换应在审判人员的主持下进行，由审判人员对证据进行整理。通过证据交换，法院可确定双方当事人争议的主要问题；③证据交换应当在开庭审理前进行。证据较多或者复杂疑难的案件，应当组织当事人在答辩期届满后、开庭审理前交换证据；④证据交换一般不超过两次，法院认为确有必要的，可再次进行证据交换。

（3）人民法院调查收集证据

人民法院调查收集证据包括两种情形：一种是根据自己的需要依职权主动调查收集证据；另一种是根据当事人的申请调查收集证据。

首先，法院主动调查收集证据的情形。根据《民事诉讼法》第64条的规定，当事人及其诉讼代理人因客观原因不能自行收集的证据，或者人民法院认为审理案件需要的证据，人民法院应当调查收集。由于民事诉讼贯彻处分原则和辩论原则，因此证据原则上要由当事人提出，只有在当事人收集确有困难时，才可向法院申请提出。但是，在一些情形下，为了国家、社会或他人利益，法律也赋予法院在特殊情形下的调查收集证据的权利。

依据《民事诉讼法司法解释》第96条的规定，《民事诉讼法》第64条第2款规定的人民法院认为审理案件需要的证据包括：①涉及可能损害国家利益、社会公共利益的；②涉及身份关系的；③涉及民事诉讼法第55条规定诉讼的；④当事人有恶意串通损害他人合法权益可能的；⑤涉及依职权追加当事人、中止诉讼、终结诉讼、回避等程序性事项的。除此之外，人民法院调查收集证据，应当依照当事人的申请进行。

人民法院调查收集证据，应当由两人以上共同进行。调查材料要由调查人、被调查人、记录人签名、捺印或者盖章。

其次，根据当事人申请调查收集证据的情形。根据《民事诉讼法》第64条的规定，当事人及其诉讼代理人因客观原因不能自行收集的证据，可以申请人民法院调查收集。

依据《民事诉讼法司法解释》第94条的规定，民事诉讼法第64条第2款规定的当事人及其诉讼代理人因客观原因不能自行收集的证据包括：①证据由国家有关部门保存，当事人及其诉讼代理人无权查阅调取的；②涉及国家秘密、商业秘密或者个人隐私的；③当事人及其诉讼代理人因客观原因不能自行收集的其他证据。当事人及其诉讼代理人因客观原因不能自行收集的证据，可以在举证期限届满前书面申请人民法院调查收集。

5. 质证

质证，是指当事人、诉讼代理人及第三人在法庭的主持下，对当事人及第三人提出的证据就其真实性、合法性、关联性以及证明力的有无、大小予以质疑和质问的诉讼活动。通过质证程序，法院能够正确地认定证据，从而保障当事人的程序权利。《民事诉讼法司法解释》第104条第1款规定，人民法院应当组织当事人围绕证据的真实性、合法性以及与待证事实的关联性进行质证，并针对证据有无证明力和证明力大小进行说明和辩论。

依据《证据规定》第47条及《民事诉讼法司法解释》第103条第1款的规定，证据应当在法庭上出示，由当事人质证。未经质证的证据，不能作为认定案件事实的依据。《民事诉讼法司法解释》第103条第2款及第3款进一步规定，"当事人在审理前的准备阶段认可的证据，经审判人员在庭审中说明后，视为质证过的证据"；"涉及国家秘密、商业秘密、个人隐私或者法律规定应当保密的证据，不得公开质证"。

质证的主体范围包括当事人、诉讼代理人和第三人。法院是证据认定的主体，不是质证的主体。

质证的客体是证据，法院依职权调查收集的证据不属于质证的对象。法院应当将依职权调查收集的证据在庭审中予以出示，听取当事人的意见，并可以就调查收集该证据的情况予以说明。当事人可以对法院就其调查收集的合法性、真实性和关联性问题提出质疑，但不能同法院就这些问题在法庭上进行质辩。如果法院在听取当事人意见后，发现所收集的证据本身或收集证据的方法有问题时，应当自行撤回该证据。

依据《证据规定》第51条的规定，在法庭审理中，质证按照以下程序进行：（1）原告出示证据，被告、第三人与原告进行质证；（2）被告出示证据，原告、第三人与被告进行质证；（3）第三人出示证据，原告、被告与第三人进行质证。

另外，质证中应当注意几个问题：

（1）对书证、物证、视听资料进行质证时，当事人有权要求出示证据的原件或者原物。但以下两种情况除外：①出示原件或者原物确有困难并经人民法院准许出示复制件或者复制品的；②原件或者原物已不存在，但有证据证明复制件、复制品与原件或原物一致的。（《证据规定》第49条）

（2）案件有两个以上独立的诉讼请求的，当事人可以逐个出示证据进行质证。

6. 认证

认证，是指审判人员在法庭审判过程中，对经过质证或者当事人在证据交换中认可的各种证据材料进行审查判断，确认其证据能力和证明力的诉讼活动。

（1）认证的主要特点包括：①认证的主体是审判人员；②客体是经过质证或者当事人在证据交换中认可的各种证据；③认证的内容是证据的证据能力和证明力。

（2）认证的基本要求：依据《民事诉讼法司法解释》第105条的规定，人民法院应当按照法定程序，全面、客观地审核证据，依照法律规定，运用逻辑推理和日常生活经验法则，对证据有无证明力和证明力大小进行判断，并公开判断的理由和结果。

（3）关于认证的方法，依据《证据规定》第65条的规定，审判人员对单一证据可以从下列方面进行审核认定：①证据是否是原件、原物，复印件、复制品与原件、原物是否相符；②证据与本案事实是否相关；③证据的形式、来源是否符合法律规定；④证据的内容是否真实；⑤证人或者提供证据的人，与当事人有无利害关系。

审判人员对案件的全部证据，应当从各证据与案件事实的关联程度、各证据之间的联系等方面进行综合审查判断。

（4）认证中应当注意以下几个问题：

1）关于调解或和解认可的事实能否作为证据的问题。依据《民事诉讼法司法解释》第107条的规定，在诉讼中，当事人为达成调解协议或者和解协议作出妥协而认可的事实，不得在后续的诉讼中作为对其不利的根据，但法律另有规定或者当事人均同意的除外。

2）哪些证据不能独立作为认定案件事实的依据？依据《证据规定》第69条的规定，下列证据不能单独作为认定案件事实的依据：①未成年人所作的与其年龄和智力状况不相当的证言；②与一方当事人或者其代理人有利害关系的证人出具的证言；③存有疑点的视听资料；④无法与原件、原物核对的复印件、复制品；⑤无正当理由未出庭作证的证人证言。

3）如何认定证据的证明力？关于此问题，依据《证据规则》及《民事诉讼法》相关规定，应当遵循以下原则：①一方当事人提出的下列证据，对方当事人提出异议但没有足以反驳的相反证据的，人民法院应当确认其证明力：第一，书证原件或者与书证原件核对无误的复印件、照片、副本、节录本；第二，物证原物或者与物证原物核对无误的复制件、照片、录像资料等；第三，有其他证据佐证并以合法手段取得的、无疑点的视听资料或者与视听资料核对无误的复制件；第四，一方当事人申请人民法院依照法定程序制作的对物证或者现场的勘验笔录；②一方当事人提出的证据，另一方当事人认可或者提出的相反证据不足以反驳的，人民法院可以确认其证明力。一方当事人提出的证据，另一方当事人有异议并提出反驳证据，对方当事人对反驳证据认可的，可以确认反驳证据的证明力；③双方当事人对同一事实分别举出相反的证据，但都没有足够的依据否定对方证据的，人民法院应当结合案件情况，判断一方提供证据的证明力是否明显大于另一方提供证据的证明力，并对证明力较大的证据予以确认；④诉讼过程中，当事人在起诉状、答辩状、陈述及其委托代理人的代理词中承认的对己方不利的事实和认可的证据，人民法院应当予以确认，但当事人反悔并有相反证据足以推翻的除外；⑤当事人对自己的主张，只有本人陈述而不能提出其他相关证据的，其主张不予支持。但对方当事人认可的除外；⑥对以严重侵害他人合法权益、违反法律禁止性规定或者严重违背公序良俗的方法形成或者获取的证据，不得作为认定案件事实的根据；⑦对负有举证证明责任的当事人提供的证据，人民法院经审查并结合相关事实，确信待证事实的存在具有高度可能性的，应当认定该事实存在。对一方当事人为反驳负有举证证明责任的当事人所主张事实而提供的证据，人民法院经审查并结合相关事实，认为待证事实真伪不明的，应当认定该事实不存在；⑧人民法院就数个证据对同一事实的证明力，可以依照下列原则认定：第一，国家机关、社会团体依职权制作的公文书证的证明力一般大于其他书证；第二，物证、档案、鉴定结论、勘验笔录或者经过公证、登记的书证，其证明力一般大于其他书证、视听资料和证人证言；第三，原始证据的证明力一般大于传来证据；第四，直接证据的证明力一般大于间接证据；第五，证人提供的对与其有亲属或者其他密切关系的当事人有利的证言，其证明力一般小于其他证人证言。

七、期间和送达

（一）期间的概念

期间，是指人民法院、诉讼参与人进行或完成某种诉讼行为所应当遵守的时间。期间可以分为广义的期间和狭义的期间。狭义的期间仅指期限，广义的期间除了期限，还包含期日。

期限，是指人民法院、诉讼参与人单独完成或进行某种诉讼行为的一段时间；而期日则指以上主体会合在一起进行一定诉讼活动的特定的日期。比如，当事人不服一审判决的上诉期间为 15 日，这里的"15 日"属于期限；又比如，案件的开庭日期为 2015 年 8 月 1 日，这里的"2015 年 8 月 1 日"就属于期日，而不是期限。

（二）期间的种类和计算

1. 期间的种类

依据《民事诉讼法》第82条第1款的规定，期间的种类包括法定期间和人民法院指定的期间。这里的期间采取的是狭义的概念，仅指期限，而不包括期日。

法定期间，是指法律明文规定的期间。法定期间又分为绝对不可变期间和相对不可变期间。前者是指任何机构或人员都不得予以改变的期间；后者是指通常期间不可变更，但在发生一定事由的情形下，法院可依法予以变更的期间。

指定期间，是指人民法院根据案件的审理情况，依职权指定当事人及其他诉讼参与人进行或完成某项诉讼行为的期间。指定期间在通常情况下不应任意变更，但如遇有特殊情况，法院可依职权变更原确定的指定期间。

2. 期间的计算

依据《民事诉讼法》第82条及《民事诉讼法司法解释》相关规定，期间按下列方法进行计算：

（1）期间以时、日、月、年计算。期间开始的时和日，不计算在期间内，即以时起算的期间从次时起算；以日、月、年计算的期间从次日起算。

（2）期间开始日，从有关诉讼法律关系主体收到有关法律文书或诉讼文书的次日起计算。

（3）期间届满的最后一日是节假日的，以节假日后的第一日为期间届满的日期。

（4）期间不包括在途时间，诉讼文书在期满前交邮的，不算过期。需要注意的是，这里只是指诉讼文书的在途期间，并不包括当事人为进行诉讼行为而产生的在途期间。

（三）期间的耽误及其补救

期间的耽误，是指因某种原因当事人在法定期间或指定期间内，没有进行或完成应进行或完成的行为。没能在规定的期间内进行或完成一定的行为，会导致该主体丧失进行有关行为的资格的结果，期间经过以后再为一定行为，该行为不会产生所期待的法律效果。但是，在当事人没能在规定的期间内进行或完成一定行为是基于不可抗力或其他正当理由的情形下，仍要剥夺他为一定行为的资格的话，会有违公平正义理念。因此，法律允许在当事人因不可抗拒的事由或者其他正当理由耽误期限的情形下，可以申请顺延期限，是否准许，由人民法院决定。依据《民事诉讼法》第83条的规定，当事人申请顺延期间的，应在出现诉讼行为的有关障碍消除后的10日内提出。

（四）送达

送达，是指人民法院按照法定程序和方式，将诉讼文书及法律文书送交受送达人的行为。送达的特点包括：①送达的主体是人民法院；②送达的对象为当事人及诉讼参与人；③送达的客体是诉讼文书及法律文书；④送达应当依照法定程序和方式进行。

1. 送达回证

依据《民事诉讼法》第84条的规定，送达诉讼文书必须有送达回证，由受送达人在送达回证上记明收到日期，签名或者盖章。受送达人在送达回证上的签收日期为送达日期。作为一种诉讼文书，送达回证既可以用来证明人民法院完成了送达行为，还可以根据送达回证上的记载判断诉讼文书及法律文书的收到日期或送达日期。送达回证的基本内容包括：送达法院的名称、受送达人、送达的诉讼文书的名称、送达的处所和时间、送达的基本情况、受送达人或有关见证人的签名或盖章。

2. 送达方式

根据《民事诉讼法》及《民事诉讼法司法解释》有关送达的规定，人民法院送达的方式有以下六种。

（1）直接送达

直接送达是送达方式中最基本的方式。凡是能够直接送达的，就应当直接送达。在一般情况下，受送达人是公民的，由该公民直接签收。该公民不在时可交由与其同住的成年家属签收；受送达人是其他组织的交由其主要负责人或者该组织负责收件的人签收；受送达人有诉讼代理人的，可以交由其签收；受送达人已向人民法院指定代收人的，由代收人签收。另外，直接送达是调解书的唯一送达方式，调解书原则上应当直接送交本人，不得由他人代收，但当事人本人因故不能签收时，可由其指定的代收人签收。

（2）留置送达

留置送达，与直接送达具有同等的效力。依据《民事诉讼法》第79条的规定，受送达人或者他的同住成年家属拒绝接受诉讼文书时，送达人可以适用留置送达。留置送达的形式具体包括两种：第一，送达人应当邀请有关基层组织或者所在单位的代表到场，说明情况，在送达回证上记明拒收事由和日期，由送达人、见证人签名或者盖章，把诉讼文书留在受送达人的住所，即视为送达；第二，把诉讼文书留在受送达人的住所，并采用拍照、录像等方式记录送达过程，即视为送达。

此外，《民事诉讼法司法解释》又对留置送达作出了以下规定：

第一，向法人或者其他组织送达诉讼文书，应当由法人的法定代表人、该组织的主要负责人或者办公室、收发室、值班室等负责收件的人签收或者盖章，拒绝签收或者盖章的，适用留置送达。（第130条第1款）

第二，受送达人指定诉讼代理人为代收人的，向诉讼代理人送达时，适用留置送达。（第132条）

（3）电子送达

电子送达是人民法院利用传真、电子邮件、移动通信等信息化手段进行送达。依据《民事诉讼法》第87条及《民事诉讼法司法解释》第135条的规定，除判决书、裁定书、调解书以外的诉讼文书，可以采用电子送达方式。电子送达可以采用传真、电子邮件、移动通信等即时收悉的特定系统作为送达媒介。采用电子送达方式的，以传真、电子邮件等到达受送达人特定系统的日期为送达日期。这里的"到达受送达人特定系统的日期"，为人民法院对应系统显示发送成功的日期，但受送达人证明到达其特定系统的日期与人民法院对应系统显示发送成功的日期不一致的，以受送达人证明到达其特定系统的日期为准。

（4）委托送达

委托送达，是指负责审理该民事案件的人民法院直接送达诉讼文书有困难时，依法委托其他人民法院代为送达。委托送达与直接送达具有同等法律效力。负责审理该民事案件的人民法院称为委托法院，接受送达任务的法院称为受托法院。委托其他人民法院代为送达的，委托法院应当出具委托函，并附需要送达的诉讼文书和送达回证，以受送达人在送达回证上签收的日期为送达日期。

（5）邮寄送达

邮寄送达，是指人民法院在直接送达诉讼文书有困难时，将所送达的文书通过邮局并用挂号信寄给受送达人的方式。邮寄送达的，以回执上注明的收件日期为送达日期。

（6）转交送达

转交送达，是指人民法院将诉讼文书送交受送达人所在单位代收，然后由受送达人所在单位转交给受送达人的送达方式。转交送达有三种情况：①受送达人是军人，通过其所在部队团以上单位的政治机关转交；②受送达人被监禁的，通过其所在监所转交；③受送达人被采取强制性教育措施的，通过其所在强制性教育机构转交。代为转交的机关、单位收到诉讼文书后，必须立即交受送达人签收，并以其在送达回证上签收的时间为送达日期。

（7）公告送达

受送达人下落不明，用其他方式无法送达时适用公告送达。公告送达可以在法院的公告栏和受送达人住所地张贴公告，也可以在报纸、信息网络等媒体上刊登公告。发出公告日期以最后张贴或者刊登的日期为准。对公告送达方式有特殊要求的，应当按要求的方式进行。人民法院在受送达人住所地张贴公告的，应当采取拍照、录像等方式记录张贴过程。自发出公告之日起，经过60日，即视为送达。

公告送达应当说明以下内容：①公告送达的原因；②公告送达起诉状或者上诉状副本的，应当说明起诉或者上诉要点，受送达人答辩期限及逾期不答辩的法律后果；③公告送达传票，应当说明出庭的时间和地点及逾期不出庭的法律后果；④公告送达判决书、裁定书的，应当说明裁判主要内容，当事人有权上诉的，还应当说明上诉权利、上诉期限和上诉的人民法院。

公告送达，应当在案卷中记明原因和经过。适用简易程序的案件，不适用公告送达。

3.送达的效力

送达的效力，是指诉讼文书及法律文书送达后所产生的法律后果。依据诉讼文书及法律文书的内容不同，送达的效力也有所不同。例如，二审判决书、一审、二审的调解书，一经送达就发生法律效力；一审判决书送达的次日起就开始计算上诉期限；被告接到传票传唤，应当到庭，否则要接受缺席判决或被拘传；还有一些送达会导致某种诉讼法律关系的产生或消灭。

八、法院调解

（一）法院调解的概念和性质

法院调解又称诉讼中调解，是指在人民法院审判人员的主持下，对双方当事人就争议的实体权利，义务自愿协商，达成协议，解决纠纷的活动。依据《民事诉讼法》相关规定，人民法院审理民事案件，应遵循查明事实，分清是非、自愿与合法的原则，调解不成，应及时判决。调解可以由审判员一人主持，也可以由合议庭主持，并尽可能就地进行。法院调解，可以由当事人的申请开始，也可以由人民法院依职权主动开始。

法院调解作为一种诉讼活动，由人民法院担任该活动的主持者。法院调解的可能性有二：一是调解不成功，二是调解成功。调解不成功则诉讼继续进行，调解成功则可审结案件。法院调解作为民事诉讼法的一项基本原则，在民事诉讼中具有广泛的适用性。除了以特别程序、督促程序、公示催告程序审理的案件，婚姻等身份关系确认案件以及其他根据案件性质不能进行调解的案件以外，所有民事争议事件，在当事人自愿的基础上，在第一审普通程序、简易程序、第二审程序和审判监督程序中，均可适用法院调解。不仅如此，法律还规定在一些案件中应当先行调解，此类案件具体包括：离婚案件、适用简易程序审理的婚姻家庭纠纷和继承纠纷、劳务合同纠纷、交通事故和工伤事故引起的权利义务关系较为明确的损害赔偿纠纷、宅基地和相邻权纠纷、合伙协议纠纷、诉讼标的额较小的纠纷。但法院调解不是审理民事案件的必经程序。如当事人不愿调解或无调解基础的案件，法院不经调解而作出判决。在执行程序中也不适用法院调解。

法院调解主要包括调解活动、调解的原则、调解的程序、调解书和调解协议的效力等内容。

（二）法院调解的特征

在这里，欲通过与诉讼外调解制度以及诉讼和解制度进行比较的过程中总结出法院调解的特征。

首先，与诉讼外的调解相比较，法院调解有如下特点：

1. 法院调解发生在诉讼过程中。因此，当事人在此过程中所进行的行为，属诉讼行为，对当事人产生诉讼上的约束力；诉讼外的调解发生在诉讼之外，对当事人并无诉讼上的意义。

2. 法院调解是在人民法院的主持下进行的。人民法院依据的是其审判职权，所进行的活动属于审判活动，具有审判上的意义，具有司法的性质；诉讼外的调解是在人民调解委员会的委员、行政机关的官员、仲裁机构的仲裁员的主持下所进行的活动，不具有审判性，不具有司法的性质。

需要注意的是，在一些情形下，经诉讼中各方当事人同意，人民法院可以委托与当事人有特定关系或者与案件有一定联系的企业事业单位、社会团体或者其他组织和具有专门知识、特定社会经验、与当事人有特定关系的个人对案件进行调解，达成调解协议后，人民法院应当依法予以确认。

3. 法院调解要遵循一定的法律原则和程序；诉讼外的调解虽然也要求遵循一定原则和程序，但不像法院调解那样严格和规范。

4. 法院调解如果成功，其所形成的调解协议或调解书生效后与生效的判决书具有同等的法律效力。在法院的主持下，双方达成了调解协议，法院制作调解书并送达了双方当事人的，诉讼结束。具有给付内容的调解书还具有执行力；而诉讼外的调解，除仲裁机构制作的调解书对当事人有拘束力外，其他机构主持下达成调解协议而形成的调解书只有一定的见证力，并无拘束力，当事人反悔的，仍可就该争议问题向人民法院起诉。

其次，与诉讼和解相比较，法院调解有如下特点：

1. 性质不同。法院调解具有人民法院行使审判权的性质；而诉讼和解则是当事人在诉讼中对自己诉讼权利和实体权利的处分。

2. 参加的主体不同。法院调解的主体包括人民法院和双方当事人；而诉讼和解的主体仅是双方当事人。

3. 效力不同。根据法院调解达成协议制作的调解书生效后，诉讼归于终结，有给付内容的调解书具有执行力；当事人在诉讼中和解，并不会使诉讼归于终结，只有原告申请撤诉，经法院裁定准许以后，诉讼才会结束，且和解协议不具有执行力。

此外，法院调解与诉讼和解之间也有一定的联系，主要表现为以下两点：第一，当事人在诉讼过程中自行达成和解协议的，当事人可以申请人民法院依法确认和解协议制作调解书；第二，当事人在和解过程中可以申请人民法院对和解活动进行协调，人民法院可以委派审判辅助人员或者邀请、委托有关单位和个人从事协调活动。（《最高人民法院关于人民法院民事调解工作若干问题的规定》第4条）

（三）法院调解的原则

法院调解的原则，是指人民法院在进行调解时应遵循的行为准则。根据《民事诉讼法》第93条及《民事诉讼法司法解释》第145条的规定，法院调解应遵循以下三项原则：

1. 当事人自愿原则。该原则要求法院调解应建立在当事人自愿的基础上。《民事诉讼法》第96条规定："调解达成协议，必须双方自愿，不得强迫。"也就是说从最初的是否适用调解的决定到最后的调解协议的达成，都必须建立在当事人自愿同意的基础上。

2.查明事实，分清是非的原则。该原则要求法院调解应当在事实已经基本清楚、当事人之间的权利义务关系已经基本明了的基础上进行。

3.合法原则。该原则要求法院调解必须遵循法律规定的程序，形成的调解协议不可违反法律规定。

（四）调解书及调解的效力

1.调解书的效力

调解书，是指由人民法院制作的、以调解协议为主要内容的法律文书。依据《民事诉讼法》第97条的规定，调解达成协议，人民法院应当制作调解书。调解书应当写明诉讼请求、案件的事实和调解结果。调解书由审判人员、书记员署名，加盖人民法院印章，送达双方当事人。调解书需经当事人签收后才发生法律效力的，应当以最后收到调解书的当事人签收的日期为调解书生效日期。

依据法律规定，只要调解达成协议，人民法院就应当制作调解书。但是在某些特殊情况下，当事人达成调解协议的，人民法院可以不制作调解书。依据《民事诉讼法》第90条的规定，不需制作调解书的案件有：（1）调解和好的离婚案件；（2）调解维持收养关系的案件；（3）能够即时履行的案件；（4）其他不需要制作调解书的案件。在这些案件中，当事人各方同意在调解协议上签名或者盖章后即发生法律效力的，经人民法院审查确认后，应当记入笔录或者将调解协议附卷，并由当事人、审判人员、书记员签名或者盖章后即具有法律效力。如果当事人请求制作调解书的，人民法院审查确认后可以制作调解书送交当事人。当事人拒收调解书的，不影响调解协议的效力。

需要注意的是，以上可以不制作调解书的情形仅限于一审程序。凡是在二审或再审程序中达成调解协议的，必须制作调解书，不存在可以不制作调解书的情形。

2.调解的效力

调解协议或调解书生效后，具有与生效判决同等的效力，即意味着诉讼程序已结束，当事人之间的权利义务关系依据调解协议或调解书的内容予以确定，一审的调解协议或调解书发生效力后，当事人不得上诉。此外，关于调解的效力，还需要注意以下几点：

（1）调解发生效力的时间。双方当事人达成调解协议的，原则上，调解书应自双方当事人签收调解书后才发生法律效力。不过，对于不需要制作调解书的案件而言，双方当事人、审判人员、书记员在调解协议上签名或盖章后，调解即具有法律效力。在调解书送达之前当事人一方或双方反悔的或调解书送达时当事人拒绝签收的（如前所述，调解书必须直接送达，不能留置送达），调解不成立，人民法院应当及时裁判。

但是，根据《民事调解规定》及《民事诉讼法司法解释》的相关规定，当事人各方同意在调解协议上签名或盖章后生效，经法院审查确认后，应当记入笔录或者将协议附卷，并由当事人、审判人员、书记员签名或盖章后即具有法律效力。当事人请求制作调解书的，人民法院应当制作调解书送交当事人。当事人拒收调解书的，不影响调解书的效力；对调解书的内容既不享有权利又不承担义务的当事人不签收调解书的，不影响调解书的效力。

（2）具有给付内容的调解书，具有强制执行力。当负有履行调解书义务的一方当事人未按调解书履行义务时，权利人可以根据调解书向人民法院申请强制执行。

九、保全和先予执行

（一）保全的概念与种类

民事保全，是指为保证将来的生效判决能够得到执行或者保证债权人的权利得以实现，人民法院在诉前或者诉讼中，依据利害关系人或当事人的申请，或者依职权，对被申请人或对方当事人的财产或者争议的标的物，采取限制当事人处分的强制措施，或者命令债务人为或不为一定行为的制度。

《民事诉讼法》第九章的保全，主要分为财产保全和行为保全。财产保全又分为诉讼中财产保全和诉前财产保全。行为保全又称为临时禁令，即人民法院为了不让申请人的权益受到侵害而责令债务人为或不为一定行为的制度，该制度适用于各类民事诉讼案件。财产保全裁定的作出机关可以是一审、二审或再审人民法院。

（二）保全的范围

1. 财产保全的范围

依据《民事诉讼法》第 102 条的规定，保全限于请求的范围，或者与本案有关的财物。又依据最高人民法院关于在经济审判工作中严格执行《中华人民共和国民事诉讼法》的若干规定第 14 条的规定，人民法院采取财产保全措施时，保全的范围应当限于当事人争执的财产，或者被告的财产，对案外人的财产不得采取财产保全措施。对案外人善意取得的与案件有关的财产，一般也不得采取保全措施。

2. 行为保全的范围

行为保全的适用范围限于金钱请求以外的请求，通常是请求相对人为一定行为（作为）或不为一定行为（不作为），而这种"作为"或"不作为"事项必须要与本案请求有关。

（三）保全的措施

1. 财产保全的措施

依据《民事诉讼法》第 103 条的规定，财产保全的措施包括查封、扣押、冻结或法律规定的其他方法。依据《民事诉讼法司法解释》有关保全的规定，采取保全措施时需要注意以下几个方面：

（1）被查封、扣押物是季节性商品，鲜活、易腐烂变质和其他不宜长期保存的物品，法院可以责令当事人及时处理，由法院保存价款，必要时，可以由法院予以变卖、保存价款。

（2）人民法院在财产保全中采取查封、扣押、冻结财产措施时，应当妥善保管被查封、扣押、冻结的财产。不宜由人民法院保管的，人民法院可以指定被保全人负责保管；不宜由被保全人保管的，可以委托他人或者申请保全人保管。

（3）查封、扣押、冻结担保物权人占有的担保财产，一般由担保物权人保管；由人民法院保管的，质权、留置权不因采取保全措施而消灭。

（4）由人民法院指定被保全人保管的财产，如果继续使用对该财产的价值无重大影响，可以允许被保全人继续使用；由人民法院保管或者委托他人、申请保全人保管的财产，人民法院和其他保管人不得使用。

（5）人民法院采取财产保全的方法和措施，依照执行程序相关规定办理。

（6）人民法院对抵押物、质押物、留置物可以采取财产保全措施，但不影响抵押权人、质权人、留置权人的优先受偿权。

（7）人民法院对债务人到期应得的收益，可以采取财产保全措施，限制其支取，通知有关单位协助执行。

（8）债务人的财产不能满足保全请求，但对他人有到期债权的，人民法院可以依债权人的申请裁定该他人不得对本案债务人清偿。该他人要求偿付的，由人民法院提存财物或者价款。

2.行为保全的措施

人民法院作出行为保全裁定后，一般应当向被请求人发出命令或强制令，责令被请求人作为或不作为。如果被请求人拒不履行，人民法院可采取强制措施，迫使其履行，或者采取替代性方法。

（四）保全的程序

1.财产保全的程序

诉前财产保全和诉讼财产保全的程序稍有不同。二者的区别如下：

（1）启动的主体不同。诉前财产保全须由利害关系人提出申请，且申请人必须提供担保；而诉讼财产保全可以由当事人提出申请，也可以由法院依职权决定。在诉讼财产保全中，法院可以责令申请人提供担保，但提供担保不是必须的。

（2）法院接受申请人的申请后，对诉前保全，须在48小时内作出裁定；

而对诉讼保全，只有在情况紧急时，才要求 48 小时内作出裁定。法院裁定采取保全措施的，应当立即执行。

此外，对于诉前财产保全或诉讼财产保全的裁定，当事人不服的，可以自收到裁定书之日起 5 日内向作出裁定的人民法院申请复议。人民法院应当在收到复议申请后 10 日内审查。裁定正确的，驳回当事人的申请；裁定不当的，变更或者撤销原裁定。利害关系人对保全的裁定不服申请复议的，可以申请复议一次，但复议期间不停止裁定的执行。

依据《民事诉讼法》第 104 条的规定，财产纠纷案件，被申请人提供担保的，人民法院应当裁定解除保全。又依据《民事诉讼法司法解释》第 166 条的规定，在下列情形下，人民法院也要解除保全措施：①保全错误的；②申请人撤回保全申请的；③申请人的起诉或者诉讼请求被生效裁判驳回的；④人民法院认为应当解除保全的其他情形。解除以登记方式实施的保全措施的，应当向登记机关发出协助执行通知书。

2. 行为保全的程序

行为保全的程序，可参照财产保全制度施行。但行为保全的解除情形不包括被申请人提供担保的情形，即不适用《民事诉讼法》第 104 条的规定。

需要注意的是，不论是财产保全还是行为保全，当申请有错误时，申请人应当赔偿被申请人因保全所遭受的损失。

（五）先予执行

1. 先予执行的概念及适用范围

先予执行，是指为解决权利人生活或生产经营的急需，人民法院在受理案件后作出终审判决之前，依法裁定义务人预先履行一定义务的制度。先予执行的启动须由当事人提出书面申请，人民法院不能依职权进行。

依据《民事诉讼法》第 106 条的规定，先予执行适用的案件包括：

第一，追索赡养费、抚养费、抚育费、抚恤金、医疗费用的案件；

第二，追索劳动报酬的案件；

第三，因情况紧急需要先予执行的案件。依据《民事诉讼法司法解释》第

170 条的规定，这里的"情况紧急"，包括以下几种情形：①需要立即停止侵害、排除妨碍的；②需要立即制止某项行为的；③追索恢复生产、经营急需的保险理赔费的；④需要立即返还社会保险金、社会救助资金的；⑤不立即返还款项，将严重影响权利人生活和生产经营的。

依据《民事诉讼法》第 107 条的规定，上述案件需要先予执行的，还应当满足下列条件：

第一，当事人之间的权利义务关系明确、肯定。

第二，双方当事人之间不存在对待给付的义务。

第三，行使权利的紧迫性，即享有权利的一方当事人急需实现其权利，如不实现势必严重影响其生活或生产。

第四，须根据当事人的申请。

第五，须被申请人有履行能力。

2. 先予执行的救济途径

依据《民事诉讼法司法解释》第 171 条的规定，当事人对先予执行裁定不服的，可以自收到裁定书之日起 5 日内向作出裁定的人民法院申请复议。人民法院应当在收到复议申请后 10 日内审查。裁定正确的，驳回当事人的申请；裁定不当的，变更或者撤销原裁定。

人民法院先予执行后，根据发生法律效力的判决，申请人应当返还因先予执行所取得的利益的，申请人应当返还已经取得的利益，拒不返还的，人民法院应强制执行。

十、对妨害民事诉讼的强制措施

（一）妨害民事诉讼的行为的概念和构成要件

妨害民事诉讼的行为，是指在民事诉讼过程中，行为主体故意妨害民事诉讼正常秩序的行为。

行为主体的行为具备以下要件时，可以认定为是妨害民事诉讼的行为：

（1）行为主体。根据《民事诉讼法》的相关规定，妨害民事诉讼的行为主体，既可以是案件的当事人，也可以是其他诉讼参与人，还可以是案外人；

（2）行为人实施了妨害民事诉讼的行为。行为人在诉讼中实施了一系列的妨害民事诉讼秩序的行为，而这种行为在客观上妨害了民事诉讼的正常进行；

（3）行为人实施妨害民事诉讼的行为主观上是故意的。如果行为人是因为过失而造成妨害民事诉讼秩序的结果的，则不构成妨害民事诉讼的行为。

（4）行为人实施妨害民事诉讼秩序的行为一般是在诉讼过程中。

同时具备上述四个要件时，就构成妨害民事诉讼的行为，人民法院可以对行为人依法采取强制措施。

（二）妨害民事诉讼行为的种类

根据《民事诉讼法》和最高人民法院的有关司法解释的相关规定，妨害民事诉讼的行为有下列几种：

1. 必须到庭的被告[1]，经传票传唤，无正当理由拒不到庭，或必须到庭才能查清案件基本事实的原告，经两次传票传唤，无正当理由拒不到庭。

2. 违反法庭规则、扰乱法庭秩序的行为。如未经准许进行录音、录像、摄影、以移动通信等方式现场传播审判活动及其他扰乱法庭秩序，妨害审判活动进行的行为。

3. 妨害人民法院收集、调查证据和阻拦、干扰诉讼进行的行为。这些行为主要包括：第一，伪造、毁灭重要证据，妨害人民法院审理案件；第二，以暴力、威胁、贿买方法阻止证人作证或指使、贿买、胁迫他人作伪证；第三，隐藏、转移、变卖、毁损已被查封、扣押的财产或已被清点并责令其保护的财产，转移已被冻结的财产；第四，对司法工作人员、诉讼参与人、证人、翻译人员、鉴定人、勘验人、协助执行的人，进行侮辱、诽谤、诬陷、殴打或打击报复；第五，以暴力、威胁或其他方法阻碍司法工作人员执行职务，具体包括以下几种行为：①在人民法院哄闹、滞留，不听从司法工作人员劝阻的；②故意毁损、

---

[1] 必须到庭的被告，是指负有赡养、抚育、抚养义务和不到庭就无法查清案情的被告。

抢夺人民法院法律文书、查封标志的；③哄闹、冲击执行公务现场，围困、扣押执行或者协助执行公务人员的；④毁损、抢夺、扣留案件材料、执行公务车辆、其他执行公务器械、执行公务人员服装和执行公务证件的；⑤以暴力、威胁或者其他方法阻碍司法工作人员查询、查封、扣押、冻结、划拨、拍卖、变卖财产的；⑥以暴力、威胁或者其他方法阻碍司法工作人员执行职务的其他行为；第六，拒不履行人民法院已生效的裁判，具体包括以下几种行为：①在法律文书发生法律效力后隐藏、转移、变卖、毁损财产或者无偿转让财产、以明显不合理的价格交易财产、放弃到期债权、无偿为他人提供担保等，致使人民法院无法执行的；②隐藏、转移、毁损或者未经人民法院允许处分已向人民法院提供担保的财产的；③违反人民法院限制高消费令进行消费的；④有履行能力而拒不按照人民法院执行通知履行生效法律文书确定的义务的；⑤有义务协助执行的个人接到人民法院协助执行通知书后，拒不协助执行的；第七，诉讼参与人或者其他人有下列行为之一的，也属于妨害民事诉讼的行为：①冒充他人提起诉讼或者参加诉讼的；②证人签署保证书后作虚假证言，妨碍人民法院审理案件的；③伪造、隐藏、毁灭或者拒绝交出有关被执行人履行能力的重要证据，妨碍人民法院查明被执行人财产状况的；④擅自解冻已被人民法院冻结的财产的；⑤接到人民法院协助执行通知书后，给当事人通风报信，协助其转移、隐匿财产的。

4.故意串通，非法勾结，利用诉讼程序和执行程序骗取文书，侵害他人权益的行为。这些恶意诉讼行为主要包括：第一，当事人之间恶意串通，企图通过诉讼、调解等方式侵害他人（包括案外人的合法权益、国家利益、社会公共利益）合法权益的行为；第二，被执行人与他人恶意串通，通过诉讼、仲裁、调解等方式逃避履行法律文书确定的义务的行为。

5.有义务协助调查、执行的单位或组织拒不履行协助义务。这些行为包括：第一，有关单位拒绝或妨碍法院调查取证的；第二，银行、信用合作社和其他有储蓄业务的单位接到人民法院协助执行通知后，拒不协助查询、冻结或划拨存款的；第三，有关单位接到人民法院协助执行通知书后，拒不协助扣留被执行人的收入，拒不办理有关财产权证照转移手续，拒不转交有关票证、证照或其他财产的；第四，有关单位接到人民法院协助执行通知书后，有下列行为之一的，也属于此类妨害民事诉讼的行为：①允许被执行人高消费的；②允许被执行人出境的；③拒不停止办理有关财产权证照转移手续、权属变更登记、规划审批等手续的；④以需要内部请示、内部审批，有内部规定等为由拖延办理的。

（三）对妨害民事诉讼的强制措施的种类和适用

1. 对妨害民事诉讼的强制措施的种类

根据《民事诉讼法》的相关规定，对妨害民事诉讼的强制措施主要包括拘传、训诫、责令退出法庭、罚款、拘留。

（1）拘传。拘传是对于必须到庭的被告，经人民法院传票传唤，无正当理由拒绝出庭的，人民法院派出司法警察，强制被传唤人到庭参加诉讼活动的一种措施。

（2）训诫。训诫是人民法院对妨害民事诉讼秩序行为较轻的人，以口头方式予以严肃地批评教育，并指出其行为的违法性和危害性，令其以后不得再犯的一种强制措施。

（3）责令退出法庭。责令退出法庭是指人民法院对于违反法庭规则的人，强制其离开法庭的措施。

（4）罚款。罚款是人民法院对实施妨害民事诉讼行为情节比较严重的人，责令其在规定的时间内，交纳一定数额金钱的强制措施。依照《民事诉讼法》的有关规定，对个人的罚款金额，为人民币10万元以下；对单位的罚款金额，则为人民币5万元以上100万元以下。

（5）拘留。拘留是人民法院对实施妨害民事诉讼行为情节严重的人，将其留置在特定的场所，在一定期限内限制其人身自由的强制措施。依据《民事诉讼法》第115条的规定，拘留期限为15日以下。

除上述强制措施外，《民事诉讼法》还规定，妨害民事诉讼行为情节特别严重、构成犯罪的，依法追究其刑事责任。

（四）对妨害民事诉讼的强制措施的适用

1. 拘传的适用

采取拘传措施应具备三个条件：一是拘传的对象是法律规定或法院认为必须到庭的被告或必须到庭才能查清案件基本事实的原告；二是被告或原告必须经过传票传唤，其中原告须经两次传票传唤；三是被告或原告无正当理由拒不到庭。

适用拘传措施，应由本案合议庭或者独任审判员提出意见，报经院长批准。拘传必须用拘传票，并直接送达被拘传人。在拘传前，应当向被拘传人说明拒不到庭的后果，经批评教育仍拒不到庭的，可以拘传其到庭。

2. 训诫的适用

训诫的对象是诉讼参与人或其他违反法庭规则的人。适用训诫措施，由合议庭或独任审判员决定，训诫的内容应记入庭审笔录。

3. 责令退出法庭的适用

责令退出法庭的对象是诉讼参与人或其他违反法庭规则的人。适用责令退出法庭，由合议庭或独任审判员决定，被责令退出法庭者的违法事实应当记入庭审笔录。

4. 罚款的适用

罚款是针对那些情节比较严重的行为实施的强制措施。罚款须经院长批准，对个人的罚款金额，为人民币 10 万元以下；对单位的罚款金额，则为人民币 5 万元以上 100 万元以下。罚款应当用决定书。

5. 拘留的适用

拘留是针对情节严重的行为实施的强制措施。拘留的期限，为 15 日以下。最新《民事诉讼法司法解释》对于拘留作出了一些新的规定。具体包括如下内容：

（1）人民法院依照《民事诉讼法》第 111 条至第 114 条的规定采取拘留措施的，应经院长批准，作出拘留决定书，由司法警察将被拘留人送交当地公安机关看管。

（2）被拘留人不在本辖区的，作出拘留决定的人民法院应当派员到被拘留人所在地的人民法院，请该院协助执行，受委托的人民法院应当及时派员协助执行。被拘留人申请复议或者在拘留期间承认并改正错误，需要提前解除拘留的，受委托人民法院应当向委托人民法院转达或者提出建议，由委托人民法院审查决定。

（3）人民法院对被拘留人采取拘留措施后，应当在 24 小时内通知其家属；确实无法按时通知或者通知不到的，应当记录在案。

（4）因哄闹、冲击法庭，用暴力、威胁等方法抗拒执行公务等紧急情况，必须立即采取拘留措施的，可在拘留后，立即报告院长补办批准手续。院长认为拘留不当的，应当解除拘留。

（5）被拘留人在拘留期间认错悔改的，可以责令其具结悔过，提前解除拘留。提前解除拘留，应报经院长批准，并作出提前解除拘留决定书，交负责看管的公安机关执行。

被罚款、拘留的人不服罚款、拘留决定申请复议的，应当自收到决定书之日起 3 日内提出。上级人民法院应当在收到复议申请后 5 日内作出决定，并将复议结果通知下级人民法院和当事人。上级人民法院复议时认为强制措施不当的，应当制作决定书，撤销或者变更下级人民法院作出的拘留、罚款决定。情况紧急的，可以在口头通知后 3 日内发出决定书。

十一、民事审判的基本制度

（一）民事审判的基本制度

民事审判的基本制度，是指《民事诉讼法》以及其他有关法律对民事审判工作进行法律调整的各种具体制度规范的总和。民事审判的基本制度具有内容的根本性、抽象性、宏观性等特点，它对整个民事审判活动起到指导性作用的同时，也是其他一些具体民事诉讼规范产生的依据。我国《民事诉讼法》中所规定的民事审判的基本制度有合议制度、回避制度、公开审判制度、两审终审制度等四个制度。

1. 合议制度

合议制度，是指由若干名审判人员组成合议庭审理民事、经济纠纷案件的制度。合议制度是民主集中制原则在人民法院审判活动中的具体运用，有利于发挥集体智慧，弥补个人能力上的不足，保障法院的办案质量。

合议制是与独任制相对应的审判组织形式。独任制是由一名审判员代表人民法院对民事案件进行审理并作出判决。根据我国《民事诉讼法》相关规定，能够适用独任制审理简单民事案件的法院只限于基层人民法院及其派出法庭。除此之外的所有民事案件，都应当适用合议制。按照独任制组成的法庭，称为独任庭；按照合议制组成的法庭，称为合议庭。依据我国《民事诉讼法》的规定，在不同的审级，对合议庭的组成有不同的要求。

具体来讲，合议庭由3个以上的单数的审判人员组成。合议庭按照组成形式的不同，分为由审判人员和人民陪审员共同组成的合议庭和仅由审判员组成的合议庭。在第一审普通程序中上述两种合议庭形式均可采取；在第二审程序中，合议庭只能由审判员组成；在再审程序中，如果再审案件是适用一审程序审理的，就按第一审普通程序的合议庭组成形式另行组成合议庭，如果再审案件是适用二审程序审理的，就按第二审程序另行组成合议庭；在特别程序中，如果对案件的审理实行合议制的，合议庭只能由审判员组成。

合议庭作为一个审判集体，必须由1名审判员担任审判长。审判长由院长或者庭长指定审判员一人担任。院长或庭长参加审判的，由院长或庭长担任。

合议庭的评议规则是少数服从多数，而不是审判长决定制，但全体合议庭成员必须在笔录上签字。

2. 回避制度

回避制度，是指为了保证案件公正审理，要求与案件有一定利害关系的审判人员或其他有关人员，不得参与案件的审理活动或诉讼活动的一项审判制度。回避制度的基本内容包括以下几个方面：

（1）回避人员的范围

依据《民事诉讼法》第44条的规定，回避制度适用于审判人员（包括审判长和参加合议庭的陪审员）、书记员、翻译人员、鉴定人、勘验人等五类人员。

（2）应当适用回避的情形

回避有自行回避和申请回避两种方式。依据《民事诉讼法》第44条第1

款和《民事诉讼法司法解释》第 43 条的规定，审判人员或其他人员有下列情形之一的，应予以回避：①是本案当事人或者当事人近亲属的；②本人或者其近亲属与本案有利害关系的；③担任过本案的证人、鉴定人、辩护人、诉讼代理人、翻译人员的；④是本案诉讼代理人近亲属的；⑤本人或者其近亲属持有本案非上市公司当事人的股份或者股权的；⑥与本案当事人或者诉讼代理人有其他利害关系，可能影响公正审理的。

此外，依据《民事诉讼法司法解释》第 44 条的规定，审判人员及其他人员有以下情形之一的，当事人有权要求他们回避：①接受本案当事人及其受托人宴请，或者参加由其支付费用的活动的；②索取、接受本案当事人及其受托人财物或者其他利益的；③违反规定会见本案当事人、诉讼代理人的；④为本案当事人推荐、介绍诉讼代理人，或者为律师、其他人员介绍代理本案的；⑤向本案当事人及其受托人借用款物的；⑥有其他不正当行为，可能影响公正审理的。

审判人员及其他人员有应当回避的情形，而没有自行回避，当事人也没有申请其回避的，由院长或者审判委员会决定其回避。

（3）回避的程序及法律后果

《民事诉讼法》第 45 条至第 47 条规定了回避的具体程序。根据以上规定，回避应当在案件开始审理时提出。回避事由在案件开始审理后知道的，可以在法庭辩论终结前提出。回避申请可以采取口头和书面两种形式，但提出回避申请应当说明理由。有权决定是否回避的人员有三个，即审判委员会、院长和审判长。院长担任审判长时的回避，由审判委员会决定；审判人员的回避，由院长决定；其他人员，由审判长决定；实行独任制时，由审判员决定。法院对当事人提出的回避申请，应当在申请提出 3 日内，以口头或书面形式作出决定。申请人对决定不服的，可以在接到决定时申请复议一次，法院应当在接到申请后 3 日内作出复议决定，并通知复议申请人。被申请回避的人员原则上暂停本案的工作。但复议期间，不停止参与本案的工作。

3. 公开审判制度

公开审判制度，是指人民法院审理民事案件时，除法律规定的情况外，应当将其审判活动向社会公开。公开审判的内容有两方面：一是向群众公开，即允许人民群众到场旁听人民法院对案件的审理过程；二是向社会公开，即允许新闻记者采访，报道除合议庭评议外的所有庭审活动。这两方面内容体现了提高民事审判工作的透明度和加强舆论对司法的监督的意义。[1]1999年3月执行的《最高人民法院关于严格执行公开审判制度的若干规定》对公开审判制度作出了具体解释。依据该规定不得公开审理的案件包括以下几种：①涉及国家秘密的案件；②涉及个人隐私的案件；③十四岁以上不满十六岁未成年人犯罪的案件；经人民法院决定不公开审理的十六岁以上不满十八岁未成年人犯罪的案件；④经当事人申请，人民法院决定不公开审理的涉及商业秘密的案件；⑤经当事人申请，人民法院决定不公开审理的离婚案件；⑥第二审因违反法定程序发回重审和事实清楚依法径行判决、裁定的案件；⑦法律另有规定的其他不公开审理的案件。

另外，2007年6月4日发布的《最高院关于加强人民法院审判公开工作若干意见》中，提出了依法公开、及时公开、全面公开的人民法院审判公开工作的基本原则，这有利于进一步落实我国宪法规定的公开审判原则，有利于充分发挥人民法院在构建社会主义和谐社会中的职能作用。

4. 两审终审制度

两审终审制，是指一个民事案件经过两级人民法院审判后即告终结的制度。

该制度具体内容如下：地方任何一级人民法院审判一个尚未审判过的案件，这一审判过程就叫做第一审。第一审法院作出的第一审判或裁定，并不是立即发生法律效力的判决或裁定（不允许上诉的裁定除外）。当事人不服第一审判决、裁定，可以向上一级人民法院提出上诉，请求上级法院重新审判，纠正第一审人民法院判决或裁定中的错误。第一审人民法院的上一级法院，根据当事人的上诉，对已经审判过的案件重新审理，重新判决，这一审判过程就称为第二审。法律规定第二审的目的，是借助第二审，发现和纠正第一审的错误。然而，仍然会有当事人对第二审判决、裁定不服，但第二审人民法院所作出的判决或裁定，是终审的判决和裁定，到此为止，官司的处理就已结束，当事人不能再向上级法院提出上诉，请求重审。如果当事人对第二

---

[1] 原朝阳. 浅析民事诉讼中的公开审判制度 [J]. 辽宁经济职业技术学院学报，2012（4）.

审法院所作的判决、裁定不服，只能申诉，而不能上诉。申诉不影响第二审判决或裁定的法律效力。[1]

需要注意的是，作为最高审判机关的最高人民法院所作的一审判决、裁定，为终审判决、裁定，当事人不得上诉。此外，依据《民事诉讼法》规定，适用特别程序、督促程序、公示催告程序审理的案件，也实行一审终审。

十二、民事审判的第一审普通程序

（一）普通程序概述

按照我国现行《民事诉讼法》第二编"审判程序"的规定，我国《民事诉讼法》所规定的各种审判程序的排列顺序和各自在程序体系中的位置如下：

第二编 审判程序

第十二章 第一审普通程序

第十三章 简易程序

第十四章 第二审程序

第十五章 特别程序

第十六章 审判监督程序

第十七章 督促程序

第十八章 公示催告程序

从这些排列顺序和各自位置的确定来看，立法上显然是按照世界各国通行的先普通程序（即详式程序），后简易程序（即简式程序），再特别程序的基本框架，然后就一审、二审、再审的审级发展顺序，相互交叉排列的。这种有关程序体系结构的排列方式，不仅是世界各国通行的，也是符合逻辑规则的。因而除了有关审判监督程序的排列顺序及其位置设定的合理性需要进一步研究以外，整体而言是科学的。[2]

[1] 参见王慧颖.关于两审终审制度的探讨 [J].商品与质量：理论研究，2011（11）.
[2] 廖中洪.中国民事诉讼程序制度研究 [M].北京：中国检察出版社，2004：202-203.

在以上诸程序中，第一审普通程序构成了整个民事审判程序的基础，是所有审判程序中最为重要、最为基础的一个程序。

普通程序，是指人民法院审理第一审民事案件时通常所适用的程序。从普通程序的基本结构来看，包括起诉和受理、审理前的准备、开庭审理、诉讼中止和终结、判决和裁定等环节。

（二）起诉和受理

1.起诉的条件、方式和起诉状的内容

民事诉讼法的起诉，是指民事法律关系主体认为自己的或依法受其管理、支配的民事权益受到侵犯，或者与他人发生争议，以自己的名义请求人民法院予以保护的诉讼行为。民事诉讼奉行的是"不告不理"的原则，也就是说，在启动民事诉讼程序方面，人民法院处于被动的地位，民事诉讼程序的启动必须要由某个或某几个民事主体提起诉讼，否则，民事诉讼程序无法开始。

（1）起诉的条件

依据《民事诉讼法》第119条的规定，起诉应当符合如下几个条件：①原告是与本案有直接利害关系的公民、法人和其他组织。原告只要求具有诉讼权利能力即可，不要求具备诉讼行为能力；②有明确的被告。起诉时要求有明确的被告，并不要求是正确的被告；③有具体的诉讼请求和事实、理由。诉讼请求是否合法、证据是否充分不是受理的条件；④属于人民法院受理民事诉讼的范围和受诉人民法院管辖。只要起诉符合以上四个条件，且没有法律规定的不予受理的情形，法院就应当受理。

（2）起诉的方式

依据《民事诉讼法》第120条的规定，起诉的方式，以书面起诉为原则，只有在书写起诉状确有困难时，才可以口头起诉。口头起诉的，人民法院计入笔录，并告知对方当事人。

（3）起诉状的内容

依据《民事诉讼法》第121条的规定，起诉状应当记明下列事项：①原告的姓名、性别、年龄、民族、职业、工作单位、住所、联系方式，法人或者其他组织的名称、住所和法定代表人或者主要负责人的姓名、职务、联系方式；②被告的姓名、性别、工作单位、住所等信息，法人或者其他组织的名称、住所等信息。起诉状列写被告信息不足以认定明确的被告的，人民法院可以告知原告补正。原告补正后仍不能确定明确的被告的，人民法院裁定不予受理；③诉讼请求和所根据的事实与理由；④证据和证据来源，证人姓名和住所。

原告在起诉状中有谩骂和人身攻击之辞的，人民法院应当告知其修改后提起诉讼。

（三）先行调解

依据《民事诉讼法》第 122 条的规定，对于当事人起诉到人民法院的案件，人民法院认为适宜调解的，可以先行调解，但必须以当事人自愿为前提。

（四）人民法院对起诉的审查与受理

原告的起诉行为并不必然引起诉讼程序的开始，如果法院经过审查决定不予受理，那么诉讼程序将无法启动。

人民法院对起诉进行审查，对符合起诉条件的起诉，法院必须受理，且应在 7 日内立案，并通知当事人；不符合起诉条件的，应当在 7 日内作出裁定书，不予受理。原告对裁定不服的，可以提起上诉。

（五）对当事人起诉时几种特殊情况的处理

依据《民事诉讼法》第 124 条及《民事诉讼法司法解释》相关规定，人民法院在审查当事人起诉时，若有以下情况的，应按照法律规定，分别予以处理：

1.人民法院对下列起诉，分别情形，予以处理：

（1）依照行政诉讼法的规定，属于行政诉讼受案范围的，告知原告提起行政诉讼。

（2）依照法律规定，双方当事人达成书面仲裁协议申请仲裁、不得向人民法院起诉的，告知原告向仲裁机构申请仲裁。

（3）依照法律规定，应当由其他机关处理的争议，告知原告向有关机关申请解决。

（4）对不属于本院管辖的案件，告知原告向有管辖权的人民法院起诉。

（5）对判决、裁定、调解书已经发生法律效力的案件，当事人又起诉的，告知原告申请再审，但人民法院准许撤诉的裁定除外。

（6）依照法律规定，在一定期限内不得起诉的案件，在不得起诉的期限内起诉的，不予受理。

（7）判决不准离婚和调解和好的离婚案件，判决、调解维持收养关系的案件，没有新情况、新理由，原告在 6 个月内又起诉的，不予受理。

2. 对于当事人的下列起诉，人民法院应当予以受理：

（1）裁定不予受理、驳回起诉的案件，原告再次起诉，符合起诉条件且不属于《民事诉讼法》第 124 条规定情形的，人民法院应予受理；原告撤诉或者人民法院按撤诉处理后，原告以同一诉讼请求再次起诉的，人民法院应予受理。

（2）仲裁条款或者仲裁协议不成立、无效、失效、内容不明确无法执行的，人民法院有权依法受理当事人一方的起诉。

（3）夫妻一方下落不明，另一方诉至人民法院，只要求离婚，不申请宣告下落不明人失踪或者死亡的案件，人民法院应当受理，对下落不明人公告送达诉讼文书。

（4）赡养费、抚养费、抚育费案件，裁判发生法律效力后，因新情况、新理由，一方当事人再行起诉要求增加或者减少费用的，人民法院应作为新案受理。

（5）当事人超过诉讼时效期间起诉的，人民法院应予受理。受理后对方当事人提出诉讼时效抗辩，人民法院经审理认为抗辩事由成立的，判决驳回原告的诉讼请求。

（六）审理前的准备

审理前的准备，是指人民法院受理案件之后到开庭审理前，为保证法庭审理的正常进行，由审理本案的合议庭进行的一系列准备性诉讼活动。

审理前的准备是适用普通程序审理民事案件的法定程序，不能逾越该程序而直接进入开庭审理阶段。

依据我国《民事诉讼法》和《民事诉讼法司法解释》相关规定，审理前的准备工作主要包括：

1.在法定期间内送达诉讼文书。具体包括：①人民法院在受理案件后，应向原、被告分别送达案件受理通知书、应诉通知书。人民法院应当在送达案件受理通知书和应诉通知书的同时向当事人送达举证通知书。举证通知书应当载明举证责任的分配原则与要求、可以向人民法院申请调查取证的情形、人民法院根据案件情况指定的举证期限以及逾期提供证据的法律后果；②人民法院应当在立案之日起5日内将起诉状副本发送被告。人民法院收到被告答辩状后，应当在5日内将答辩状副本送达原告。

2.告知当事人诉讼权利义务及合议庭组成人员。依据《民事诉讼法》第126条的规定，人民法院对决定受理的案件，应当在受理案件通知书和应诉通知书中向当事人告知有关的诉讼权利义务，或者口头告知。普通程序的审判组织必须采用合议制。依据同法第128条的规定，合议庭组成人员确定后，应当在3日内告知当事人。

3.确定举证期限。根据《证据规定》第33条的规定，举证期限的确定有两种情形：当事人协商和法院指定。当事人协商确定举证期限的，须经人民法院认可；法院指定的，指定的举证期限不得少于30天，从当事人收到案件受理通知书和应诉通知书的次日起计算。法院在送达受理通知书或应诉通知书的同时向当事人送达举证通知书，在该通知书中，法院将告知指定的举证期限。如果当事人认为有必要协议举证期限的，可以达成协议，并经法院许可，协议的举证期限可以少于30天。

4.组织当事人进行证据交换、整理争议焦点。依据《民事诉讼法》第133条（四）的规定，人民法院对受理的案件，认为需要开庭审理的，可通过要求当事人交换证据等方式，明确争议焦点。人民法院应当根据当事人的诉讼请求、答辩意见以及证据交换的情况，归纳争议焦点，并就归纳的争议焦点征求当事人的意见。

5.审阅诉讼材料，调取收集必要的证据。依据《民事诉讼法》有关规定，审判人员必须认真审核诉讼材料，调查收集必要的证据。人民法院派出人员进行调查时，应当向被调查人出示证件。调查笔录经被调查人校阅后，由被调查人、调查人签名或者盖章。人民法院在必要时可以委托外地人民法院调查。委托调查，必须提出明确的项目和要求。受委托人民法院可以主动补充调查。受委托人民法院收到委托书后，应当在30日内完成调查。因故不能完成的，应当在上述期限内函告委托人民法院。

6. 追加当事人。在审理前的准备工作中，人民法院发现必须共同进行诉讼的当事人没有参加诉讼的，应当通知其参加诉讼。此外，原告在起诉状中直接列写第三人的，视为其申请人民法院追加该第三人参加诉讼。是否通知第三人参加诉讼，由人民法院审查决定。

7. 选择审理案件适用的程序。依据《民事诉讼法》第133条的规定，人民法院对已受理的案件，可根据不同情形，选择适用相应的程序。具体包括以下三种情形：①当事人没有争议，符合督促程序规定条件的，可以转入督促程序；②开庭前可以调解的，采取调解方式及时解决纠纷；③根据案件情况，确定适用简易程序或者普通程序。当受理案件的法院为基层人民法院的情形下，对于第一审案件的审理存在选择适用普通程序或简易程序的问题。如果案件是简单民事案件，或者当事人协议适用简易程序的案件，人民法院可以决定适用简易程序审理，其他案件适用普通程序审理。

（七）开庭审理

开庭审理，是指人民法院于确定的日期在当事人和其他诉讼参与人的参加下，依照法定的程序和方式，全面审查证据、认定案件事实，并依法对案件作出裁判的诉讼活动。开庭审理是普通程序中最基本和最主要的阶段，是当事人行使诉权进行诉讼活动和人民法院行使审判权进行审判活动最集中、最生动的体现。通过开庭审理，审判人员按照《民事诉讼法》的相关规定对民事案件的事实进行客观的认定，对证据进行全面的审核，对民事案件作出公正的审判。开庭审理有公开审理与不公开审理两种方式。通过公开审理，便于社会对人民法院的审判活动进行监督，增强人民法院的自觉性及办案质量。

1. 开庭审理的程序

人民法院适用普通程序审理民事案件，必须严格依照法定程序进行。根据

《民事诉讼法》的相关规定，开庭审理分为以下几个阶段：

（1）庭审准备。庭审准备是衔接审理前准备与开庭审理的一个阶段，庭审准备主要完成以下工作：

①告知当事人及其他诉讼参与人出庭日期。人民法院适用普通程序审理案件，应当在开庭3日前用传票传唤当事人。对诉讼代理人、证人、鉴定人、勘验人、翻译人员应当用通知书通知其到庭。当事人或者其他诉讼参与人在外地的，应当留有必要的在途时间；

②对公开审理的案件，人民法院应当在开庭3日前公告当事人的姓名、案由和开庭的时间、地点。公告可以在法院的公告栏张贴，巡回审理的可以在案发地或其他相关的地点张贴。

（2）宣布开庭。开庭审理前，书记员应当查明当事人和其他诉讼参与人是否到庭，宣布法庭纪律。

开庭审理时，由审判长核对当事人，宣布案由，宣布审判人员、书记员名单，告知当事人有关的诉讼权利义务，询问当事人是否提出回避申请。

（3）法庭调查。法庭调查是指审判人员在法庭上全面调查案件事实，审查和核实各种证据的诉讼活动。依据《民事诉讼法》第138条的规定，法庭调查按下列顺序进行：①当事人陈述。在法庭调查阶段，各方当事人对于自己的诉讼请求及其所根据的事实、理由加以陈述。陈述按原告、被告、第三人及当事人的诉讼代理人的顺序进行。当事人在庭审中对其在审理前的准备阶段认可的事实和证据提出不同意见的，人民法院应当责令其说明理由。必要时，可以责令其提供相应证据。人民法院应当结合当事人的诉讼能力、证据和案件的具体情况进行审查。理由成立的，可以列入争议焦点进行审理；②告知证人的权利义务，证人作证，宣读未到庭的证人证言；③出示书证、物证、视听资料和电子数据。书证、物证、视听资料和电子数据需要当庭宣读、展示、播放、演示，并由当事人相互质证；④宣读鉴定意见。鉴定意见也要当庭宣读。当事人对鉴定意见有异议或者人民法院认为鉴定人有必要出庭的，鉴定人应当出庭作证。经法庭许可，当事人及其诉讼代理人可向鉴定人发问。当事人对鉴定意见存在疑问的，有权申请重新鉴定，是否准许，由人民法院决定；⑤宣读勘验笔录。

勘验笔录由法庭当庭宣读，如有照片或图表应当庭出示。经法庭许可，当事人及其诉讼代理人可以向勘验人发问。当事人对勘验结果有疑问的，有权申请重新勘验，是否准许，由人民法院决定。

总之，案件中所涉及的所有证据，无论是当事人提供的，还是人民法院依职权调查收集到的，都必须经过当事人的相互质证，未经过庭审质证的证据材料不能作为法院裁判的根据。当事人在法庭上提出新的证据的，人民法院应当依照《民事诉讼法》第 65 条第 2 款和《民事诉讼法司法解释》相关规定处理。

法庭调查结束前，审判长应当就法庭调查认定的事实和当事人争议的问题进行归纳总结，并询问当事人的意见。然后，由审判长宣布法庭调查结束，进入法庭辩论阶段。

（4）法庭辩论。法庭辩论是当事人及其诉讼代理人在审判人员的主持下，就法庭调查的事实和证据，阐明自己的观点和意见，相互进行言辞辩驳的诉讼活动。法庭辩论是辩论原则的具体体现。在此阶段，当事人及其诉讼代理人互相进行口头辩论，是为了争取审判人员作出有利于自己的裁判。同时，通过辩论，审判人员也能够掌握案件的关键所在，这有助于提高办案的准确度及效率。

根据《民事诉讼法》第 141 条的规定，法庭辩论按照下列顺序进行：①原告及其诉讼代理人发言。原告和诉讼代理人都出庭的情况下，一般先由原告发言，然后由诉讼代理人补充；②被告及其诉讼代理人答辩。被告及其诉讼代理人的答辩是针对原告及其诉讼代理人的发言发表意见和辩解，以证明原告的诉讼请求是不合法、不成立；③第三人及其诉讼代理人发言或者答辩。有独立请求权的第三人认为原告和被告都侵犯了自己的合法权益，因而，其发言或答辩是对原告和被告所主张的事实、理由和请求进行辩驳，从而证明自己的合法权益应受到保护。无独立请求权的第三人，是参加到本诉讼中与之有法律关系的一方当事人中来，他与该方当事人的关系既是对立的又是统一的。在针对对方当事人的时候，他们之间是统一的，无独立请求权的第三人辅助该方当事人对对方当事人主张的事实和请求进行回答和辩驳。当涉及参加之诉中权利的享有或责任的承担时，他们之间的关系是对立的，此时，无独立请求权的第三人可能针对与之有法律关系的当事人提出事实、理由和请求进行回答和辩驳。[1]④互相辩论。审判人员应当引导当事人围绕争议焦点进行辩论。法庭辩论时，审判人员不得对案件性质、是非责任发表意见，不得与当事人辩论。

法庭辩论终结后，由审判长按照原告、被告、第三人的先后顺序征询各方最后意见。

依据《民事诉讼法司法解释》第230条的规定，人民法院根据案件具体情况并征得当事人同意，可以将法庭调查和法庭辩论合并进行。

2. 案件评议和宣告判决

这是开庭审理的最后阶段。

（1）合议庭评议

法庭辩论结束后，调解不成的，合议庭应当休庭，进入评议室进行评议。合议庭评议案件，由审判长主持，秘密进行，合议庭有不同意见时，实行少数服从多数的原则，但少数意见要如实记入笔录。评议笔录由书记员制作，经合议庭成员和书记员签名或盖章，归档备查，不得对外公开。评议结束后，应制作判决书，并由合议庭成员签名。

（2）宣告判决

人民法院对公开审理或者不公开审理的案件，一律公开宣告判决。宣告判决有当庭宣判和定期宣判两种方式。当庭宣判的，应当在10日内发送判决书，除当事人当庭要求邮寄发送裁判文书的外，人民法院应当告知当事人或者诉讼代理人领取裁判文书的时间和地点以及逾期不领取的法律后果。上述情况，应当记入笔录。定期宣判的，宣判后立即发给判决书。宣告判决时，必须告知当事人上诉权利、上诉期限和上诉的法院。宣告离婚判决，必须告知当事人在判决发生法律效力前不得另行结婚。

3. 法庭笔录及审理期限

法庭笔录是书记员将法庭审理的全部活动所做的笔录。法庭笔录应由审判人员和书记员签名。法庭笔录应当当庭宣读，也可以告知当事人和其他诉讼参与人当庭或者在5日内阅读。当事人和其他诉讼参与人认为对自己的陈述记录

---

[1] 刘家兴，丛青茹. 民事诉讼法学 [M]. 北京：人民法院出版社，2002：96.

有遗漏或者差错的，有权申请补正。如果不予补正，应当将申请记录在案。

法庭笔录由当事人和其他诉讼参与人签名或者盖章。拒绝签名盖章的，记明情况附卷。

人民法院适用普通程序审理的案件，从立案之日起至裁判宣告、调解书送达之日止的期间不得超过 6 个月。但公告期间、鉴定期间、双方当事人和解期间、审理当事人提出的管辖异议以及处理人民法院之间的管辖争议期间不应计算在内。有特殊情况需要延长的，由本院院长批准，可以延长 6 个月；还需要延长的，报请上级人民法院批准。

（八）撤诉和缺席判决

1. 撤诉

撤诉，又称诉之撤回，是指当事人在人民法院已经受理其案件之后至宣告判决之前，要求撤回起诉的行为。

撤诉包括申请撤诉和按撤诉处理两种情形。

（1）申请撤诉的条件

第一，申请人必须是原告及其法定代理人、反诉的被告、有独立请求权的第三人。但有独立请求权的第三人申请撤诉不影响原告和被告之间本诉的进行。依据《民事诉讼法司法解释》第 237 条的规定，有独立请求权的第三人参加诉讼后，原告申请撤诉，人民法院在准许原告撤诉后，有独立请求权的第三人作为另案原告，原案原告、被告作为另案被告，诉讼继续进行。

第二，撤诉必须是原告自愿。申请撤诉是原告处分自己实体权利和诉讼权利的行为，任何人不得干涉。

第三，撤诉必须合法。申请撤诉必须严格遵守法律规定的时间，并且，申请撤诉不应是为了规避法律，不得对国家、集体和他人的利益造成损失。

第四，撤诉必须由人民法院作出裁定。人民法院裁定不准许撤诉的，原告经传票传唤，无正当理由拒不到庭的，可以缺席判决。

（2）按撤诉处理

按撤诉处理，是指原告虽然没有主动提出撤诉申请，但人民法院在对原告在诉讼过程中的一定行为作出判断以后，依法决定注销案件不予审理的行为。依据《民事诉讼法》相关规定，原告有下列行为之一时，人民法院可按撤诉处理：

①原告或上诉人未按期交纳诉讼费用的，可以按撤诉处理。

②原告经传票传唤，无正当理由拒不到庭的，可以按撤诉处理。

③原告未经法庭许可中途退庭的，可以按撤诉处理。

④原告应预交而未预交案件受理费，人民法院应当通知其预交，通知后仍不交纳，或申请缓、减、免未获人民法院批准仍不交纳诉讼费用的，按撤诉处理。

⑤无民事行为能力的原告的法定代理人，经法院传票传唤无正当理由拒不到庭的，可按撤诉处理。

⑥有独立请求权的第三人经法院传票传唤，无正当理由拒不到庭的，或未经法庭许可中途退庭的，可按撤诉处理；无独立请求权的第三人，无正当理由拒不到庭的，或未经法庭许可中途退庭的，不影响案件的审理。当事人申请撤诉或者依法可以按撤诉处理的案件，如果当事人有违反法律的行为需要依法处理的，人民法院可以不准许撤诉或者不按撤诉处理。法庭辩论终结后原告申请撤诉，被告不同意的，人民法院可以不予准许。

2. 缺席判决

缺席判决，是相对于对席判决而言的，是人民法院在一方当事人不在法庭上的情况下，依法对案件所作的判决。依据《民事诉讼法》相关规定，缺席判决主要适用于以下几种情形：

（1）原告不出庭或中途退庭按撤诉处理，被告提出反诉的，可以缺席判决。

（2）被告经传票传唤无正当理由拒不到庭，或者未经法庭许可中途退庭的，人民法院应当按期开庭或者继续开庭审理，对到庭的当事人诉讼请求、双方的诉辩理由以及已经提交的证据及其他诉讼材料进行审理后，可以依法缺席判决；

（3）法院裁定不准撤诉的，原告经传票传唤，无正当理由拒不到庭的，可以缺席判决。

（4）无民事行为能力的被告人的法定代理人，经传票传唤无正当理由拒不到庭的，可以缺席判决。

（5）在借贷案件中，债权人起诉时，债务人下落不明的，人民法院受理案件后公告传唤债务人应诉。公告期限届满，债务人仍不应诉，借贷关系明确的，经审理后可缺席判决。在审理中债务人出走，下落不明，借贷关系明确的，可以缺席判决。

缺席判决与对席判决具有同等的法律效力。被缺席判决的一方当事人在宣判后，仍有上诉的权利。

（九）延期审理、诉讼中止和诉讼终结

1. 延期审理

延期审理，是指在开庭审理阶段，发生一定法定事由使得人民法院的审理活动无法如期进行，而顺延至另一个期日进行审理的制度。依据《民事诉讼法》第 146 条的规定，在下列情形下，可以延期开庭审理：

（1）必须到庭的当事人和其他诉讼参与人有正当理由没有到庭的；

（2）当事人临时提出回避申请的；

（3）需要通知新的证人到庭，调取新的证据，重新鉴定、勘验，或者需要补充调查的；

（4）其他应当延期的情形。

延期审理前已经进行的诉讼行为，对延期后的审理仍有效。但延期的时间不计算在审理期限内。

2. 诉讼中止

诉讼中止是案件诉讼过程的中途搁置。

依据《民事诉讼法》第 150 条的规定，有下列情形之一的，应当中止诉讼：

（1）一方当事人死亡，需要等待继承人表明是否参加诉讼的；

（2）一方当事人丧失诉讼行为能力，尚未确定法定代理人的；

（3）作为一方当事人的法人或者其他组织终止,尚未确定权利义务承受人的；

（4）一方当事人因不可抗拒的事由，不能参加诉讼的；

（5）本案必须以另一案的审理结果为依据，而另一案尚未审结的；

（6）其他应当中止诉讼的情形。

中止诉讼的原因消除后，恢复诉讼。

3.诉讼终结

诉讼终结会直接导致案件诉讼程序的结束，是法院了结案件的一种方式。依据《民事诉讼法》第151条的规定，适用诉讼终结的情形有：

（1）原告死亡，没有继承人，或者继承人放弃诉讼权利的；

（2）被告死亡，没有遗产，也没有应当承担义务的人的；

（3）离婚案件一方当事人死亡的；

（4）追索赡养费、抚养费、抚育费以及解除收养关系案件的一方当事人死亡的。

诉讼终结，只是结束诉讼程序，人民法院终结诉讼的裁定，不能涉及有关实体权利的处理。

（十）判决和裁定

1.判决

民事判决，是人民法院代表国家行使审判权，依照法律，对审理终结的案件，就当事人民事实体权利义务的争议，或者就确认具有法律意义的事实作出的决定。民事判决的书面形式，就是民事判决书。

依据《民事诉讼法》第152条的规定，判决书一般包括如下内容：①案由、诉讼请求、争议的事实和理由；②判决认定的事实和理由、适用的法律和理由；③判决结果和诉讼费用的负担；④上诉期间和上诉的法院。判决书由审判人员、书记员署名，加盖人民法院印章。

人民法院审理案件，其中一部分事实已经清楚，可以就该部分先行判决。

2.裁定

民事裁定，是指人民法院审理民事案件或者在民事案件执行的过程中，为保证审判工作的顺利进行，就各种程序性事项所作出的结论性判定。民事裁定的书面形式，就是民事裁定书。

依据《民事诉讼法》第154条的规定，裁定适用于下列范围：

（1）不予受理；

（2）对管辖权有异议的；

（3）驳回起诉；

（4）保全和先予执行；

（5）准许或者不准许撤诉；

（6）中止或者终结诉讼；

（7）补正判决书中的笔误；

（8）中止或者终结执行；

（9）撤销或者不予执行仲裁裁决；

（10）不予执行公证机关赋予强制执行效力的债权文书；

（11）其他需要裁定解决的事项。比如，依据《民事诉讼法》第171条的规定，第二审人民法院对不服第一审人民法院裁定的上诉案件的处理，一律使用裁定。

其中，对于不予受理、对管辖权异议、驳回起诉的裁定，可以上诉。有些裁定，虽然不可以上诉，但依规定可以申请复议，如保全和先予执行的裁定，以及《民事诉讼法》第225条规定的驳回当事人、利害关系人对违法执行行为书面异议的裁定。

裁定书应当写明裁定结果和作出该裁定的理由。裁定书由审判人员、书记员署名，加盖人民法院印章。口头裁定的，记入笔录。

公民、法人或者其他组织可以申请查阅发生法律效力的判决书、裁定书。但应向作出该生效裁判的人民法院提出书面申请，并提供具体的案号或者当事人姓名、名称。

对于查阅判决书、裁定书的申请，人民法院根据下列情形分别处理：

（1）判决书、裁定书已经通过信息网络向社会公开的，应当引导申请人自行查阅。

（2）判决书、裁定书未通过信息网络向社会公开，且申请符合要求的，应当及时提供便捷的查阅服务。

（3）判决书、裁定书尚未发生法律效力，或者已失去法律效力的，不提供查阅并告知申请人。

（4）发生法律效力的判决书、裁定书不是本院作出的，应当告知申请人向作出生效裁判的人民法院申请查阅。

（5）申请查阅的内容涉及国家秘密、商业秘密、个人隐私的，不予准许并告知申请人。

十三、简易程序

（一）简易程序的概念

简易程序是相对于普通程序而言的，是指基层人民法院及其派出法庭审理简单民事案件所适用的第一审诉讼程序。简单的案件，是指事实清楚、权利义务关系明确、争议不大的案件。这里的"事实清楚"，是指当事人对争议的事实陈述基本一致，并能提供相应的证据，无须人民法院调查收集证据即可查明事实；"权利义务关系明确"是指能明确区分谁是责任的承担者，谁是权利的享有者；"争议不大"是指当事人对案件的是非、责任承担以及诉讼标的争执无原则分歧。简易程序是普通程序基础上的简化，人民法院在适用简易程序审理民事案件时，简易程序中未作规定的，适用普通程序的规定进行审理。

（二）简易程序的适用范围

简易程序适用的范围，是指哪些法院以及哪些民事案件能够适用简易程序来审理。下面就适用简易程序的法院及适用范围，作进一步介绍。

1.适用简易程序的法院

依据《民事诉讼法》的有关规定，可以适用简易程序审理民事案件的人民法院，仅限于基层人民法院和它的派出法庭。这里的派出法庭既包括固定设立的人民法庭，也包括为便于审理案件而临时性派出的法庭。除此之外，中级人民法院、高级人民法院、最高人民法院审理第一审民事案件均不得适用简易程序。

2.适用简易程序审理的案件

依据《民事诉讼法》第157条第1款的规定，基层人民法院及其派出法庭适用简易程序审理的民事案件，仅限于事实清楚、权利义务关系明确、争议不大的简单民事案件。

此外，基层人民法院和它派出的法庭适用第一审普通程序审理的民事案件，当事人各方自愿选择适用简易程序，经人民法院审查同意的，可以适用简易程序进行审理。人民法院不得违反当事人自愿原则，将普通程序转化为简易程序。

依据《民事诉讼法司法解释》第257条的规定，下列案件，不适用简易程序：①起诉时被告下落不明的；②发回重审的；③当事人一方人数众多的；④适用审判监督程序的；⑤涉及国家利益、社会公共利益的；⑥第三人起诉请求改变或者撤销生效判决、裁定、调解书的；⑦其他不宜适用简易程序的案件。

3. 对适用简易程序异议的处理

当事人就案件适用简易程序提出异议，人民法院经审查，异议成立的，裁定转为普通程序；异议不成立的，口头告知当事人，并记入笔录。转为普通程序的，人民法院应当将合议庭组成人员及相关事项以书面形式通知双方当事人。转为普通程序前，双方当事人已确认的事实，可以不再进行举证、质证。

（三）简易程序的具体适用

1. 起诉和答辩

（1）起诉的方式与内容

依据《民事诉讼法》第158条第1款及《简易程序若干规定》第4条第1款规定，适用简易程序的民事案件，原告起诉可以采取书面或口头起诉的方式。

原告起诉的内容应包括当事人的基本情况、联系方式、诉讼请求、事实理由及相关证据和证据来源。原告口头起诉的，人民法院应当将当事人的基本情况、联系方式、诉讼请求、事实及理由予以准确记录，将相关证据予以登记。人民法院应当将上述记录和登记的内容向原告当面宣读，原告认为无误后应当签名或者捺印。

（2）被告答辩

在简易程序中，被告答辩的方式也有口头和书面答辩两种形式。依据《简易程序若干规定》第7条的规定，双方当事人到庭后，被告同意口头答辩的，人民法院可以当即开庭审理；被告要求书面答辩的，人民法院应当将提交答辩状的期限和开庭的具体日期告知各方当事人，并向当事人说明逾期举证以及拒不到庭的法律后果，由各方当事人在笔录和开庭传票的送达回证上签名或者捺印。

2. 审理前准备

（1）诉状送达的特别规定：为了人民法院能够准确无误且快速地将诉讼文书送达到原、被告处，需要当事人提供准确的送达地址。

依据《简易程序若干规定》第 8 条至第 10 条的规定，人民法院按照原告提供的被告的送达地址或者其他联系方式无法通知被告应诉的，应当按以下情况分别处理：①原告提供了被告准确的送达地址，但人民法院无法向被告直接送达或者留置送达应诉通知书的，应当将案件转入普通程序审理；②原告不能提供被告准确的送达地址，人民法院经查证后仍不能确定被告送达地址的，可以被告不明确为由裁定驳回原告起诉。被告到庭后拒绝提供自己的送达地址和联系方式的，人民法院应当告知其拒不提供送达地址的后果；经人民法院告知后被告仍然拒不提供的，按下列方式处理：①被告是自然人的，以其户籍登记中的住所地或者经常居住地为送达地址；②被告是法人或者其他组织的，应当以其工商登记或者其他依法登记、备案中的住所地为送达地址。因当事人自己提供的送达地址不准确、送达地址变更未及时告知人民法院，或者当事人拒不提供自己的送达地址而导致诉讼文书未能被当事人实际接收的，按下列方式处理：①邮寄送达的，以邮件回执上注明的退回之日视为送达之日；②直接送达的，送达人当场在送达回证上记明情况之日视为送达之日。

（2）举证期限的特别规定：适用简易程序案件的举证期限由人民法院确定，也可以由当事人协商一致并经人民法院准许，但不得超过 15 日。被告要求书面答辩的，人民法院可在征得其同意的基础上，合理确定答辩期间。人民法院应当将举证期限和开庭日期告知双方当事人，并向当事人说明逾期举证以及拒不到庭的法律后果，由双方当事人在笔录和开庭传票的送达回证上签名或者捺印。当事人双方均表示不需要举证期限、答辩期间的，人民法院可以立即开庭审理或者确定开庭日期。

（3）实行独任制：依据《民事诉讼法》第 160 条的规定，适用简易程序审理民事案件时，人民法院审判组织形式一律采用审判员一人独任审理。适用简易程序审理案件，由审判员独任审判，书记员担任记录。

（4）简易程序中的先行调解：人民法院适用简易程序审理案件，应当根据自愿原则进行调解，但依据《简易程序若干规定》第14条的规定，人民法院在开庭审理下列案件时应当先行调解：

第一，婚姻家庭纠纷和继承纠纷；

第二，劳务合同纠纷；

第三，交通事故和工伤事故引起的权利义务关系较为明确的损害赔偿纠纷；

第四，宅基地和相邻关系纠纷；

第五，合伙协议纠纷；

第六，诉讼标的额较小的纠纷。但是根据案件的性质和当事人的实际情况不能调解或者显然没有调解必要的除外。

调解达成协议并经审判人员审核后，双方当事人同意该调解协议经双方签名或者捺印生效的，该调解协议自双方签名或者捺印之日起发生法律效力。当事人要求摘录或者复制该调解协议的，应予准许。调解协议符合前款规定的，人民法院应当另行制作民事调解书。调解协议生效后一方拒不履行的，另一方可以持民事调解书申请强制执行。人民法院可以当庭告知当事人到人民法院领取民事调解书的具体日期，也可以在当事人达成调解协议的次日起10日内将民事调解书发送给当事人。当事人以民事调解书与调解协议的原意不一致为由提出异议，人民法院审查后认为异议成立的，应当根据调解协议裁定补正民事调解书的相关内容。

3. 开庭审理

开庭审理阶段，需注意以下几个问题：

（1）送达裁判文书以外的诉讼文书和传唤当事人及证人。依据《民事诉讼法司法解释》第261条的规定，适用简易程序审理案件，人民法院可以采取捎口信、电话、短信、传真、电子邮件等简便方式传唤双方当事人、通知证人和送达裁判文书以外的诉讼文书。以上述简便方式送达的开庭通知，未经当事人确认或者没有其他证据证明当事人已经收到的，人民法院不得缺席判决。

（2）对当事人诉讼权利义务的告知。开庭前已经书面或者口头告知当事人诉讼权利义务，或者当事人各方均委托律师代理诉讼的，审判人员除告知当事人申请回避的权利外，可以不再告知当事人其他的诉讼权利义务。对没有委托律师代理诉讼的当事人，审判人员应当对回避、自认、举证责任等相关内容向其作必要的解释或者说明，并在庭审过程中适当提示当事人正确行使诉讼权利、履行诉讼义务，指导当事人进行正常的诉讼活动。

（3）法庭调查和辩论。开庭时，审判人员可以根据当事人的诉讼请求和答辩意见归纳出争议焦点，经当事人确认后，由当事人围绕争议焦点举证、质证和辩论。

当事人对案件事实无争议的，审判人员可以在听取当事人就适用法律方面的辩论意见后径行判决、裁定。适用简易程序审理的民事案件，应当一次开庭审结，但人民法院认为确有必要再次开庭的除外。

（4）简易程序的审理期限。人民法院适用简易程序审理案件，应当在立案之日起3个月内审结，不得延长。

4.宣判、判决书的送达与判决书的简化

（1）宣判方式

人民法院适用简易程序审理民事案件，判决结案的宣判方式有当庭宣判和定期宣判两种方式。适用简易程序审理的民事案件，除人民法院认为不宜当庭宣判的以外，应当当庭宣判。

（2）判决书的送达

当庭宣判的案件，除当事人当庭要求邮寄送达的以外，人民法院应当告知当事人或者诉讼代理人领取裁判文书的期间和地点以及逾期不领取的法律后果。上述情况，应当记入笔录。人民法院已经告知当事人领取裁判文书的期间和地点的，当事人在指定期间内领取裁判文书之日即为送达之日；当事人在指定期间内未领取的，指定领取裁判文书期间届满之日即为送达之日；当事人因交通不便或者其他原因要求邮寄送达裁判文书的，人民法院可以按照当事人自己提供的送达地址邮寄送达。人民法院根据当事人自己提供的送达地址邮寄送达的，邮件回执上注明收到或者退回之日即为送达之日。

定期宣判的案件，定期宣判之日即为送达之日，当事人的上诉期自定期宣判的次日起开始计算。当事人在定期宣判的日期无正当理由未到庭的，不影响该裁判上诉期间的计算。当事人确有正当理由不能到庭，并在定期宣判前已经告知人民法院的，人民法院可以按照当事人自己提供的送达地址将裁判文书送达给未到庭的当事人。

（3）判决书的简化

适用简易程序审理的案件，有下列情形之一的，人民法院在制作判决书、裁定书、调解书时，对认定事实或者裁判理由部分可以适当简化：

第一，当事人达成调解协议并需要制作民事调解书的；

第二，一方当事人明确表示承认对方全部或者部分诉讼请求的；

第三，涉及商业秘密、个人隐私的案件，当事人一方要求简化裁判文书中的相关内容，人民法院认为理由正当的；

第四，当事人双方同意简化的。

十四、几类特殊的诉讼

（一）简易程序中的小额诉讼

关于小额诉讼，《民事诉讼法》第 162 条规定："基层人民法院和它派出的法庭审理符合本法第 157 条第 1 款规定的简单的民事案件，标的额为各省、自治区、直辖市上年度就业人员年平均工资 30% 以下的，实行一审终审。"这里的"各省、自治区、直辖市上年度就业人员年平均工资"，是指已经公布的各省、自治区、直辖市上一年度就业人员年平均工资。在上一年度就业人员年平均工资公布前，以已经公布的最近年度就业人员年平均工资为准。海事法院可以审理海事、海商小额诉讼案件。案件标的额应当以实际受理案件的海事法院或者其派出法庭所在的省、自治区、直辖市上年度就业人员年平均工资 30% 为限。

依据《民事诉讼法司法解释》第 274 条，适用小额诉讼程序审理的金钱给付案件包括以下几种：

（1）买卖合同、借款合同、租赁合同纠纷；

（2）身份关系清楚，仅在给付的数额、时间、方式上存在争议的赡养费、抚育费、抚养费纠纷；

（3）责任明确，仅在给付的数额、时间、方式上存在争议的交通事故损害赔偿和其他人身损害赔偿纠纷；

（4）供用水、电、气、热力合同纠纷；

（5）银行卡纠纷；

（6）劳动关系清楚，仅在劳动报酬、工伤医疗费、经济补偿金或者赔偿金给付数额、时间、方式上存在争议的劳动合同纠纷；

（7）劳务关系清楚，仅在劳务报酬给付数额、时间、方式上存在争议的劳务合同纠纷；

（8）物业、电信等服务合同纠纷；

（9）其他金钱给付纠纷。

但是，也有一些案件，不得适用小额诉讼程序来审理，具体包括以下几类案件：

（1）人身关系、财产确权纠纷；

（2）涉外民事纠纷；

（3）知识产权纠纷；

（4）需要评估、鉴定或者对诉前评估、鉴定结果有异议的纠纷；

（5）其他不宜适用一审终审的纠纷。

小额诉讼案件的举证期限由人民法院确定，也可以由当事人协商一致并经人民法院准许，但一般不超过 7 日。被告要求书面答辩的，人民法院可以在征得其同意的基础上合理确定答辩期间，但最长不得超过 15 日。当事人到庭后表示不需要举证期限和答辩期间的，人民法院可立即开庭审理。

当事人对按照小额诉讼案件审理有异议的，应当在开庭前提出。人民法院经审查，异议成立的，适用简易程序的其他规定审理；异议不成立的，告知当事人，并记入笔录。

因当事人申请增加或者变更诉讼请求、提出反诉、追加当事人等，致使案件不符合小额诉讼案件条件，而应当适用普通程序审理的，裁定转为普通程序。适用简易程序的其他规定或者普通程序审理前，双方当事人已确认的事实，可以不再进行举证、质证。

小额诉讼案件的裁判文书可以简化，主要记载当事人基本信息、诉讼请求、裁判主文等内容。

（二）公益诉讼

1. 公益诉讼的概念、特征、适用范围

民事公益诉讼，是指法律规定的机关和有关组织依据法律规定，对侵害公共利益的行为，向人民法院提起旨在维护公共利益的民事诉讼。有权提起民事公益诉讼的主体包括法律规定的机关和法律规定的有关组织。这些机关和组织具体包括：检察院、海洋局、消费者权益保护组织等。

公益诉讼制度主要有以下特征：

（1）诉讼目的特殊。公益诉讼的目的是维护社会公共利益．

（2）起诉主体的法定性、特殊性与广泛性。法定性，是指公益诉讼的原告必须以获得法定授权的机关团体为前提，个人不能成为公益诉讼的原告；特殊性与广泛性，是指民事公益诉讼的原告不限于遭受违法行为侵害的直接利害关系人。

（3）公益诉讼的提起并不以存在实际损害为前提条件，可以针对那些给社会公众或不特定多数人造成潜在危害的不法行为提起民事公益诉讼。

民事公益诉讼主要适用于以下纠纷：①污染环境引发的纠纷；②侵害众多消费者合法权益引发的纠纷；③其他侵害公共利益的行为引发的纠纷。

2. 公益诉讼的起诉条件

依据《民事诉讼法司法解释》第 284 条的规定，符合下列条件的公益诉讼，人民法院应当受理：①有明确的被告；②有具体的诉讼请求；③有社会公共利益受到损害的初步证据；④属于人民法院受理民事诉讼的范围和受诉人民法院管辖。

3. 公益诉讼的管辖

依据《民事诉讼法司法解释》第 285 条的规定，有关受理公益诉讼的法院包括：①侵权行为地中级人民法院；②被告住所地中级人民法院。另外，因污染环境提起的公益诉讼，可由污染发生地、损害结果地或采取预防污染措施地海事法院管辖。

对同一侵权行为分别向两个以上人民法院提起公益诉讼的，由最先立案的人民法院管辖，必要时由它们的共同上级人民法院指定管辖。

人民法院受理公益诉讼案件后，应当在 10 日内书面告知相关行政主管部门。

需要注意的是，人民法院受理公益诉讼案件，不影响同一侵权行为的受害人根据《民事诉讼法》第 119 条规定提起诉讼。

对公益诉讼案件，当事人可以和解，人民法院可以调解。当事人达成和解或者调解协议后，人民法院应当将和解或者调解协议进行公告。公告期间不得少于 30 日。公告期满后，人民法院经审查，和解或者调解协议不违反社会公共利益的，应当出具调解书。和解或者调解协议违反社会公共利益的，不予出具调解书，继续对案件进行审理并依法作出裁判。

公益诉讼案件的原告在法庭辩论终结后申请撤诉的，人民法院不予准许。

人民法院受理公益诉讼案件后，依法可以提起诉讼的其他机关和有关组织，可以在开庭前向人民法院申请参加诉讼。人民法院准许参加诉讼的，列为共同原告。但是这些主体在公益诉讼案件的裁判发生法律效力后就同一侵权行为另行提起公益诉讼的，人民法院裁定不予受理，但法律、司法解释另有规定的除外。

（三）第三人撤销之诉

第三人撤销之诉是基于权利的司法救济层面而产生的一种特殊的诉讼制度。第三人撤销之诉制度旨在为第三人开辟新的实现权利的途径。

2012 年修订的《中华人民共和国民事诉讼法》新增了第三人撤销之诉制度并作出了原则性的规定。2015 年 2 月 4 日，最高人民法院公布的《民事诉讼法司法解释》对第三人撤销之诉做了更为详尽的规定。第三人撤销之诉主要包含第三人撤销之诉的受理条件、具体程序、处理结果等内容。

1. 第三人撤销之诉的受理条件

根据《民事诉讼法》及《民事诉讼法司法解释》的相关规定，第三人撤销之诉是因不能归责于本人的事由未参加原诉审理程序的第三人，针对法院的生效判决、裁定、调解书的内容错误，损害其合法权益的情形，自知道或者应当知道其民事权益受到损害之日起 6 个月内，向作出该判决、裁定、调解书的法院提起诉讼，以撤销或者变更生效裁判保护自己权益的诉讼程序。

2. 有权提起第三人撤销之诉的主体

依据《民事诉讼法司法解释》第 295 条的规定，"因不能归责于本人的事由未参加诉讼"，是指没有被列为生效判决、裁定、调解书当事人，且无过错或者无明显过错的情形。具体包括：①不知道诉讼而未参加的；②申请参加未获准许的；③知道诉讼，但因客观原因无法参加的；④因其他不能归责于本人的事由未参加诉讼等情形。

3. 第三人撤销之诉的适用范围

依据《民事诉讼法司法解释》第 292 条的规定，第三人有证据证明发生效力的判决、裁定、调解书的部分或者全部内容错误，损害其民事权益，是其提起撤销之诉的依据。已经产生法律效力的判决、裁定和调解书，包括一审、二审生效的判决、裁定和调解书。裁判内容错误，包括全部和部分错误两种．

依据《民事诉讼法司法解释》第 297 条的规定，对下列情形提起的第三人撤销之诉的，人民法院不予受理：（1）适用特别程序、督促程序、公示催告程序、破产程序等非讼程序处理的案件；（2）婚姻无效、撤销或者解除婚姻关系等判决、裁定、调解书中涉及身份关系的内容；（3）《民事诉讼法》第 54 条规定的未参加登记的权利人对代表人诉讼案件的生效裁判；（4）《民事诉讼法》第 55 条规定的损害社会公共利益行为的受害人对公益诉讼案件的生效裁判。

依据《民事诉讼法司法解释》第 292 条的规定，第三人可在知道或者应当知道其民事权益受到损害之日起 6 个月内提起撤销之诉。该 6 个月期间，属于除斥期间，不适用诉讼时效延长、中止、中断的规定。第三人撤销之诉由作出生效判决、裁定、调解书的法院专属管辖。

4.第三人撤销之诉的具体程序

根据《民事诉讼法司法解释》第293条的规定，人民法院应当在收到起诉状和证据材料之日起5日内送交对方当事人，对方当事人可以自收到起诉状之日起10日内提出书面意见。人民法院应当对第三人提交的起诉状、证据材料以及对方当事人的书面意见进行审查。必要时，可以询问双方当事人。经审查，符合起诉条件的，人民法院应当在收到起诉状之日起30日内立案。不符合起诉条件的，应当在收到起诉状之日起30日内裁定不予受理。

依据《民事诉讼法司法解释》第294条的规定，人民法院审判组织形式一律采用合议庭开庭审理。

受理第三人撤销之诉案件后，原告提供相应担保，请求中止执行的，人民法院可以准许。

5.第三人撤销之诉的处理结果

依据《民事诉讼法司法解释》第300条的规定，对第三人撤销或者部分撤销发生法律效力的判决、裁定、调解书内容的请求，人民法院经审理，按下列情形分别处理：（1）请求成立且确认其民事权利的主张全部或部分成立的，生效文书确有错误，应改变错误部分；（2）请求成立但确认其全部或者部分民事权利的主张不成立或未提出确认其民事权利请求的，法院应撤销生效文书错误的部分；（3）请求不成立的，驳回诉讼请求。

对上述法院裁判不服的，当事人可以上诉。原判决、裁定、调解书的内容未改变或者未撤销的部分继续有效。

6.第三人撤销之诉与再审程序的衔接

依据《民事诉讼法司法解释》第301条和第302条的规定，第三人撤销之诉案件审理期间，人民法院对生效判决、裁定、调解书裁定再审的，受理第三人撤销之诉的人民法院应当裁定将第三人的诉讼请求并入再审程序。但有证据证明原审当事人之间恶意串通损害第三人合法权益的，人民法院应当先行审理第三人撤销之诉案件，裁定中止再审诉讼。对于第三人诉讼请求并入再审程序进行审理的，应按照下列情形分别处理：（1）按照第一审程序审理的，人民法院应当对第三人的诉讼请求一并审理，所作的判决可以上诉；（2）按照第二审程序审理的，人民法院可以调解，调解达不成协议的，应当裁定撤销原判决、裁定、调解书，发回一审法院重审，重审时应当列明第三人。

7. 第三人撤销之诉与执行异议的衔接

第三人撤销之诉与执行异议在制度目的上有较大区别。一般而言，执行异议制度的主要目的应理解为旨在处理解决同原生效法律文书无关、仅仅是围绕被执行的具体财产权利归属而发生的争议。依据《民事诉讼法司法解释》第303条的规定，第三人提起撤销之诉后，未中止生效判决、裁定、调解书执行的，执行法院对第三人依照《民事诉讼法》第227条规定提出的执行异议，应予审查。第三人不服驳回执行异议裁定，申请对原判决、裁定、调解书再审的，人民法院不予受理。案外人对人民法院驳回其执行异议裁定不服，认为原判决、裁定、调解书内容错误损害其合法权益的，应当根据《民事诉讼法》第227条规定申请再审，提起第三人撤销之诉的，人民法院不予受理。

（四）执行异议之诉

执行异议之诉，是指当事人或案外人对执行行为或执行标的的实体权利存有争议，经执行法院在执行程序中对上述人员提出的书面异议，进行初步审查和处理，当事人或者案外人对执行异议裁定不服，请求执行法院通过审判程序解决争议而提起的诉讼。

1. 受理条件

依据《民事诉讼法》第227条的规定，执行过程中，案外人对执行标的提出书面异议的，人民法院应当自收到书面异议之日起15日内审查，理由成立的，裁定中止对该标的的执行；理由不成立的，裁定驳回。案外人、当事人对裁定不服，认为原判决、裁定错误的，依照审判监督程序办理；与原判决、裁定无关的，可以自裁定送达之日起15日内向人民法院提起诉讼。在该法律规定的基础上，《民事诉讼法司法解释》按照两类申请主体分别规定了提起执行异议之诉的条件：

（1）案外人提起执行异议之诉的条件：依据《民事诉讼法司法解释》第305条的规定，案外人提起执行异议之诉，除符合《民事诉讼法》第119条规定外，还应当具备下列条件：①案外人的执行异议申请已经被人民法院裁定驳回；②有明确的排除对执行标的执行的诉讼请求，且诉讼请求与原判决、裁定无关；③自执行异议裁定送达之日起15日内提起。

（2）申请执行人提起执行异议之诉的条件：依据《民事诉讼法司法解释》第306条的规定，申请执行人提起执行异议之诉，除符合《民事诉讼法》第119条规定外，还应当具备下列条件：①依案外人执行异议申请，人民法院裁定中止执行；②有明确的对执行标的继续执行的诉讼请求，且诉讼请求与原判决、裁定无关；③自执行异议裁定送达之日起15日内提起。

对于上述两类主体提起的执行异议之诉，人民法院应当在收到起诉状之日起15日内决定是否立案。

2.执行异议之诉的审理

执行异议之诉由执行法院管辖，并适用普通程序予以审理。案外人或者申请执行人提起执行异议之诉的，案外人应当就其对执行标的享有足以排除强制执行的民事权益承担举证证明责任。案外人执行异议之诉审理期间，人民法院不得对执行标的进行处分。申请执行人请求人民法院继续执行并提供相应担保的，人民法院可以准许。人民法院对于案外人和申请执行人提起的执行异议之诉，分别作出不同的处理，具体如下：

（1）对案外人提起的执行异议之诉，人民法院经审理，按照下列情形分别处理：

①案外人就执行标的享有足以排除强制执行的民事权益的，判决不得执行该执行标的。

②案外人就执行标的不享有足以排除强制执行的民事权益的，判决驳回诉讼请求。

案外人同时提出确认其权利的诉讼请求的，人民法院可以在判决中一并作出裁判。

（2）对申请执行人提起的执行异议之诉，人民法院经审理，按照下列情形分别处理：

①案外人就执行标的不享有足以排除强制执行的民事权益的，判决准许执

行该执行标的。

②案外人就执行标的享有足以排除强制执行的民事权益的，判决驳回诉讼请求。

3. 执行异议之诉与虚假诉讼的衔接

依据《民事诉讼法司法解释》第 315 条第 2 款的规定，被执行人与案外人恶意串通，通过执行异议、执行异议之诉妨害执行的，人民法院应当依照《民事诉讼法》第 113 条的规定处理。申请执行人因此受到损害的，可以提起诉讼要求被执行人、案外人赔偿。

十五、第二审程序

第二审程序，是指当事人不服第一审法院未生效的第一审判决、裁定，在法定期间内向上一级人民法院提起上诉而引起的诉讼程序，是第二审级的人民法院审理上诉案件所适用的程序。

（一）第一审诉讼程序与第二审程序的联系和区别

第一审诉讼程序是第二审程序的前提和基础，第二审程序是第一审诉讼程序的继续和发展。第二审人民法院审理上诉案件，首先运用第二审程序的有关规定，第二审程序没有规定的，要适用普通程序的有关规定。

第二审程序与第一审诉讼程序是两种不同的诉讼程序，主要区别如下：

1. 程序发生的原因不同。一审诉讼程序的发生是基于当事人的起诉权和法院的管辖权；而二审程序的发生是基于当事人的上诉权和二审法院的审判上的监督权。

2. 审级不同。第一审诉讼程序是案件在第一审人民法院审理适用的程序；而第二审程序是案件在二审法院审理的程序。二者是两个不同审级的人民法院的审理程序。

3. 审判组织不同。第一审法院适用普通诉讼程序审理民事案件的组织形式有两种，即合议制和独任制。实行合议制的，合议庭可以由审判员组成，也可以由审判员和陪审员共同组成；而二审法院适用第二审程序审理上诉案件的审判组织形式只能采取合议制，且合议庭必须由审判员组成，不能有陪审员参加。

4. 审理的对象不同。第一审诉讼程序的审理对象是双方当事人之间的民事权益争议；而第二审程序是以一审裁判为基点，审理对象为当事人上诉请求的有关事实和适用的法律。

5. 审结期限不同。适用第一审程序审理民事诉讼案件，人民法院一般要在6个月内审结，适用简易程序的需要在3个月内审结；而适用第二审程序审理案件，对判决不服的，审结期限为3个月，对裁定不服的，审结期限为30日。

6. 裁判的效力不同。适用第一审诉讼程序审结后的判决和允许上诉的裁定，在上诉期间内不发生法律效力；适用第二审程序审结后的判决、裁定，一经宣判和送达，即发生法律效力。

（二）上诉的提起和受理

1. 上诉的提起

上诉，是指当事人对尚未发生效力的一审判决、裁定，在法定期间内，请求第一审法院的上一级人民法院审理上诉事项并撤销原判决、裁定的诉讼行为。

提起上诉是当事人依法享有的权利。但是，并非对所有的裁判不服都能够提起上诉，即使可以提起上诉的裁判，提起上诉也必须具备如下法定条件：

（1）上诉的实质要件。实质要件涉及到哪些裁判可以上诉。依据我国《民事诉讼法》相关规定，可以上诉的裁判包括：按照普通程序、简易程序审理的第一审判决以及法律明确规定可以上诉的裁定。

（2）上诉的形式要件。形式要件是指提起上诉在形式上所应具备的法定条件。具体包括以下几个内容：

第一，合格的上诉人和被上诉人。合格的上诉人，是指依法享有上诉权的原第一审案件的当事人。上诉人既可能是第一审案件的原告，也可能是被告，具体为当事人、共同诉讼人、诉讼代表人和直接承担一审裁判中实体权利义务的第三人。关于上诉人认定问题，《民事诉讼法司法解释》做了如下具体规定：

①双方当事人和第三人都提起上诉的，均列为上诉人。人民法院可以依职

权确定第二审程序中当事人的诉讼地位。

②必要共同诉讼人的一人或者部分人提起上诉的，按下列情形分别处理：上诉仅对与对方当事人之间权利义务分担有意见，不涉及其他共同诉讼人利益的，对方当事人为被上诉人，未上诉的同一方当事人依原审诉讼地位列明；上诉仅对共同诉讼人之间权利义务分担有意见，不涉及对方当事人利益的，未上诉的同一方当事人为被上诉人，对方当事人依原审诉讼地位列明；上诉对双方当事人之间以及共同诉讼人之间权利义务承担有意见的，未提起上诉的其他当事人均为被上诉人。

③无民事行为能力人、限制民事行为能力人的法定代理人，可以代理当事人提起上诉。

④在第二审程序中，作为当事人的法人或者其他组织分立的，人民法院可以直接将分立后的法人或者其他组织列为共同诉讼人；合并的，将合并后的法人或者其他组织列为当事人。

第二，必须在法定期限内上诉。上诉期间简称上诉期，是指法律规定的有效期限。根据我国《民事诉讼法》第 164 条的规定，不服裁定的上诉期为 10 天，不服判决的上诉期为 15 天。上诉期间从第一审法院的裁判送达之日起算。诉讼参加人各自接收裁判的，从各自的起算日分别开始计算。任何一方的上诉期未届满，裁判都处于上诉期内，当事人可以上诉。只有双方当事人的上诉期均届满后，双方均未提起上诉的，裁判才发生法律效力。

第三，应当提交上诉状。依据《民事诉讼法》第 165 条的规定，上诉应当递交上诉状。一审宣判时或者判决书、裁定书送达时，当事人口头表示上诉的，人民法院应告知其必须在法定上诉期间内递交上诉状；未在法定上诉期间内递交上诉状的，视为未提起上诉。上诉状的内容应当包括：（1）当事人的姓名，法人的名称及其法定代表人的姓名或者其他组织的名称及其主要负责人的姓名；（2）原审人民法院名称、案件的编号和案由；（3）上诉的请求和理由。

上诉状应当通过原审人民法院提出，并按照对方当事人或者代表人的人数提出副本。当事人直接向第二审人民法院上诉的，第二审人民法院应当在 5 日内将上诉状移交原审人民法院。

2. 上诉的受理与撤回

上诉的受理，是指人民法院通过法定程序对上诉主体的资格及上诉状进行审查，接受审理的诉讼行为。原审人民法院收到上诉状，应当在 5 日内将上诉状副本送达对方当事人，对方当事人在收到之日起 15 日内提出答辩状。人民法院应当在收到答辩状之日起 5 日内将副本送达上诉人。对方当事人不提出答辩状的，不影响人民法院审理。原审人民法院收到上诉状、答辩状，应当在 5 日内连同全部案卷和证据，报送第二审人民法院。

依据《民事诉讼法》第 173 条的规定，在第二审法院判决宣告前，上诉人有权撤回上诉，是否准许，由第二审人民法院裁定。原审原告申请撤回起诉，经其他当事人同意，且不损害国家利益、社会公共利益、他人合法权益的，人民法院可以准许。准许撤诉的，应当一并裁定撤销一审裁判。但是，人民法院经审查认为一审判决确有错误，或者当事人之间恶意串通损害国家利益、社会公共利益、他人合法权益的，不应准许。原审原告在第二审程序中撤回起诉后重复起诉的，人民法院不予受理。当事人在第二审程序中达成和解协议的，人民法院可以根据当事人的请求，对双方达成的和解协议进行审查并制作调解书送达当事人；因和解而申请撤诉，经审查符合撤诉条件的，人民法院应予准许。另外，当事人递交上诉状以后，未在指定的期限内交纳上诉费的，按自动撤回上诉处理。

（三）上诉案件的审理

1. 审理前的准备

开庭审理的上诉案件，第二审人民法院可通过要求当事人交换证据等方式，明确争议焦点。

2. 二审的审理范围

依据《民事诉讼法司法解释》第 323 条的规定，第二审人民法院应当围绕当事人的上诉请求进行审理。当事人没有提出请求的，不予审理，但一审判决违反法律禁止性规定，或者损害国家利益、社会公共利益、他人合法权益的除外。

3. 第二审的审判组织形式

与第一审审判组织形式包括合议制和独任制两种形式相比，第二审法院审理上诉案件时审判组织形式只能采取合议制一种形式。而且，二审合议庭的成员只能由审判员组成，陪审员不能参加。

4. 二审的审理方式和地点

第二审人民法院对上诉案件，应当组成合议庭，开庭审理。经过阅卷、调查和询问当事人，对没有提出新的事实、证据或者理由，合议庭认为不需要开庭审理的，可以不开庭审理。依据《民事诉讼法司法解释》第333条的规定，可以不公开审理的上诉包括如下几种：（1）不服不予受理、管辖权异议和驳回起诉裁定的；（2）当事人提出的上诉请求明显不能成立的；（3）原判决、裁定认定事实清楚，但适用法律错误的；（4）原判决严重违反法定程序，需要发回重审的。

第二审人民法院审理上诉案件，可以在本院进行，也可以到案件发生地或者原审人民法院所在地进行。第二审人民法院审理上诉案件，除依照本章规定外，适用第一审普通程序。

5. 对上诉案件的调解

第二审人民法院审理上诉案件，可以进行调解。调解达成协议，应当制作调解书，由审判人员、书记员署名，加盖人民法院印章。调解书送达后，原审人民法院的判决即视为撤销。依据《民事诉讼法司法解释》相关规定，第二审人民法院可以调解的情形包括如下几种情形：

（1）对当事人在第一审程序中已经提出的诉讼请求，原审人民法院未作审理、判决的，第二审人民法院可以根据当事人自愿的原则进行调解；调解不成的，发回重审。

（2）必须参加诉讼的当事人或者有独立请求权的第三人，在第一审程序中未参加诉讼，第二审人民法院可以根据当事人自愿的原则予以调解；调解不成的，发回重审。

（3）在第二审程序中，原审原告增加独立的诉讼请求或者原审被告提出反诉的，第二审人民法院可以根据当事人自愿的原则就新增加的诉讼请求或者反诉进行调解；调解不成的，告知当事人另行起诉。双方当事人同意由第二审人民法院一并审理的，第二审人民法院可以一并裁判。

（4）一审判决不准离婚的案件，上诉后，第二审人民法院认为应当判决离婚的，可以根据当事人自愿的原则，与子女抚养、财产问题一并调解；调解不成的，发回重审。双方当事人同意由第二审人民法院一并审理的，第二审人民法院可以一并裁判。

（四）上诉案件的裁判

1. 上诉案件的裁判

依据《民事诉讼法》第170条的规定，二审的裁判有三种：驳回上诉，维持原判；依法改判；发回重审。具体适用情况如下：

（1）原判决、裁定认定事实清楚，适用法律正确的，以判决、裁定方式驳回上诉，维持原判决、裁定。原判决、裁定认定事实或者适用法律虽有瑕疵，但裁判结果正确的，第二审人民法院可以在判决、裁定中纠正瑕疵后，可以维持原判决、裁定。

（2）原判决、裁定认定事实错误或者适用法律错误的，以判决、裁定方式依法改判、撤销或者变更。第二审人民法院查明第一审人民法院作出的不予受理裁定有错误的，应当在撤销原裁定的同时，指令第一审人民法院立案受理；查明第一审人民法院作出的驳回起诉裁定有错误的，应当在撤销原裁定的同时，指令第一审人民法院审理。

（3）原判决认定基本事实不清的，裁定撤销原判决，发回原审人民法院重审，或者查清事实后改判。这里的"基本事实"，是指用以确定当事人主体资格、案件性质、民事权利义务等对原判决、裁定的结果有实质性影响的事实。

（4）原判决遗漏当事人或者违法缺席判决等严重违反法定程序的，裁定撤销原判决，发回原审人民法院重审。

需要注意的是，第二审人民法院对不服第一审人民法院裁定的上诉案件的处理，一律使用裁定。

2. 第二审裁判的效力

第二审人民法院的判决、裁定，是终审的判决、裁定，其效力体现为以下三个方面：（1）当事人不得对第二审法院的裁判再行上诉；（2）除了判决不准离婚、调解和好的离婚案件以及判决维持收养关系的案件、调解维持收养关系的案件以外，当事人不得就同一诉讼标的，以同一事实和理由重新起诉；（3）第二审法院具有给付内容的裁判，具有强制执行的效力，即当义务人拒不履行义务时，对方当事人有权向法院申请强制执行，在特殊情形下，人民法院也可以依职权采取强制措施。

3. 第二审程序的审理期限

人民法院审理对判决的上诉案件，应当在第二审立案之日起 3 个月内审结。有特殊情况需要延长的，由本院院长批准。人民法院审理对裁定的上诉案件，应当在第二审立案之日起 30 日内作出终审裁定，有特殊情况需要延长审限的，由本院院长批准。

十六、特别程序

（一）特别程序的概念和特点

特别程序，是指人民法院审理某些非民事权益纠纷案件所适用的特殊程序。特别程序作为民事第一审程序的一种，与普通程序、简易程序相并列。与通常的民事诉讼程序相比较，特别程序具有如下特点：

1. 特别程序的性质是对某种法律事实或者权利的实际情况进行确认。特别程序是几类不同审理程序的概称，每一不同类型的案件，各自独立地适用一种特别程序。各种特别程序之间既没有联系，也不能混合适用。

2. 特别程序没有原告和被告。其程序的启动，除选民资格案件由起诉人起诉外，其他案件均由申请人提出申请；由于没有被告，所以不存在反诉、调解等问题，也不存在与被告相关的其他诉讼程序。

3. 除选民资格案件或重大、疑难的案件由审判员组成合议庭审判外，其他案件均由审判员一人独任审判。在组成合议庭的情况下，不适用陪审制。

4. 实行一审终审，所作判决和裁定，自送达之日起，立即发生法律效力，不准上诉。

5. 审理过程中，如果发现本案属于民事权益争议的，应当裁定终结特别程序，并告知利害关系人按照普通程序或简易程序另行起诉。

6. 案件审结期限较短，依照特别程序审理的案件，除选民资格案件须于选举日前审结外，自立案之日起 30 日内或者公告期满 30 日内审结，有特殊情况需要延长的，须由本院院长批准。

7. 依照特别程序审理的案件，免交诉讼费用。

8. 非讼案件审结后，如果出现新事实、新情况，人民法院应按照特别程序的规定，作出新判决，撤销原判决。

（二）特别程序的适用范围

1. 适用特别程序的法院

依据《民事诉讼法》的有关规定，适用特别程序的人民法院仅限于基层人民法院，中级以上的人民法院不能适用之。

2. 适用特别程序的案件范围

依据《民事诉讼法》第 177 条的规定，适用特别程序审理的案件包括：选民资格案件、宣告失踪和宣告死亡案件、认定公民无民事行为能力或限制民事行为能力案件及认定财产无主案件、确认调解协议案件和实现担保物权案件。

（三）选民资格案件的审理

选民资格案件，是指公民对选举委员会公布的选民名单有异议，向选举委员会提出申诉后，对选举委员会所作的处理决定不服而向人民法院起诉的案件。赋予公民对选民资格案件的起诉权，是为了保障有选举资格的公民的权利能够得到实现，同时防止没有选民资格的人非法参加选举。

选民资格案件的审理程序如下：

1. 起诉。起诉时应注意以下几点：（1）起诉前应先向选举委员会申诉。选民资格案件的起诉须以选举委员会对选民资格的申诉处理作为前置程序；（2）选民资格案件应在选举日的 5 日以前向选区所在地基层人民法院起诉。

2. 管辖法院。公民提起选民资格案件，应向选区所在地基层人民法院起诉。

3. 审理、审限及判决。法院审理选民资格案件时，除起诉人必须到庭外，选举委员会的代表和有关公民也必须参加。人民法院受理选民资格案件后，必须在选举日前审结。人民法院的判决书，应当在选举日前送达选举委员会和起诉人，并通知有关公民。

（四）宣告公民失踪案件的审理

公民下落不明满 2 年的，利害关系人可向下落不明人住所地基层人民法院申请宣告其失踪，人民法院审查属实后，应当依法宣告该公民失踪。

1. 申请宣告公民失踪的条件

利害关系人申请宣告公民失踪，应符合下列条件：

（1）申请主体为与被申请宣告失踪的公民存在身份关系或民事权利义务关系的利害关系人，主要包括父母、配偶、子女、兄弟姐妹、祖父母、外祖父母、孙子女、外孙子女、债权人及债务人等。符合法律规定的多个利害关系人提出宣告失踪申请的，列为共同申请人。

（2）被申请宣告失踪的公民下落不明满 2 年。该期间从失踪人音讯消失之次日起算；战争期间失踪的，从战争结束之日起计算。

（3）申请人必须以书面形式向人民法院提出申请。申请书应当写明失踪的事实、时间和请求，并附有公安机关或者其他有关机关关于该公民下落不明的书面证明。

2. 宣告公民失踪案件的管辖法院

申请宣告公民失踪案件，由下落不明的公民的住所地基层人民法院管辖。

3. 审理与判决

人民法院受理宣告失踪案件后，应当发出寻找下落不明人的公告。宣告失踪的公告期间为 3 个月，从公告之日起计算。寻找下落不明人的公告应当记载下列内容：①被申请人应当在规定期间内向受理法院申报其具体地址及其联系方式。否则，被申请人将被宣告失踪；②凡知悉被申请人生存现状的人，应当在公告期间内将其所知道的情况向受理法院报告。

在公告期间，人民法院可以根据申请人的请求，清理下落不明人的财产，并指定案件审理期间的财产管理人。公告期满后，人民法院判决宣告失踪的，应当同时依照《民法通则》第21条第1款的规定指定失踪人的财产代管人。

公告期间，如果下落不明人出现或已查明其下落或行踪的，人民法院应作出驳回申请的判决。

如果公告期届满，下落不明人仍然没有音讯，宣告失踪的事实已经得到确认的，人民法院应作出宣告失踪的判决。

人民法院受理宣告失踪案件后，作出判决前，申请人撤回申请的，人民法院应当裁定终结案件，但其他符合法律规定的利害关系人加入程序要求继续审理的除外。

4.宣告失踪判决的撤销

被宣告失踪的公民重新出现，经本人或者利害关系人申请，人民法院应当作出新判决，撤销原判决。原判决撤销后，财产代管关系也随之终止。财产代管人应将其代管的财产及其收益返还给该公民，该公民应向代管人支付因代管其财产而产生的必要费用。

（五）宣告公民死亡案件的审理

公民下落不明满4年，或者因意外事故下落不明满2年，或者因意外事故下落不明，经有关机关证明该公民不可能生存，利害关系人可向下落不明人住所地基层人民法院申请宣告其死亡，人民法院审查属实后，应当依法宣告该公民死亡。

1.申请宣告公民死亡的条件及管辖法院

利害关系人申请宣告公民死亡，应符合下列条件：

（1）申请主体为利害关系人。依最高人民法院《民通意见》第24条、第25条的解释，宣告死亡的申请人范围与宣告失踪的申请人范围完全相同，不同的是，宣告死亡的申请人有顺序先后的限制，具体顺序如下：第一顺序为配偶；第二的顺序为父母、子女；第三个顺序为兄弟姐妹、祖父母、外祖父母、孙子女、外孙子女；最后一个顺序是其他与被申请人有民事权利义务关系的人。

（2）一般情形下，被申请宣告死亡的公民下落不明须满4年，特殊情形下

有所不同，如因意外事故下落不明的，须满 2 年。因意外事故下落不明，经有
关机关证明该公民不可能生存的，没有具体的时间限制。

（3）申请人必须以书面形式向人民法院提出申请。申请书应当写明下落不
明的事实、时间和请求，并附有公安机关或者其他有关机关关于该公民下落不
明的书面证明。

2. 宣告公民死亡案件的管辖法院

申请宣告公民失踪案件，由下落不明的公民的住所地基层人民法院管辖。

3. 审理与判决

人民法院受理宣告死亡案件后，应当发出寻找下落不明人的公告。宣告失
踪的公告期间为 1 年。因意外事故下落不明，经有关机关证明该公民不可能生
存的，宣告死亡的公告期间为 3 个月。寻找下落不明人的公告应当记载下列内
容：①被申请人应当在规定期间内向受理法院申报其具体地址及其联系方式。
否则，被申请人将被宣告死亡；②凡知悉被申请人生存现状的人，应当在公告
期间内将其所知道的情况向受理法院报告。

在公告期间，人民法院可以根据申请人的请求，清理下落不明的财产，
并指定案件审理期间的财产管理人。公告期满后，人民法院判决宣告失踪的，
应当同时依照《民法通则》第 21 条第 1 款的规定指定失踪人的财产代管人。

在公告期间内或公告期届满但尚未作出判决之前，如有证据证明被申请人已
经自然死亡或还活着，或者被申请人已出现的，人民法院应作出驳回申请的判决。

人民法院受理宣告死亡案件后，作出判决前，申请人撤回申请的，人民法
院应当裁定终结案件，但其他符合法律规定的利害关系人加入程序要求继续审
理的除外。

如果公告期届满，下落不明人仍然没有音讯，宣告死亡的事实已经得到确认
的，人民法院应作出宣告死亡的判决。判决宣告之日，即为被申请人的死亡日期。

对于宣告死亡的判决，申请人不得上诉。

4. 宣告死亡判决的撤销

被宣告死亡的公民重新出现，经本人或者利害关系人申请，人民法院应当
作出新判决，撤销原判决。

（六）认定公民无民事行为能力或限制民事行为能力案件的审理

1. 申请认定公民无民事行为能力或限制民事行为能力的条件

（1）申请主体包括无民事行为能力或限制民事行为能力人的近亲属或者其他利害关系人。需要注意的是，这两类主体具有先后顺序。其他利害关系人具体包括：精神病病人的近亲属以外的与精神病病人关系密切的其他亲属、朋友，愿意承担监护责任经精神病病人所在单位或者所在地居委会、村委会或者民政部门同意的人。

（2）申请的事由为被申请人患有精神疾病而致其无民事行为能力或具有限制民事行为能力。

（3）申请人须向人民法院提交申请书。申请书应当写明该公民无民事行为能力或者限制民事行为能力的事实和根据。

2. 认定公民无民事行为能力或限制民事行为能力案件的管辖法院

申请认定公民无民事行为能力或限制民事行为能力的案件，应当由公民住所地的基层人民法院管辖。

3. 审理与判决

人民法院受理申请后，必要时应当对被请求认定为无民事行为能力或者限制民事行为能力的公民进行鉴定。申请人已提供鉴定意见的，应当对鉴定意见进行审查。

人民法院审理认定公民无民事行为能力或者限制民事行为能力的案件，应当由该公民的近亲属为代理人，但申请人除外。近亲属互相推诿的，由人民法院指定其中一人为代理人。该公民健康情况许可的，还应当询问本人的意见。申请认定公民无民事行为能力或者限制民事行为能力的案件，被申请人没有近亲属的，人民法院可以指定其他亲属为代理人。被申请人没有亲属的，人民法院可以指定经被申请人所在单位或者住所地的居民委员会、村民委员会同意，且愿意担任代理人的关系密切的朋友为代理人。没有前款规定的代理人的，由被申请人所在单位或者住所地的居民委员会、村民委员会或者民政部门担任代理人。代理人可以是一人，也可以是同一顺序中的两人。

人民法院经审理认定申请有事实根据的，判决该公民为无民事行为能力或者限制民事行为能力人；认定申请没有事实根据的，应当判决予以驳回。

有关该公民为无民事行为能力或者限制民事行为能力人的判决生效后，应根据《民法通则》第17条的规定确定监护人。被指定的监护人不服指定，应当自接到通知之日起30日内向人民法院提出异议。经审理，认为指定并无不当的，裁定驳回异议；指定不当的，判决撤销指定，同时另行指定监护人。判决书应当送达异议人、原指定单位及判决指定的监护人。

另外，在诉讼中，当事人的利害关系人提出该当事人患有精神病，要求宣告该当事人无民事行为能力或者限制民事行为能力的，应由利害关系人向人民法院提出申请，由受诉人民法院按照特别程序立案审理，原诉讼中止。

4. 判决的撤销

人民法院根据被认定为无民事行为能力或限制民事行为能力的公民或者其监护人的申请，证实该公民无民事行为能力或者限制民事行为能力的原因已经消除的，应当作出新判决，撤销原判决。

（七）认定财产无主案件的审理

1. 申请认定财产无主的条件

认定财产无主的案件，是指人民法院根据公民、法人、其他组织的申请，依法定程序对某项权利主体不明或失去权利主体的财产进行认定，判决其为无主财产的案件。

申请认定财产无主，应满足以下条件：

（1）申请人没有资格限制，任何公民、法人、其他组织均可向人民法院提出申请。

（2）申请需要采用书面形式，口头申请无效。申请书应当写明财产的种类、数量以及要求认定财产无主的根据。

（3）申请的理由是被认定财产的权利主体不明。

2. 认定财产无主案件的管辖法院

申请认定财产无主的案件，由财产所在地基层人民法院管辖。

3. 审理与判决

人民法院受理申请后，经审查核实，应当发出财产认领公告。公告满 1 年无人认领的，判决认定财产无主，收归国家或者集体所有。认定财产无主案件，公告期间有人对财产提出请求的，人民法院应当裁定终结特别程序，告知申请人另行起诉，适用普通程序审理。

4. 判决的撤销

依据《民事诉讼法》第 193 条的规定，判决认定财产无主后，原财产所有人或者继承人出现，可以在《民法通则》规定的诉讼时效期间对财产提出请求，人民法院审查属实后，应当作出新判决，撤销原判决。这里的诉讼时效期间为 2 年。也就是说，财产所有人或者继承人欲申请法院撤销原判决，作出新判决，须从知道或者应当知道人民法院判决认定财产无主之日起 2 年内行使请求权，逾期行使的无效。

（八）确认调解协议案件的审理

1. 申请确认调解协议的条件

确认调解协议的案件，是指当事人对经人民调解委员会等调解组织调解达成的协议，依法申请人民法院予以确认该协议有效性的案件。

依据《民事诉讼法》的相关规定，当事人申请确认调解协议须具备以下条件：

（1）由双方当事人共同申请，且是出于双方当事人的自愿。

（2）当事人申请司法确认调解协议，可以采用书面形式或者口头形式。当事人口头申请的，人民法院应当记入笔录，并由当事人签名、捺印或者盖章。当事人申请司法确认调解协议，应当向人民法院提交调解协议、调解组织主持调解的证明，以及与调解协议相关的财产权利证明等材料，并提供双方当事人的身份、住所、联系方式等基本信息，当事人未提交上述材料的，人民法院应当要求当事人限期补交。

（3）提出申请的目的是使已经达成的调解协议，通过人民法院的确认使之有效。

当事人申请司法确认调解协议,有下列情形之一的,人民法院裁定不予受理:

①不属于人民法院受理范围的;

②不属于收到申请的人民法院管辖的;

③申请确认婚姻关系、亲子关系、收养关系等身份关系无效、有效或者解除的;

④涉及适用其他特别程序、公示催告程序、破产程序审理的;

⑤调解协议内容涉及物权、知识产权确权的。

确认调解协议的裁定作出前,当事人撤回申请的,人民法院可以裁定准许。

当事人无正当理由未在限期内补充陈述、补充证明材料或者拒不接受询问的,人民法院可以按撤回申请处理。

2. 确认调解协议案件的管辖法院

申请司法确认调解协议的,双方当事人应当由本人或者由符合《民事诉讼法》第58条规定的代理人向调解组织所在地基层人民法院或者人民法庭提出申请。

两个以上调解组织参与调解的,各调解组织所在地基层人民法院均有管辖权。

双方当事人可以共同向其中一个调解组织所在地基层人民法院提出申请。双方当事人共同向两个以上调解组织所在地基层人民法院提出申请的,由最先立案的人民法院管辖。

3. 审理与裁定

人民法院审查相关情况时,应当通知双方当事人共同到场对案件进行核实。人民法院经审查,认为当事人的陈述或者提供的证明材料不充分、不完备或者有疑义的,可以要求当事人限期补充陈述或者补充证明材料。必要时,人民法院可以向调解组织核实有关情况。

人民法院经审查,符合法律规定的,裁定调解协议有效,一方当事人拒绝履行或者未全部履行的,对方当事人可以向人民法院申请执行;不符合法律规定的,裁定驳回申请。裁定驳回申请的情形包括以下几种情形:①违反法律强制性规定的;②损害国家利益、社会公共利益、他人合法权益的;③违背公序良俗的;④违反自愿原则的;⑤内容不明确的;⑥其他不能进行司法确认的情形。

另外，人民法院发现有《民事诉讼法司法解释》第 357 条中所规定的不予受理情形时，也应当裁定驳回当事人的申请。

被裁定驳回申请后，当事人可以通过调解方式变更原调解协议或者达成新的调解协议，也可以向人民法院提起诉讼。

对人民法院作出的确认调解协议的裁定，当事人有异议的，应当自收到裁定之日起 15 日内提出；利害关系人有异议的，自知道或者应当知道其民事权益受到侵害之日起 6 个月内提出。

（九）实现担保物权案件的审理

1. 申请实现担保物权的条件

担保物权的实现，是指债务人不能履行债务时，担保物权人经法定程序，通过将担保标的物拍卖、变卖等方式，实现其债权的过程。向法院申请实现担保物权应满足以下条件：

（1）申请人应当是担保物权人或其他有权请求实现担保物权的人。担保物权人包括：抵押权人、质权人、留置权人；其他有权请求实现担保物权的人，包括抵押人、出质人、财产被留置的债务人或者所有权人等。

（2）申请人应当向法院提出书面申请。依据《民事诉讼法司法解释》第 367 条的规定，申请实现担保物权，应当提交下列材料：①申请书。申请书应当记明申请人、被申请人的姓名或者名称、联系方式等基本信息，具体的请求和事实、理由；②证明担保物权存在的材料，包括主合同、担保合同、抵押登记证明或者他项权利证书，权利质权的权利凭证或者质权出质登记证明等；③证明实现担保物权条件成就的材料；④担保财产现状的说明；⑤人民法院认为需要提交的其他材料。

（3）申请人向法院申请实现担保物权的目的是为了使自己的债权能够得到实现。被担保的债权既有物的担保又有人的担保，当事人对实现担保物权的顺序有约定，实现担保物权的申请违反该约定的，人民法院裁定不予受理；没有约定或者约定不明的，人民法院应当受理。同一财产上设立多个担保物权，登记在先的担保物权尚未实现的，不影响后顺位的担保物权人向人民法院申请实现担保物权。

2. 实现担保物权案件的管辖法院

申请实现担保物权的案件，由担保财产所在地或者担保物权登记地基层人民法院管辖。依据《民事诉讼法司法解释》第362条至第364条的规定，管辖问题上还需注意以下几点：

（1）实现票据、仓单、提单等有权利凭证的权利质权案件，可以由权利凭证持有人住所地人民法院管辖；无权利凭证的权利质权，由出质登记地人民法院管辖。

（2）实现担保物权案件属于海事法院等专门人民法院管辖的，由专门人民法院管辖。

（3）同一债权的担保物有多个且所在地不同，申请人分别向有管辖权的人民法院申请实现担保物权的，人民法院应当依法受理。

3. 审理与裁定

人民法院受理申请后，应当在5日内向被申请人送达申请书副本、异议权利告知书等文书。被申请人有异议的，应当在收到人民法院通知后的5日内向人民法院提出，同时说明理由并提供相应的证据材料。

实现担保物权案件可以由审判员一人独任审查。担保财产标的额超过基层人民法院管辖范围的，应当组成合议庭进行审查。人民法院应当就主合同的效力、期限、履行情况，担保物权是否有效设立、担保财产的范围、被担保的债权范围、被担保的债权是否已届清偿期等担保物权实现的条件，以及是否损害他人合法权益等内容进行审查。被申请人或者利害关系人提出异议的，人民法院应当一并审查。

人民法院受理申请后，申请人对担保财产提出保全申请的，可以按照《民事诉讼法》关于诉讼保全的规定办理。

人民法院对当事人提出的申请进行审查后，按下列情形分别处理：

（1）当事人对实现担保物权无实质性争议且实现担保物权条件成熟的，裁定准许拍卖、变卖担保财产。

（2）当事人对实现担保物权有部分实质性争议的，可以就无争议部分裁定准许拍卖、变卖担保财产。

（3）当事人对实现担保物权有实质性争议的，裁定驳回申请，并告知申请人向人民法院提起诉讼。

当事人、利害关系人认为人民法院适用特别程序作出的判决、裁定有错误的，可以向作出该判决、裁定的人民法院提出异议。人民法院经审查，异议成立或者部分成立的，作出新的判决、裁定撤销或者改变原判决、裁定；如果异议不成立的，裁定驳回。

对人民法院作出的确认调解协议、准许实现担保物权的裁定，当事人有异议的，应当自收到裁定之日起 15 日内提出；利害关系人有异议的，自知道或者应当知道其民事权益受到侵害之日起 6 个月内提出。

十七、审判监督程序

（一）审判监督程序的概念

审判监督程序，又称为再审程序，是指对已经生效的判决、裁定、调解书，人民法院认为确有错误，对案件再行审理的程序。再审程序并不是每个民事案件必经的程序，只是对于判决、裁定、调解书已经发生法律效力且符合再审条件的案件，才能够予以适用的一种特殊审判程序。从世界各国有关民事诉讼程序立法的规定来看，再审都是必不可少的一个程序性规定。即在现代世界各国的民事诉讼程序制度设置中，无论是大陆法系国家还是英美法系各国，也不论这些国家怎样强调法律程序的稳定性、安定性和对于司法裁判既判力的维护，都无一例外地在立法上把再审作为一个独立的程序制度加以规定。[1]

（二）审判监督程序的特点

与其他诉讼程序相比，它具有如下特点：

1. 提起再审程序的主体须是特定的机关和人员，主要包括：本级人民法院

---

[1] 廖中洪 . 中国民事诉讼程序制度研究 [M]. 北京：中国检察出版社，2004：373.

院长、上级人民法院、最高人民法院，以及享有审判监督权的人民检察院和符合再审申请条件的当事人。

2. 依再审程序法院审理的对象是第一审和第二审法院审理的已经发生法律效力的判决、裁定或调解协议。

3. 提起再审程序的前提条件，须是案件的裁判在认定事实或适用法律上确实有错误。

4. 再审的审理法院，分三种情形予以考虑，第一种情形是当事人申请的再审：①因当事人申请而裁定再审的案件由中级以上法院审理，但当事人依法选择向基层法院申请再审的除外；②最高院、高院裁定再审的案件，由本院再审或者交由其他法院再审，也可以交由原审法院再审；第二种情形是法院启动的再审：①本院启动的再审，由本院审理；②上级法院启动的再审，由该上级法院提审或指令下级法院再审；第三种情形是检察院启动的再审：①原则上由接受抗诉的法院再审；②有《民事诉讼法》第 200 条第 1 项至第 5 项规定情形之一的，可以交由下一级人民法院再审，但案件已被该下一级人民法院再审审理过的除外。

5. 再审提起的时限规定与其他程序不同，除了当事人申请再审须在判决、裁定发生法律效力后 6 个月内提出，以及有《民事诉讼法》第 200 条第 1 项、第 3 项、第 12 项、第 13 项规定情形的，须自知道或者应当知道之日起 6 个月内提出外，人民法院提起再审和人民检察院提起抗诉，都没有时间上的限制，只要符合法定的再审条件，任何时间都可提起再审。

6. 虽然再审在审理方式和裁判方式上也有属于自己的特殊规定，但再审审理并无独立程序，程序方面适用的是第一审普通程序或第二审程序。

由于再审并非通常意义的一般诉讼程序，而是针对错误裁判的一种纠错程序。这种程序的适用应当是有条件和有限制以及有次数的。如若不然，不仅不利于当事人之间权利义务的确定，也有损于法院裁判的权威，也有碍于人们之间社会生活及民商事法律关系的稳定。为此无论从哪个角度上看，再审都应当对次数设定必要的限制。[1]

---

[1] 廖中洪. 中国民事诉讼程序制度研究 [M]. 北京：中国检察出版社，2004：178.

（三）人民法院启动的再审

1. 人民法院提起再审的条件

依据《民事诉讼法》第 198 条的规定，人民法院提起再审须满足以下条件：

（1）原审裁判确有错误。"确有错误"，是指原审裁判在事实认定、法律适用等方面存在重大缺陷，导致裁判结果不公平。

（2）由具有审判监督权的主体依法提起。这些主体包括：本院院长和审判委员会、最高人民法院、上级人民法院。其中，本院院长和审判委员会均不能单独提起再审程序。

（3）提起再审的对象是人民法院已经发生法律效力的民事判决书、裁定书、调解书。其中可以提起再审的民事裁定，仅限于不予受理的裁定、驳回起诉的裁定和按自动撤回上诉处理的裁定。

2. 人民法院提起再审的程序

（1）本院提起再审。依据《民事诉讼法》第 198 条第 1 款的规定，各级人民法院享有审判监督权的主体是本院院长和审判委员会。各级人民法院院长对本院已经发生法律效力的判决、裁定、调解书，发现确有错误，认为需要再审的，应当提交审判委员会讨论决定。决定再审的，应当另行组成合议庭。

（2）上级人民法院提起再审。依据《民事诉讼法》第 198 条第 2 款的规定，上级人民法院对下级人民法院已经发生法律效力的判决、裁定、调解书，发现确有错误的，有权提审或者指令下级人民法院再审。上级人民法院对其辖区内的下级人民法院的审判工作享有审判监督权。当上级人民法院发现下级人民法院的生效判决、裁定、调解书确有错误时，既可以调取案卷自行审理，也可以指令下级人民法院再审。下级法院接到指令后，应当依法再审。

（3）最高人民法院提起再审。依据《民事诉讼法》第 198 条第 2 款的规定，最高人民法院对地方各级人民法院已经发生法律效力的判决、裁定、调解书，发现确有错误的，有权提审或者指令下级人民法院再审。最高人民法院是国家最高审判机关，对地方各级人民法院的审判工作享有审判监督权。最高人民法院发现地方各级人民法院已生效的判决、裁定、调解书确有错误时，应根据具体情况决定将案件提到本院自行审判，或者指令下级人民法院再审。指令下级人民法院再审的，下级人民法院接到指令后，应当依法再审，并将再审结果上报最高人民法院。

3. 当事人申请的再审

申请再审是法律赋予当事人的一项监督权，是指当事人认为人民法院已经发生法律效力的判决、裁定、调解书有错误，请求人民法院对案件再次审理的诉讼行为。申请再审，在符合下列条件时，才能启动再审程序：

（1）申请再审的主体须为有权提出申请再审的主体，具体包括：原审原告、被告、有独立请求权的第三人及判决其承担义务的无独立请求权的第三人、上诉人、被上诉人，以及特定的案外人。此外，依据《民事诉讼法司法解释》的相关规定，当事人死亡或终止的，其权利义务承继者可申请再审。判决、调解书生效后，当事人将判决、调解书确认的债权转让，债权受让人对该判决、调解书不服申请再审的，人民法院不予受理。

（2）申请再审的对象是已经发生法律效力的判决、裁定、调解书。一般来讲，当事人可以申请再审的对象包括：①地方人民法院作出的可以上诉但未在上诉期内提起上诉的一审判决；②第二审人民法院作出的终审判决；③最高人民法院作出的一审判决；④各级人民法院作出的不予受理和驳回起诉的裁定；⑤第二审人民法院作出的按自动撤回上诉处理的裁定；⑥一审法院和二审法院在当事人达成调解协议的基础上制作的调解书。

同时，法律也对当事人不得申请再审的对象作出了规定，它们具体包括：①已经发生法律效力的解除婚姻关系的判决、调解书；②适用特别程序、督促程序、公示催告程序、破产程序等非讼程序而作出的裁判。

（3）申请再审必须符合法定的事实和理由。依据《民事诉讼法》第200条的规定，当事人申请再审，须符合下列情形之一：①有新的证据，足以推翻原判决、裁定的；②原判决、裁定认定的基本事实缺乏证据证明的；③原判决、裁定认定事实的主要证据是伪造的；④原判决、裁定认定事实的主要证据未经质证的；⑤对审理案件需要的主要证据，当事人因客观原因不能自行收集，书面申请人民法院调查收集，人民法院未调查收集的；⑥原判决、裁定适用法律确有错误的；⑦审判组织的组成不合法或者依法应当回避的审判人员没有回避的；⑧无诉讼行为能力人未经法定代理人代为诉讼或者应当参加诉讼的当事人，因不能归责于本人或者其诉讼代理人的事由，未参加诉讼的；⑨违反法律规定，剥夺当事人辩论权利的；⑩未经传票传唤，缺席判决的；⑪原判决、裁定遗漏或者超出诉讼请求的；⑫据以作出原判决、裁定的法律文书被撤销或者变更的；⑬审判人员审理该案件时有贪污受贿，徇私舞弊，枉法裁判行为的；⑭调解书损害国家利益、社会公共利益的。

（4）申请再审必须在法定期间内提出。依据《民事诉讼法》第205条及《民事诉讼法司法解释》第384条的规定，当事人申请再审，应当在判决、裁定、调解书发生法律效力后6个月内提出。该期间不适用中止、中断和延长的规定。但对于基于以下理由申请再审的，再审期间为自知道或者应当知道之日起6个月，这些理由具体包括：①有新的证据，足以推翻原判决、裁定的；②原判决、裁定认定事实的主要证据是伪造的；③据以作出原判决、裁定的法律文书被撤销或者变更的；④审判人员审理该案件时有贪污受贿，徇私舞弊，枉法裁判行为的。

（5）当事人应向有管辖权的法院提出再审申请。原则上当事人申请再审应向原审人民法院的上一级人民法院提出申请，但当事人一方人数众多或者当事人双方为公民的案件，也可以向原审人民法院申请再审。

（6）申请再审应提交必要的材料。依据《民事诉讼法司法解释》第377条的规定，当事人申请再审，应当提交下列材料：1）再审申请书，并按照被申请人和原审其他当事人的人数提交副本。申请书应当记明下列事项：①再审申请人与被申请人及原审其他当事人的基本信息；②原审人民法院的名称，原审裁判文书案号；③具体的再审请求；④申请再审的法定情形及具体事实、理由。再审申请书应当明确申请再审的人民法院，并由再审申请人签名、捺印或者盖章；2）再审申请人是自然人的，应当提交身份证明；再审申请人是法人或者其他组织的，应当提交营业执照、组织机构代码证书、法定代表人或者主要负责人身份证明书。委托他人代为申请的，应当提交授权委托书和代理人身份证明；3）原审判决书、裁定书、调解书；4）反映案件基本事实的主要证据及其他材料。其中，2）、3）、4）项规定的材料可以是与原件核对无异的复印件。

人民法院应当自收到符合条件的再审申请书等材料之日起 5 日内向再审申请人发送受理通知书，并向被申请人及原审其他当事人发送应诉通知书、再审申请书副本等材料。

（四）再审申请的审查程序

当事人的再审申请并不必然启动再审。只有人民法院经过审查，认定再审申请符合法定事由，作出再审裁定，才能进入再审审理阶段。

1. 审查的主体

依据最高人民法院《审判监督程序解释》第 8 条及第 9 条的规定，人民法院受理再审申请后，应当组成合议庭，围绕再审事由是否成立进行审查，即审查的主体为人民法院。

2. 申请再审的效果

申请再审的效果主要有两个：一是当事人申请再审，不停止原判决、裁定、调解书的执行；另一方面，法院应在收到再审申请之日起 3 个月内予以审查，有特殊情况，院长批准延长。人民法院对再审申请予以审查的结果是，要么申请符合法定情形，法院裁定再审；要么申请不符合法定情形，法院裁定驳回申请。此外，《民事诉讼法司法解释》还对终结审查与终结再审程序的情形分别作出了以下规定：

首先，再审申请审查期间，有下列情形之一的，裁定终结审查：

（1）再审申请人死亡或者终止，无权利义务承继者或者权利义务承继者声明放弃再审申请的；

（2）在给付之诉中，负有给付义务的被申请人死亡或者终止，无可供执行的财产，也没有应当承担义务的人的；

（3）当事人达成和解协议且已履行完毕的，但当事人在和解协议中声明不放弃申请再审权利的除外；

（4）他人未经授权以当事人名义申请再审的；

（5）原审或者上一级人民法院已经裁定再审的；

（6）有《民事诉讼法司法解释》第 383 条第 1 款规定情形的。

其次，再审审理期间，有下列情形之一的，可以裁定终结再审程序：

（1）再审申请人在再审期间撤回再审请求，人民法院准许的；

（2）再审申请人经传票传唤，无正当理由拒不到庭的，或者未经法庭许可中途退庭，按撤回再审请求处理的；

（3）有《民事诉讼法司法解释》第402条第1项至第4项规定情形的。

3. 审查中的竞合

审查中的竞合，是指人民法院正在审查当事人提出的再审申请期间，人民检察院或该案其他当事人也同时着手启动了再审的情形。法院对审查中的竞合问题，作出了以下规定：

（1）与人民检察院的抗诉竞合时：人民法院审查再审申请期间，人民检察院对该案提出抗诉的，人民法院应依照《民事诉讼法》第211条的规定裁定再审。申请再审人提出的具体再审请求应纳入审理范围。

（2）与另一方的再审申请竞合时：在审查再审申请过程中，对方当事人也申请再审的，人民法院应当将其列为申请再审人，对其提出的再审申请一并审查。

4. 审查的期限

人民法院应当自收到再审申请书之日起3个月内审查，符合本法规定的，裁定再审；不符合本法规定的，裁定驳回申请。有特殊情况需要延长的，由本院院长批准。

（五）检察院启动的再审

1. 检察院诉讼监督方式

人民检察院是我国的法律监督机关。依据《民事诉讼法》的相关规定，人民检察院对人民法院的民事审判活动实行法律监督的方式包括提起民事抗诉和检察建议两种方式。民事抗诉，是指人民检察院对人民法院作出的民事判决、裁定、调解书，认为确有错误时，依法向人民法院提出重新审理要求的诉讼活动。检察建议是由地方各级人民法院对同级人民法院作出，且检察建议的范围不仅限于对审判监督程序中的审判人员的违法行为，对于审判监督程序以外的其他审判程序中的审判人员的违法行为，也有权提出检察建议。

2. 检察院启动再审的条件

依据《民事诉讼法》第 208 条的规定，人民法院启动再审应具备以下条件：

（1）提起再审的对象是人民法院已经发生法律效力的民事判决书、裁定书、调解书。其中可以提起再审的民事裁定，仅限于不予受理的裁定、驳回起诉的裁定和按自动撤回上诉处理的裁定。

（2）具有法定的事由。依据《民事诉讼法》第 208 条及第 200 条的规定，最高人民检察院对各级人民法院、上级人民检察院对下级人民法院已经发生效力的裁判，发现有以下情形时，应当提起抗诉：①有新的证据，足以推翻原判决、裁定的；②原判决、裁定认定的基本事实缺乏证据证明的；③原判决、裁定认定事实的主要证据是伪造的；④原判决、裁定认定事实的主要证据未经质证的；⑤对审理案件需要的主要证据，当事人因客观原因不能自行收集，书面申请人民法院调查收集，人民法院未调查收集的；⑥原判决、裁定适用法律确有错误的；⑦审判组织的组成不合法或者依法应当回避的审判人员没有回避的；⑧无诉讼行为能力人未经法定代理人代为诉讼或者应当参加诉讼的当事人，因不能归责于本人或者其诉讼代理人的事由，未参加诉讼的；⑨违反法律规定，剥夺当事人辩论权利的；⑩未经传票传唤，缺席判决的；⑪原判决、裁定遗漏或者超出诉讼请求的；⑫据以作出原判决、裁定的法律文书被撤销或者变更的；⑬审判人员审理该案件时有贪污受贿，徇私舞弊，枉法裁判行为的；⑭调解书损害国家利益、社会公共利益的。地方各级人民检察院对同级人民法院已经发生效力的裁判，如发现以上 14 种情形之一时，可向同级人民法院提出检察建议，并报上级人民检察院备案；也可以提请上级人民检察院向同级人民法院提出抗诉。

3. 人民检察院启动再审的程序

（1）抗诉的提出。依据《民事诉讼法》第 208 条的规定，民事抗诉的提出，包括以下两种情形：

①最高人民检察院对各级人民法院已经发生法律效力的判决、裁定、损害国家、社会利益的调解书提出抗诉。

②上级人民检察院对下级人民法院发生法律效力的判决、裁定、损害国家、社会利益的调解书提出抗诉。

（2）当事人申请检察院提出检察建议或抗诉。依据《民事诉讼法》第209条的规定，有下列情形之一的，当事人可以向人民检察院申请检察建议或者抗诉：

①人民法院驳回再审申请的；

②人民法院逾期未对再审申请作出裁定的；

③再审判决、裁定有明显错误的。

人民检察院对当事人的申请应当在3个月内进行审查，作出提出或者不予提出检察建议或者抗诉的决定。当事人不得再次向人民检察院申请检察建议或者抗诉。

（3）抗诉的方式。人民检察院决定对人民法院的判决、裁定、调解书提出抗诉的，应当制作抗诉书。抗诉书是人民检察院对人民法院的生效裁判提出抗诉的法律文书。

4. 人民法院对抗诉和再审检察建议的受理

依据《民事诉讼法》的有关规定，人民检察院提起抗诉，不受时间的限制。人民检察院依法对损害国家利益、社会公共利益的发生法律效力的判决、裁定、调解书提出抗诉，或者经人民检察院检察委员会讨论决定提出再审检察建议的，人民法院应予受理。

人民检察院依当事人的申请对生效判决、裁定提出抗诉，符合下列条件的，人民法院应当在30日内裁定再审：

（1）抗诉书和原审当事人申请书及相关证据材料已经提交；

（2）抗诉对象为依照《民事诉讼法》和《民事诉讼法司法解释》规定可以进行再审的判决、裁定；

（3）抗诉书列明该判决、裁定有《民事诉讼法》第208条第1款规定情形；

（4）符合《民事诉讼法》第209条第1款第1项、第2项规定情形。

不符合上述规定的，人民法院可以建议人民检察院予以补正或者撤回；不予补正或者撤回的，人民法院可以裁定不予受理。

接受人民检察院抗诉的人民法院应当自收到抗诉书之日起 30 日内作出再审的裁定。

地方各级人民检察院依当事人的申请对生效判决、裁定向同级人民法院提出再审检察建议，符合下列条件的，应予受理：（1）再审检察建议书和原审当事人申请书及相关证据材料已经提交；（2）建议再审的对象为依照《民事诉讼法》和《民事诉讼法司法解释》规定可以进行再审的判决、裁定；（3）再审检察建议书列明该判决、裁定有《民事诉讼法》第 208 条第 2 款规定情形；（4）符合《民事诉讼法》第 209 条第 1 款第 1 项、第 2 项规定情形；（5）再审检察建议经该人民检察院检察委员会讨论决定。

不符合以上条件的，人民法院可以建议人民检察院予以补正或者撤回；不予补正或者撤回的，应当函告人民检察院不予受理。

人民法院收到再审检察建议后，应当组成合议庭，在 3 个月内进行审查，发现原判决、裁定、调解书确有错误，需要再审的，依照《民事诉讼法》第 198 条规定裁定再审，并通知当事人；经审查，决定不予再审的，应当书面回复人民检察院。

人民法院审理因人民检察院抗诉或者检察建议裁定再审的案件，不受此前已经作出的驳回当事人再审申请裁定的影响。当事人的再审申请被上级人民法院裁定驳回后，人民检察院对原判决、裁定、调解书提出抗诉，抗诉事由符合《民事诉讼法》第 200 条第 1 项至第 5 项规定情形之一的，受理抗诉的人民法院可以交由下一级人民法院再审。人民法院开庭审理抗诉案件，应当在开庭 3 日前通知人民检察院、当事人和其他诉讼参与人。同级人民检察院或者提出抗诉的人民检察院应当派员出庭。

（六）再审案件的审判程序

1. 再审的审理法院

再审的审理法院根据启动再审的主体不同而有所不同，再审的审理法院，主要分为以下三种情形：

第一种情形是当事人申请再审的情形，此时再审的审理法院为：①因当事人申请而裁定再审的案件由中级以上法院审理，但当事人依法选择向基层法院申请再审的除外；②最高院、高院裁定再审的案件，由本院再审或者交由其他法院再审，也可以交由原审法院再审。

第二种情形是法院启动再审的情形，此时再审的审理法院为：①本院启动的再审，由本院审理；②上级法院启动的再审，由该上级法院提审或指令下级法院再审。

第三种情形是检察院启动再审的情形，此时再审的审理法院为：①原则上由接受抗诉的法院再审；②有《民事诉讼法》第200条第1项至第5项规定情形之一的，可以交由下一级人民法院再审，但案件已被该下一级人民法院再审审理过的除外。

2. 再审程序

关于再审程序，需要注意以下几点：

（1）依据《民事诉讼法》第206条的规定，按照审判监督程序决定再审的案件，裁定中止原判决、裁定、调解书的执行，但追索赡养费、抚养费、抚育费、抚恤金、医疗费用、劳动报酬等案件，可以不中止执行。

（2）在审判程序的适用问题上，依据《民事诉讼法》第207条的规定，可归纳为三种情形：①发生法律效力的判决、裁定是由第一审法院作出的，按照第一审程序审理，所作的判决、裁定，当事人可以上诉；②发生法律效力的判决、裁定是由第二审法院作出的，按照第二审程序审理，所作的判决、裁定是终审裁判，当事人不得上诉；③上级人民法院按照审判监督程序提审的，按照第二审程序审理，所作的判决、裁定是终审裁判，当事人不得上诉。

（3）人民法院审理再审案件时，审判组织形式采取合议制形式。

3. 再审案件的裁判

人民法院对再审案件进行审理后，应根据不同情况分别作出以下不同处理：

（1）人民法院经再审审理认为，原判决、裁定认定事实清楚、适用法律正确的，应予维持。原判决、裁定认定事实、适用法律虽有瑕疵，但裁判结果正确的，应当在再审判决、裁定中纠正瑕疵后予以维持。原判决、裁定认定事实、适用法律错误，导致裁判结果错误的，应当依法改判、撤销或者变更。

（2）按照第二审程序再审的案件，人民法院经审理认为不符合《民事诉讼法》规定的起诉条件或者符合《民事诉讼法》第 124 条规定不予受理情形的，应当裁定撤销一、二审判决，驳回起诉。

（3）人民法院对调解书裁定再审后，按照下列情形分别处理：

①当事人提出的调解违反自愿原则的事由不成立，且调解书的内容不违反法律强制性规定的，裁定驳回再审申请。

②人民检察院抗诉或者再审检察建议所主张的损害国家利益、社会公共利益的理由不成立的，裁定终结再审程序。

十八、督促程序

（一）督促程序的概念

督促程序，是指人民法院根据债权人的申请，以支付令的方式，催促债务人在法定期间内向债权人履行给付金钱和有价证券的义务，如果债务人在法定期间内未履行义务又不提出书面异议，债权人可以根据支付令向人民法院申请强制执行的程序。

司法实践中，对于一些债权债务关系明确的给付金钱和有价证券的案件，债务人不自觉履行义务，或者没有清偿债务的能力时，会适用督促程序予以处理，即先由债权人向人民法院提出申请，法院依据债权人的申请向债务人发出支付令，督促其在一定时间内履行债务，债务人如对债权债务关系有异议，则可在一定期间内提出书面异议，债务人既不履行债务，又不提出书面异议的，法院可以强制执行。但是，如果经过审查，债务人异议成立时，督促程序将转为诉讼程序。

（二）督促程序的特点

督促程序的特点可总结为以下几点：

1.适用范围的特定性。依据民事诉讼法相关规定，督促程序仅适用于请求给付金钱和有价证券的案件，并附有一定条件限制，这些条件包括：①债权人与债务人之间没有其他债务纠纷；②支付令须能够送达债务人。

2.程序适用的可选择性。债权人请求债务人给付金钱、有价证券，符合条件的，可以适用督促程序。但是，法律并没有强制规定这类案件必须适用督促程序，当事人可以选择诉讼程序或督促程序来解决。如果当事人选择了诉讼程序，就不能再选择督促程序。选择诉讼程序的，适用第一审普通程序或者简易程序进行审理。

3.审查过程的简捷性。人民法院适用督促程序审理案件，不传唤债务人，也无须开庭审理。对符合条件的，人民法院直接发出支付令；不符合条件的，人民法院驳回债权人的申请。督促程序实行一审终审，审判组织采用独任制的形式。

4.支付令的附期限、附条件性。自支付令发出之日起15日内，债务人可以选择清偿债务或提出书面异议。如果债务人提出书面异议的，法院对该书面异议进行审查，审查异议成立的，支付令便失效；否则该支付令与发生法律效力的判决具有同等效力。

（三）支付令的申请、审理、发出和异议

1.支付令的申请

根据《民事诉讼法》的相关规定，督促程序由债权人向人民法院申请支付令而开始。债权人向法院提出支付令申请，必须提交申请书。人民法院收到债权人的支付令申请书后，认为申请书不符合要求的，可以通知债权人限期补正。人民法院应当自收到补正材料之日起5日内通知债权人是否受理。

依据《民事诉讼法》第214条及《民事诉讼法司法解释》第429条的规定，债权人申请支付令，符合下列条件的，基层人民法院应当受理，并在收到支付令申请书后5日内通知债权人：

（1）请求给付金钱或者汇票、本票、支票、股票、债券、国库券、可转让的存款单等有价证券；

（2）请求给付的金钱或者有价证券已到期且数额确定，并写明了请求所根据的事实、证据；

（3）债权人没有对待给付义务；

（4）债务人在我国境内且未下落不明；

（5）支付令能够送达债务人；

（6）收到申请书的人民法院有管辖权；

（7）债权人未向人民法院申请诉前保全。

不符合以上条件的，人民法院应当自收到支付令申请书后5日内通知债权人不予受理。

基层人民法院受理申请支付令案件，不受债权金额的限制。

有权适用督促程序审理案件的法院唯有基层人民法院，中级以上人民法院不审理此类案件。两个以上人民法院都有管辖权的，债权人可以向其中一个基层人民法院申请支付令。债权人向两个以上有管辖权的基层人民法院申请支付令的，由最先立案的人民法院管辖。

2. 对支付令申请的审理

人民法院受理申请后，由审判员一人进行审查。审查分为两部分，先是形式审查，即债权人提出申请后，人民法院应当对是否符合支付令申请的条件进行形式审查，并于5日内通知债权人是否受理。其后，人民法院应对申请进行内容上的审查。经审查，发现申请符合下列情形之一的，应当在受理之日起15日内裁定驳回申请：

（1）申请人不具备当事人资格的；

（2）给付金钱或者有价证券的证明文件没有约定逾期给付利息或者违约金、赔偿金，债权人坚持要求给付利息或者违约金、赔偿金的；

（3）要求给付的金钱或者有价证券属于违法所得的；

（4）要求给付的金钱或者有价证券尚未到期或者数额不确定的。

3. 支付令的发出

人民法院受理申请后，经审查债权人提供的事实、证据，对债权债务关系明确、合法的，应当在受理之日起15日内向债务人发出支付令。

依据《民事诉讼法司法解释》第431条的规定，支付令应向债务人本人直接送达，债务人拒绝接收的，人民法院可以留置送达。

支付令送达后，债务人应当自收到支付令之日起15日内清偿债务，或者向人民法院提出书面异议。债务人在前款规定的期间不提出异议又不履行支付令的，债权人可以向人民法院申请执行。

人民法院发出支付令以后，如有下列情形之一的，人民法院应当裁定终结督促程序，支付令自行失效：

（1）人民法院受理支付令申请后，债权人就同一债权债务关系又提起诉讼的；

（2）人民法院发出支付令之日起30日内无法送达债务人的；

（3）债务人收到支付令前，债权人撤回申请的。

4. 对支付令的异议

如前所述，支付令送达后，债务人可以选择清偿债务，或者自收到支付令之日起15日内向人民法院提出书面异议。

人民法院收到债务人提出的书面异议后，经形式审查，债务人提出的书面异议有下列情形之一的，应当认定异议成立，裁定终结督促程序，支付令自行失效：①符合法律规定的不予受理申请情形的；②符合法律规定的裁定驳回申请情形的；③符合法律规定的应当裁定终结督促程序情形的；④人民法院对是否符合发出支付令条件产生合理怀疑的。人民法院经审查认为异议不成立的，裁定驳回。

债务人在收到支付令后，未在法定期间提出书面异议，而向其他人民法院起诉的，不影响支付令的效力。债务人超过法定期间提出异议的，视为未提出异议。债权人基于同一债权债务关系，在同一支付令申请中向债务人提出多项支付请求，债务人仅就其中一项或者几项请求提出异议的，不影响其他各项请求的效力。债务人对债务本身没有异议，只是提出缺乏清偿能力、延缓债务清偿期限、变更债务清偿方式等异议的，不影响支付令的效力。

人民法院作出终结督促程序或者驳回异议裁定前，债务人请求撤回异议的，应当裁定准许。债务人对撤回异议反悔的，人民法院不予支持。

5. 异议成立的法律后果

经审查，异议成立的，应当裁定终结督促程序，支付令自行失效，案件也会从督促程序转为诉讼程序。支付令失效后，申请支付令的一方当事人不同意提起诉讼的，应当自收到终结督促程序裁定之日起 7 日内向受理申请的人民法院提出。申请支付令的一方当事人不同意提起诉讼的，不影响其向其他有管辖权的人民法院提起诉讼。但是，支付令失效后，申请支付令的一方当事人自收到终结督促程序裁定之日起 7 日内未向受理申请的人民法院表明不同意提起诉讼的，视为向受理申请的人民法院起诉。债权人提出支付令申请的时间，即为向人民法院起诉的时间。

人民法院院长发现本院已经发生法律效力的支付令确有错误，认为需要撤销的，应当提交本院审判委员会讨论决定后，裁定撤销支付令，驳回债权人的申请。

（四）公示催告程序

1. 公示催告程序的概念和特点

公示催告程序，是指在票据持有人的票据被盗、遗失或者灭失的情况下，人民法院根据当事人的申请，以公告的方式催告利害关系人在一定期间内申报权利，如果逾期无人申报或申报被驳回，根据申请人的申请，依法作出除权判决，宣告票据无效，同时失票人取得票据权利的制度。这里的票据持有人，是指票据被盗、遗失或者灭失前的最后持有人。

公示催告程序属于特别程序之一类，与通常的诉讼程序相比，具有如下特点：

（1）依公示催告程序审理的案件，不是民事权益的争议，而是法院根据丧失票据或其他事项人的申请，认定丧失票据或其他事项之事实。

（2）公示催告程序没有明确的被告，公示催告案件在申请之时，相对人必须处于不明确状态，如果已有明确的争议对象，其申请就不能成立，申请人应提起票据诉讼。

（3）公示催告程序具有阶段性，公示催告与除权判决是前后衔接的两个阶段，除权判决依催告申请人再次申请作出，法院不得自行作出。

（4）实行一审终审，不得上诉。审理方式主要是书面审查和公示。

2. 公示催告程序适用的范围

依据《民事诉讼法》第 218 条的规定，适用公示催告程序审理的案件主要有两类：一类是按照规定可以背书转让的票据被盗、遗失或灭失。以背书转让的票据持有人，因票据被盗、遗失或灭失，可以向法院申请公示催告。我国目前可以背书转让的票据有支票、汇票、本票三种。另外，《公司法》还规定记名股票被盗、遗失或者灭失股东可以申请人民法院公示催告并作出除权判决；另一类是依照法律规定可以申请公示催告的其他事项。

3. 公示催告申请的提起和受理

当事人申请公示催告程序必须具备以下条件：

（1）申请人必须是按照规定可以背书转让的票据持有人即票据被盗、遗失、灭失前的最后持有人。

（2）申请的原因必须是可以背书转让的票据被盗、遗失或灭失，且利害关系人处于不明确状态；对可以申请公示催告的其他事项，必须有法律的明文规定。

（3）申请公示催告必须向有管辖权的人民法院提出。依据《民事诉讼法》的相关规定，有权受理此类案件的法院目前只有票据支付地的基层人民法院管辖。

（4）申请人应当向人民法院递交申请书。申请书上应写明票面金额、发票人、持票人、背书人等票据主要内容和申请的理由、事实。

人民法院收到公示催告的申请后，应当立即审查，并决定是否受理。经审查认为符合受理条件的，通知予以受理，并同时通知支付人停止支付；认为不符合受理条件的，应当在7日内裁定驳回申请。

因票据丧失，申请公示催告的，人民法院应结合票据存根、丧失票据的复印件、出票人关于签发票据的证明、申请人合法取得票据的证明、银行挂失止付通知书、报案证明等证据，决定是否受理。

4. 公示催告案件的审理

（1）止付通知与公告。人民法院决定受理申请，应当同时通知支付人停止支付，支付人收到人民法院停止支付的通知，应当停止支付，至公示催告程序终结。

人民法院受理公示催告申请后，应在3日内发出公告，催促利害关系人申报权利。公告应当写明下列内容：

①公示催告申请人的姓名或者名称；

②票据的种类、号码、票面金额、出票人、背书人、持票人、付款期限等事项以及其他可以申请公示催告的权利凭证的种类、号码、权利范围、权利人、义务人、行权日期等事项；

③申报权利的期间；

④在公示催告期间转让票据等权利凭证，利害关系人不申报的法律后果。

公告应当在有关报纸或者其他媒体上刊登，并于同日公布于人民法院公告栏内。人民法院所在地有证券交易所的，还应当同日在该交易所公布。

公示催告的期间，由人民法院根据情况决定，但不得少于60日，且公示催告期间届满日不得早于票据付款日后15日。

公示催告期间，转让票据权利的行为无效。

（2）利害关系人申报权利。利害关系人在公示催告期间可以向人民法院提出对该票据享有权利，申报权利的程序是：

①利害关系人应当在公示催告程序期间或在申报期间届满，判决作出前向人民法院提出。

②利害关系人申报权利，人民法院应当通知其向法院出示票据，并通知公示催告申请人在指定的期间查看该票据。公示催告申请人申请公示催告的票据与利害关系人出示的票据不一致的，应当裁定驳回利害关系人的申报。

5.除权判决

在申报权利的期间无人申报权利，或者申报被驳回的，申请人应当自公示催告期间届满之日起1个月内申请作出判决，宣告票据无效。判决应当公告，并通知支付人。适用公示催告程序审理案件，可由审判员一人独任审理但判决宣告票据无效的，应当组成合议庭审理。

判决公告之日起，公示催告申请人有权依据判决向付款人请求付款。付款人拒绝付款的，申请人有权向人民法院起诉，起诉符合《民事诉讼法》第119条规定的起诉条件的，人民法院应予受理。

6.公示催告程序的终结

人民法院在公示催告期间，出现下列情形之一的，应当裁定终结公示催告程序：

（1）在申报权利期间无人申报权利，或者申报被驳回的情形下，申请人没有在公示催告期间届满之日起1个月内申请判决的，终结公示催告程序。

（2）公示催告申请人在公示催告前申请撤回的，人民法院可以径行裁定终结公示催告程序。

（3）利害关系人在公示催告程序期间或在申报期间届满，判决作出前向人民法院申报权利的，人民法院收到该申报后，应当裁定终结公示催告程序。

人民法院制作的终结公示催告程序的裁定书，应当由审判员、书记员署名，加盖人民法院印章。

人民法院裁定终结公示催告程序后，公示催告申请人或者申报人向人民法院提起诉讼，因票据权利纠纷提起的，由票据支付地或者被告住所地人民法院管辖；因非票据权利纠纷提起的，由被告住所地人民法院管辖。

7. 对利害关系人权利的救济

利害关系人，是指那些有可能是真正的票据权利人的主体。这些主体有可能会因除权判决而在违背自己意愿的情形下丧失对票据的权利，因此，法律同时也为利害关系人设立了相应的救济措施。

依据《民事诉讼法》及其司法解释的规定，利害关系人因正当理由不能在判决前向人民法院申报的，自知道或者应当知道判决公告之日起1年内，可以向作出判决的人民法院起诉。"正当理由"，包括：①因发生意外事件或者不可抗力致使利害关系人无法知道公告事实的；②利害关系人因被限制人身自由而无法知道公告事实，或者虽然知道公告事实，但无法自己或者委托他人代为申报权利的；③不属于法定申请公示催告情形的；④未予公告或者未按法定方式公告的；⑤其他导致利害关系人在判决作出前未能向人民法院申报权利的客观事由。

利害关系人请求人民法院撤销除权判决的，应当将申请人列为被告。利害关系人仅诉请确认其为合法持票人的，人民法院应当在裁判文书中写明，确认利害关系人为票据权利人的判决作出后，除权判决即被撤销。

十九、执行程序

（一）执行和执行程序

民事执行，又称为民事强制执行，是指人民法院的执行组织依债权人的申请，依据执行依据，运用国家强制力，强制债务人履行义务，以实现债权人的民事权利的活动。民事执行中，有权依据生效法律文书向人民法院申请执行的人称为申请执行人，对方当事人称为被执行人。

执行应当具备以下条件：第一，执行以生效法律文书为根据；第二，执行根据必须具备给付内容；第三，执行必须以负有义务的一方当事人无故拒不履行义务为前提。

执行程序与审判程序既有联系又有区别，两者的联系表现在：一般而言，审判程序是执行程序的前提和基础，执行程序则是审判程序的后续和保障。没有审判程序，执行程序往往无从谈起；而执行程序是审判程序的任务得以实现的有力保障。但执行程序具有相对独立性，主要表现在：首先，执行程序不是民事诉讼的必经程序，只有在必要时才予以启动；其次，执行程序在适用范围上不限于由审判程序处理的案件，公证机关制作的赋予强制执行效力的债权文书、仲裁机关作出的生效裁决书、依法应由人民法院执行的行政处罚决定、行政处理决定等的执行，也需要由人民法院适用执行程序予以执行。

（二）执行的有关制度

1.执行根据

执行必须以生效的法律文书作为根据，依据《民事诉讼法》的规定，可以成为执行根据的有：

（1）法院制作的具有执行内容的生效法律文书，包括民事判决、裁定、调解书与支付令，以及刑事判决、裁定中的财产部分。

（2）其他机关制作的由法院执行的法律文书，包括公证机关依法赋予强制执行效力的债权文书，仲裁机构制作的依法由法院强制执行的仲裁裁决书；

（3）人民法院制作的承认并执行外国法院判决、裁定或者外国仲裁机构裁决的裁定书。

2. 执行管辖

（1）管辖的确定

执行管辖解决的是执行根据具体应由哪一个法院执行的问题。

依据《民事诉讼法》《民事诉讼法司法解释》及最高人民法院《关于人民法院执行工作若干问题的规定》（试行）的规定，执行管辖按照下列方法确定：

①法院裁判：生效的民事判决、裁定，以及刑事判决、裁定的财产部分，由第一审人民法院或者与第一审人民法院同级的被执行财产所在地人民法院执行。发生法律效力的实现担保物权裁定、确认调解协议裁定，由作出裁定的人民法院或者与其同级的被执行财产所在地的人民法院执行。

②调解书：发生法律效力的调解书，需要执行的，应由第一审人民法院或与第一审人民法院同级的被执行财产所在地人民法院执行。

③支付令：发生法律效力的支付令，由制作支付令的人民法院或者与其同级的被执行财产所在地的人民法院负责执行。

④其他文书：法律规定的由人民法院执行的其他法律文书，由被执行人住所地或者被执行人财产所在地人民法院执行。

⑤共同管辖：两个或两个以上的人民法院均有管辖权的，当事人可以选择向其中一个人民法院申请执行，当事人向两个以上人民法院申请执行的，由最先立案的人民法院管辖。人民法院在立案前发现其他有管辖权的人民法院已经立案的，不得重复立案；立案后发现其他有管辖权的人民法院已经立案的，应当撤销案件，已经采取执行措施的，应当将控制的财产移交先立案的人民法院处理。

（2）执行管辖异议

人民法院受理执行申请后，当事人对管辖权有异议的，应当自收到执行通知书之日起10日内提出。人民法院对当事人提出的异议，应当审查。异议成立的，应当撤销执行案件，并告知当事人向有管辖权的人民法院申请执行；异议不成立的，裁定驳回。当事人对裁定不服的，可以向上一级人民法院申请复议。管辖权异议审查和复议期间，不停止执行。

（3）变更管辖法院

依据《民事诉讼法》第226条的规定，人民法院自收到申请执行书之日起超过6个月未执行的，申请执行人可以向上一级人民法院申请执行。上一级人民法院经审查，可以责令原人民法院在一定期限内执行，也可以决定由本院执行或者指令其他人民法院执行。有下列情形之一的，上一级人民法院可以根据申请执行人的申请，责令变更执行法院：

①债权人申请执行时被执行人有可供执行的财产，执行法院自收到申请执行书之日起超过6个月对该财产未执行完结的；

②执行过程中发现被执行人可供执行的财产，执行法院自发现财产之日起超过6个月对该财产未执行完结的；

③对法律文书确定的行为义务的执行，执行法院自收到申请执行书之日起超过6个月未依法采取相应执行措施的；

④其他有条件执行超过6个月未执行的。

上一级人民法院决定由本院执行或者指令本辖区其他人民法院执行的，应当作出裁定，送达当事人并通知有关人民法院。

以上规定是为了防止法院消极拖延执行，从而保护当事人的权益。

3.执行异议

（1）当事人、利害关系人的执行异议。当事人、利害关系人认为执行行为违反法律规定的，可以向负责执行的人民法院提出书面异议。当事人、利害关系人提出书面异议的，人民法院应当自收到书面异议之日起15日内审查，理由成立的，裁定撤销或者改正；理由不成立的，裁定驳回。当事人、利害关系人对裁定不服的，可以自裁定送达之日起10日内向上一级人民法院申请复议。执行异议审查和复议期间，不停止执行。被执行人、利害关系人提供充分、有效的担保请求停止相应处分措施的，人民法院可以准许；申请执行人提供充分、有效的担保请求继续执行的，应当继续执行。

（2）案外人的执行异议。案外人对执行标的提出异议的，应当在该执行标的的执行程序终结前提出。案外人对执行标的提出的异议，经审查，按照下列情形分别处理：

①案外人对执行标的不享有足以排除强制执行的权益的，裁定驳回其异议。

②案外人对执行标的享有足以排除强制执行的权益的，裁定中止执行。

驳回案外人执行异议裁定送达案外人之日起 15 日内，人民法院不得对执行标的进行处分。案外人向人民法院提供充分、有效的担保请求解除对异议标的的查封、扣押、冻结的，人民法院可以准许；申请执行人提供充分、有效的担保请求继续执行的，应当继续执行。

因案外人提供担保解除查封、扣押、冻结有错误，致使该标的无法执行的，人民法院可以直接执行担保财产；申请执行人提供担保请求继续执行有错误，给对方造成损失的，应当予以赔偿。

案外人、当事人对裁定不服，认为原判决、裁定错误的，依照审判监督程序办理；与原判决、裁定无关的，可以自裁定送达之日起 15 日内向人民法院提起诉讼。

4. 委托执行

委托执行，是指被执行人或者被执行财产在外地的，可以委托当地人民法院代为执行的制度。依据《民事诉讼法》第 229 条的规定，关于委托执行制度，需要掌握以下几点：

（1）委托执行的条件：被执行人或者被执行的财产在外地的，可以委托当地人民法院代为执行。

（2）受托法院的义务：受委托人民法院收到委托函件后，必须在 15 日内开始执行，不得拒绝。执行完毕后，应当将执行结果及时函复委托人民法院；在 30 日内如果还未执行完毕，也应当将执行情况函告委托人民法院。受委托人民法院自收到委托函件之日起 15 日内不执行的，委托人民法院可以请求受委托人民法院的上级人民法院指令受委托人民法院执行。

5. 执行和解

执行和解，是指在执行过程中，双方当事人就执行标的物的一部或全部自愿协商，自愿达成协议，并经人民法院审查批准后，结束执行程序的活动。

依据《民事诉讼法》第 230 条的规定，在执行中，双方当事人自行和解达成协议的，执行员应当将协议内容记入笔录，由双方当事人签名或者盖章。申请执行人与被执行人达成和解协议后请求中止执行或者撤回执行申请的，人民法院可以裁定中止执行或者终结执行。一方当事人不履行或者不完全履行在执行中双方自愿达成的和解协议，对方当事人申请执行原生效法律文书的，人民法院应当恢复执行，但和解协议已履行的部分应当扣除。和解协议已经履行完毕的，人民法院不予恢复执行。申请执行人因受欺诈、胁迫与被执行人达成和解协议，或者当事人不履行和解协议的，人民法院可以根据当事人的申请，恢复对原生效法律文书的执行。

申请恢复执行原生效法律文书，适用《民事诉讼法》第 239 条申请执行期间的规定。申请执行期间因达成执行中的和解协议而中断，其期间自和解协议约定履行期限的最后一日起重新计算。

6. 执行担保

在执行中，被执行人向人民法院提供担保，并经申请执行人同意的，人民法院可以决定暂缓执行及暂缓执行的期限。这里的担保，可以由被执行人或者他人提供财产担保，也可以由他人提供保证。但担保人应当具有代为履行或者代为承担赔偿责任的能力。他人提供执行保证的，应当向执行法院出具保证书，并将保证书副本送交申请执行人。被执行人或者他人提供财产担保的，应当参照《物权法》《担保法》的有关规定办理相应手续。

人民法院决定暂缓执行的，如果担保是有期限的，暂缓执行的期限应当与担保期限一致，但最长不得超过 1 年。被执行人或者担保人对担保的财产在暂缓执行期间有转移、隐藏、变卖、毁损等行为的，人民法院可以恢复强制执行。

被执行人在人民法院决定暂缓执行的期限届满后仍不履行义务的，人民法院可以直接执行担保财产，或者裁定执行担保人的财产，但执行担保人的财产以担保人应当履行义务部分的财产为限。

7. 被执行主体的变更

在执行过程中，作为被执行人的公民死亡，或作为被执行人的法人或其他组织终止的，被执行人的义务由其他公民、法人或组织履行。被执行主体发生变更的情况主要有以下几种：

（1）作为被执行人的公民死亡，其遗产继承人没有放弃继承的，人民法院可以裁定变更被执行人，由该继承人在遗产的范围内偿还债务。继承人放弃继承的，人民法院可以直接执行被执行人的遗产。

（2）执行中作为被执行人的法人或者其他组织分立、合并的，人民法院可以裁定变更后的法人或者其他组织为被执行人；被注销的，如果依照有关实体法的规定有权利义务承受人的，可以裁定该权利义务承受人为被执行人。

（3）其他组织在执行中不能履行法律文书确定的义务的，人民法院可以裁定执行对该其他组织依法承担义务的法人或者公民个人的财产。

（4）在执行中，作为被执行人的法人或者其他组织名称变更的，人民法院可以裁定变更后的法人或者其他组织为被执行人。

8. 执行回转

执行回转，是指在执行完毕后，据以执行的判决、裁定和其他法律文书确有错误，被人民法院撤销的，对已被执行的财产，人民法院采取措施，使其恢复到执行程序开始前的状态。法律规定由人民法院执行的其他法律文书执行完毕后，该法律文书被有关机关或者组织依法撤销时，经当事人申请，人民法院也应采取措施，使其恢复到执行程序开始前的状态。被执行人履行全部或者部分义务后，又以不知道申请执行时效期间届满为由请求执行回转的，人民法院不予支持。

9. 参与分配

参与分配，是指在执行过程中，因债务人的财产不足以清偿多个债权人的债权，申请执行人以外的其他债权人凭借有效的执行依据加入到已经开始的执行程序中，使具有优先受偿权的债权人的债权得到优先受偿、各个一般债权公平受偿的制度。

对参与被执行人财产的具体分配，应当由首先查封、扣押或冻结的法院主持进行。首先查封、扣押、冻结的法院所采取的执行措施如系为执行财产保全裁定，具体分配应当在该院案件审理终结后进行。债权人申请参与分配的，应当向其原申请执行法院提交参与分配申请书，写明参与分配的理由，并附有执行依据。该执行法院应将参与分配申请书转交给主持分配的法院，并说明执行情况。

参与分配执行中，执行所得价款扣除执行费用，并清偿应当优先受偿的债权后，对于普通债权，原则上按照其占全部申请参与分配债权数额的比例受偿。清偿后的剩余债务，被执行人应当继续清偿。债权人发现被执行人有其他财产的，可以随时请求人民法院执行。

多个债权人对执行财产申请参与分配的，执行法院应当制作财产分配方案，并送达各债权人和被执行人。债权人或者被执行人对分配方案有异议的，应当自收到分配方案之日起15日内向执行法院提出书面异议。债权人或者被执行人对分配方案提出书面异议的，执行法院应当通知未提出异议的债权人、被执行人。

未提出异议的债权人、被执行人自收到通知之日起15日内未提出反对意见的，执行法院依异议人的意见对分配方案审查修正后进行分配；提出反对意见的，应当通知异议人。异议人可以自收到通知之日起15日内，以提出反对意见的债权人、被执行人为被告，向执行法院提起诉讼；异议人逾期未提起诉讼的，执行法院按照原分配方案进行分配。诉讼期间进行分配的，执行法院应当提存与争议债权数额相应的款项。

（三）执行程序启动

执行程序可基于当事人申请执行或审判员移送执行而启动。

1. 申请执行

发生法律效力的民事判决、裁定、调解书和其他应当由人民法院执行的法律文书、对依法设立的仲裁机构的裁决、对公证机关依法赋予强制执行效力的债权文书，当事人必须履行。一方拒绝履行的，对方当事人可以向人民法院申请执行，受申请的人民法院应当执行。

申请执行的期间为2年。申请执行人超过申请执行时效期间向人民法院申请强制执行的，人民法院应予受理。被执行人对申请执行时效期间提出异议，人民法院经审查异议成立的，裁定不予执行。申请执行时效的中止、中断，适用法律有关诉讼时效中止、中断的规定。该期间，从法律文书规定履行期间的最后一日起计算；法律文书规定分期履行的，从规定的每次履行期间的最后一日起计算；法律文书未规定履行期间的，从法律文书生效之日起计算。

在申请执行时效期间的最后 6 个月内，因不可抗力或者其他障碍不能行使请求权的，申请执行时效中止。从中止时效的原因消除之日起，申请执行时效期间继续计算。申请执行时效因申请执行、当事人双方达成和解协议、当事人一方提出履行要求或者同意履行义务而中断。从中断时起，申请执行时效期间重新计算。生效法律文书规定债务人负有不作为义务的，申请执行时效期间从债务人违反不作为义务之日起计算。

人民法院应当在收到申请执行书后 10 日内发出执行通知。

2. 移送执行

移送执行，是指人民法院作出的民事判决、裁定发生法律效力后，一方当事人拒绝履行该判决、裁定确定的义务，负责审理该案件的审判人员直接将案件移送执行机构，由执行人员采取强制措施迫使义务人履行义务，从而实现生效法律文书确定的内容。

依据《民事诉讼法》的相关规定，移送执行只适用于人民法院的判决、裁定，比申请执行的适用范围要小，除了人民法院的判决、裁定以外的调解书及其他应当由人民法院执行的法律文书，只能基于当事人的申请启动执行程序。

仅依据《民事诉讼法》第 236 条的规定，很难判断人民法院可移送执行的适用范围。而依据《最高人民法院关于人民法院执行工作若干问题的规定（试行）》第 19 条第 2 款的规定，移送执行适用于发生法律效力的具有给付赡养费、抚养费、抚育费内容的法律文书、民事制裁决定书，以及刑事附带民事判决、裁定、调解书。

3. 执行措施

执行措施，是指人民法院依照法定程序，强制执行生效法律文书的方法和手段。

依据《民事诉讼法》第 21 章有关执行措施的专章规定、《民事诉讼法司法解释》中有关执行程序的规定及最高人民法院《关于人民法院民事执行中查封、扣押、冻结财产的规定》的相关规定，执行程序中人民法院可以采取的具体的执行措施有：

（1）查询、扣押、冻结、划拨、变价金融财产。需要注意的是，人民法院冻结被执行人的银行存款的期限不得超过 1 年，申请执行人可申请延长期限。

（2）扣留、提取被申请执行人的收入。

（3）查封、扣押、冻结、拍卖、变卖被申请执行人的财产。人民法院在执行中对被申请执行人的财产冻结的,任何单位包括其他人民法院不得重复冻结。依据最高人民法院《关于人民法院民事执行中查封、扣押、冻结财产的规定》第5条,被执行人的下列财产不得查封、扣押、冻结：①被执行人及其所抚养家属生活所必需的衣服、家具、炊具、餐具及其他家庭生活必需的物品；②被执行人及其所抚养家属所必需的生活费用。当地有最低生活保障标准的, 必需的生活费用依照该标准确定；③被执行人及其所抚养家属完成义务教育所必需的物品；④未公开的发明或者未发表的著作；⑤被执行人及其所抚养家属用于身体缺陷所必需的辅助工具、医疗物品；⑥被执行人所得的勋章及其他荣誉表彰的物品；⑦根据《中华人民共和国缔结条约程序法》,以中华人民共和国、中华人民共和国政府或者中华人民共和国政府部门名义同外国、国际组织缔结的条约、协定和其他具有条约、协定性质的文件中规定免于查封、扣押、冻结的财产；⑧法律或者司法解释规定的其他不得查封、扣押、冻结的财产。

查封、扣押动产的期限不得超过2年,查封不动产、冻结其他财产权的期限不得超过3年,申请执行人可申请延长期限。人民法院在执行中需要拍卖被执行人财产的,可以由人民法院自行组织拍卖,也可以交由具备相应资质的拍卖机构拍卖。交拍卖机构拍卖的,人民法院应当对拍卖活动进行监督。人民法院在执行中需要变卖被执行人财产的,可以交有关单位变卖,也可以由人民法院直接变卖。对变卖的财产,人民法院或者其工作人员不得买受。经申请执行人和被执行人同意,且不损害其他债权人合法权益和社会公共利益的,人民法院可以不经拍卖、变卖,直接将被执行人的财产作价交申请执行人抵偿债务。对剩余债务,被执行人应当继续清偿。被执行人的财产无法拍卖或者变卖的,经申请执行人同意,且不损害其他债权人合法权益和社会公共利益的,人民法院可以将该项财产作价后交付申请执行人抵偿债务,或者交付申请执行人管理；申请执行人拒绝接收或者管理的,退回被执行人。拍卖成交或者依法定程序裁定以物抵债的,标的物所有权自拍卖成交裁定或者抵债裁定送达买受人或者接受抵债物的债权人时转移。

（4）搜查被申请执行人的财产。被执行人不履行法律文书确定的义务，并隐匿财产的，人民法院有权发出搜查令，对被执行人及其住所或者财产隐匿地进行搜查。在执行中，被执行人隐匿财产、会计账簿等资料的，人民法院除可依照《民事诉讼法》第 111 条第 1 款第 6 项规定对其处理外，还应责令被执行人交出隐匿的财产、会计账簿等资料。被执行人拒不交出的，人民法院可以采取搜查措施。搜查人员应当按规定着装并出示搜查令和工作证件。搜查应当制作搜查笔录，由搜查人员、被搜查人及其他在场人签名、捺印或者盖章。拒绝签名、捺印或者盖章的，应当记入搜查笔录。

（5）强制交付法律文书指定的财物或者票证。法律文书指定交付的财物或者票证，由执行员传唤双方当事人当面交付，或者由执行员转交，并由被交付人签收。有关单位持有该项财物或者票证的，应当根据人民法院的协助执行通知书转交，并由被交付人签收。有关公民持有该项财物或者票证的，人民法院通知其交出。拒不交出的，强制执行。

（6）强制被申请执行人迁出房屋或退出土地。强制迁出房屋或者强制退出土地，由院长签发公告，责令被执行人在指定期间履行。被执行人逾期不履行的，由执行员强制执行。

强制执行时，被执行人是公民的，应当通知被执行人或者他的成年家属到场；被执行人是法人或者其他组织的，应当通知其法定代表人或者主要负责人到场。拒不到场的，不影响执行。被执行人是公民的，其工作单位或者房屋、土地所在地的基层组织应当派人参加。执行员应当将强制执行情况记入笔录，由在场人签名或者盖章。

强制迁出房屋被搬出的财物，由人民法院派人运至指定处所，交给被执行人。被执行人是公民的，也可以交给他的成年家属。因拒绝接收而造成的损失，由被执行人承担。

（7）强制办理有关财产权证照转移手续。在执行中，需要办理有关财产权证照转移手续的，人民法院可以向有关单位发出协助执行通知书，有关单位必须办理。财产权证照包括房产证、土地证、林权证、专利证书、商标证书、车船执照等。

（8）强制执行法律文书指定的行为。被执行人不履行法律文书指定的行为，且该项行为只能由被执行人完成的，人民法院可以将其比照妨害民事诉讼的行为进行处理。被执行人在人民法院确定的履行期间内仍不履行的，人民法院可以依照《民事诉讼法》第 111 条第 1 款第 6 项规定再次处理。被执行人不履行生效法律文书确定的行为义务，该义务可由他人完成的，人民法院可以选定代履行人。法律、行政法规对履行该行为义务有资格限制的，应当从有资格的人中选定。必要时，可以通过招标的方式确定代履行人。申请执行人可以在符合条件的人中推荐代履行人，也可以申请自己代为履行，是否准许，由人民法院决定。

（9）强制加倍支付迟延履行期间的利息和支付迟延履行金。被执行人未按判决、裁定和其他法律文书指定的期间履行非金钱给付义务的，无论是否已给申请执行人造成损失，都应当支付迟延履行金。已经造成损失的，双倍补偿申请执行人已经受到的损失；没有造成损失的，迟延履行金可以由人民法院根据具体案件情况决定。被执行人迟延履行的，迟延履行期间的利息或者迟延履行金自判决、裁定和其他法律文书指定的履行期间届满之日起计算。

（10）根据申请执行人的申请继续执行。继续执行通常在下列情形下发生：第一种情形是，被申请执行人暂无履行能力；第二种情形是，被申请执行人转移、隐匿财产、抽逃资金或者外出躲债，当申请执行人发现被申请执行人的财产后，可以申请继续执行。债权人请求人民法院继续执行的，不受《民事诉讼法》第 239 条有关申请执行时效期间的限制。

（11）对被执行人予以处罚，将其纳入失信被执行人名单，向有关机构通报被执行人的失信行为，限制其出境等。依据《民事诉讼法司法解释》第 518 条的规定，被执行人不履行法律文书确定的义务的，人民法院除对被执行人予以处罚外，还可以根据情节将其纳入失信被执行人名单，将被执行人不履行或者不完全履行义务的信息向其所在单位、征信机构以及其他相关机构通报。

4. 执行中止和执行终结

（1）执行中止

执行中止，是指在执行过程中，发生法律所规定的特殊情况而暂时停止执行程序，待这些情况消失后，再继续恢复执行程序的制度。

依据《民事诉讼法》第 256 条的规定，有下列情形之一的，人民法院应当裁定中止执行：

①申请人表示可以延期执行的；

②案外人对执行标的提出确有理由的异议的；

③作为一方当事人的公民死亡，需要等待继承人继承权利或者承担义务的；

④作为一方当事人的法人或者其他组织终止，尚未确定权利义务承受人的；

⑤人民法院认为应当中止执行的其他情形。

中止执行的裁定，送达当事人后立即生效。中止的情形消失后，恢复执行。

（2）执行终结

执行终结，是指在执行过程中，由于发生法律规定的特殊情况，执行程序无法继续或没有继续的必要，从而结束执行程序的制度。

依据《民事诉讼法》第257条的规定，有下列情形之一的，人民法院裁定终结执行：

①申请人撤销申请的；

②据以执行的法律文书被撤销的；

③作为被执行人的公民死亡，无遗产可供执行，又无义务承担人的；

④追索赡养费、抚养费、抚育费案件的权利人死亡的；

⑤作为被执行人的公民因生活困难无力偿还借款，无收入来源，又丧失劳动能力的；

⑥人民法院认为应当终结执行的其他情形。

终结执行的裁定，送达当事人后立即生效。

因撤销申请而终结执行后，当事人在申请执行时效期间内再次申请执行的，人民法院应当受理。在执行终结6个月内，被执行人或者其他人对已执行的标的有妨害行为的，人民法院可以依申请排除妨害，并可以依照《民事诉讼法》第111条规定进行处罚。因妨害行为给执行债权人或者其他人造成损失的，受害人可以另行起诉。

（撰稿人：湖南大学法学院助理教授　朴成姬）

第二篇　经典案例分析

郭某某、夏某某诉长沙某某机械股份有限公司生命权纠纷案

——看"过劳死"案中公平责任原则的具体运用

【裁判摘要】

"过劳死"仅是一个俗称，没有医学上的明确定义，我国立法对劳动者"过劳死"的保护还处于空白阶段，基于医学、法律上均无清晰界定，在处理本类型案件中，往往需要适用"公平责任"原则，依据《中华人民共和国民法通则》第一百三十二条规定："当事人对造成损害都没有过错的，可以根据实际情况，由当事人分担民事责任，给予原告适当的补偿。"

【案件索引】

一审：湖南省长沙市岳麓区人民法院（2013）岳民初字第 03090 号。

一、基本案情

原告：郭某某、夏某某

被告：长沙某某机械股份有限公司

原告郭某某、夏某某诉称：2006 年 6 月，原告之子郭小某（受害者）从湖南大学软件学院本科毕业后，直到 2012 年 9 月 24 日去世，六年多来一直在被告公司的自控部从事软件设计、安装调试和售后服务等高强度、高压力的工作。郭小某与被告公司订立的劳动合同约定：郭小某实行标准工时制，每天工作时间不超过 8 小时（每周不超过 40 小时），但实际上，由于工作量繁重，被

告公司经常要求郭小某加班、出差。特别是在 2012 年 6 月上旬至 9 月上旬，郭小某连续出差近 3 个月（累计 78 天）。长期的工作压力和超负荷的工作导致郭小某过度疲劳、身体受损。2012 年 9 月 24 日郭小某白天在公司工作时已经感到身体不济，下班回家于晚上约 8 点多钟在家中猝死。原告发现时，马上请医院收治，但医院未肯接收，所以，原告将儿子身故申报工伤的打算，因缺乏就医资料而落空。原告认为，过劳死员工的用工单位应当给作为丧独父母的原告以经济补偿。他在 2006 年到被告工作后，几乎都没有休过病假，每年的体检报告都显示正常，我们根本无法接受他突然离开我们，只是在最近，我们在回忆往事、整理遗物、咨询医生和在网上查阅大量类似过劳死的案例之后，我们才意识到他的死与他的工作性质有关。儿子是我们的独生子，他在 2006 年到被告工作，也是他此生唯一的工作，那时的长泰还只有 50 多人，产值几千万，儿子所在自动控制网络部也只有 3 个人，儿子也算是元老级员工了，近年来，长泰公司的业务得到了巨大的发展，公司员工增加到几百人，产值到了几个亿，与此同时，儿子的工作负荷也增加了很多，儿子作为一个老员工，担负着比一般员工要多的非常繁重的工作，虽然他与被告签订的劳动合同是 8 小时、一星期 5 天的工作制，实际上在公司要求下，在异地客户的需求下，其工作是没有时间限制的，很长一段时间来，无论是深更半夜还是星期天，我们经常看到儿子在家里为公司的客户加班工作，解决问题。对一个曾经为公司创造过很大利益的老员工，对一个严格遵守国家法律按时上下班的公司，对于一个不能保证休息权的工作，怎么可以只根据一个一、二十年前制定的政策条例发放 2000 多元一个月的 4 个月的丧葬补贴和 5000 元的补助。原告曾委托律师找被告协商经济补偿事宜，但未果，所以特诉至法院请求判令：被告向原告赔偿损失 476380 元（其中：死亡赔偿金 426380 元、精神抚慰金 5 万元）。

被告辩称：出差只是工作环境的变更，公司给予的出差伙食补助比较高，且出差的对口单位提供的工作、生活环境还是比较优异的，并不能把出差理所当然地等同于吃苦。郭小某是一个表现不错的员工，公司也肯定这一点，但是原告提供的证据并不能证明公司侵害了郭小某生命权。郭小某猝死的九月份只出差了两天，其余的时间都是正常的工作、休息，公司并未让郭小某超负荷工作。原告诉被告侵犯生命权没有事实依据。原告之子郭小某（死者，原系被告单位员工）2012 年 9 月 24 日晚，在家洗浴时，在洗浴间内不幸意外去世。关于死者死亡的原因，由于死者家属没有做鉴定，同时也拒绝保险公司的尸检要求，但近一年后，死者家属以死者在被告处工作时过度劳累为由，向被告提起侵犯生命之诉，显然没有事实依据。死者在被告处从事的网络设计、调试工作，从工作性质来说，不属于高危、重体力的工作。关于出差，死者在被告处工作时，因工作需要有时会到客户的工作场所进行设备的网络调度工作，属于正常的履行工作职责，且只是单纯的劳动场所的变化，相比在公司上班更自由，由于系统编程工作在公司已经完成，去现场主要是做好网络工作的配合、衔接，因此，出差工作比在公司上班也更轻松，公司对于员工出差补贴标准较高，有些员工，更愿意出差工作，原告以员工需要出差工作为由，指责被告加重员工工作量，从事实上还是逻辑上都站不住脚。从死者 2012 年 9 月份的考勤记录可以看出，整个 9 月份，死者也只在 9 月 10 日、11 日这两天出差，其他时间都在公司正常上班，且没有任何加班，周末正常双休，9 月 24 日死者死亡当天（周一）是正常上下班，而死亡前两天是双休日，死者也是正常双休的，因此，原告诉称死者因出差导致劳累不符合事实。原告提交一份 QQ 聊天记录，说明死者工作繁重，更让人觉得不可理解，对于死者生前在家缘何玩电脑、聊 QQ，被告无权过问，在原告提交的这份死者从 2012 年 2 月份至 9 月份的 QQ 聊天记录里，总共只有十段话聊到了工作，原告以此说明在家聊 QQ 时偶尔与同事聊到工作就叫增加工作量，显然是不符合逻辑的，被告认为，QQ 聊天时偶尔聊到工作与劳动量繁重之间并无关联关系，与被告是否侵权更无关联性。原告诉请被告赔偿死亡金、精神抚慰金没有依据，不应得到法律的支持。被告在死者死亡事件上，不存在任何过错，也没有实施任何侵权行为，死者生前为被告公司员工，对死者的意外去世被告亦深感痛惜，得知死者去世后，被告对其家属表达了深切的慰问，公司工会代表公司送去 5000 元慰问金，并积极办理死者殡葬事宜，承担殡葬费用 28673 元，公司动用所有车辆、动员全体员工为死者送灵，事后，公司根据企业职工非因工死亡的相关法规、规章，按国家规定标准向死者家属垫付丧葬补助费 11840 元。死者家属向被告全体出席代表表达了感激之情，事后又送感谢信贴于被告办公区域。被告是一家合法成立、守法经营的国有企业，被告的经营管理活动符合国家法律、法规，不存在侵犯员工生命权的事实。综上所述，原告诉被告侵权损害赔偿没有事实及法律依据，请求驳回原告诉讼请求，维护当事人合法权益。

法院经审理查明：郭小某系两原告的独生子，出生于 1984 年 3 月 11 日，2006 年 6 月毕业于湖南大学软件学院，2006 年 7 月份到被告处工作，主要从事软件设计应用、现场设备安装调试和售后服务工作。因需要到客户的工作场所进行设备安装调试工作，郭小某常到客户所在地出差。另因负责相关项目的售后服务工作，当客户遇到相关问题时，郭小某亦需要随时提出解决办法。2012 年 9 月 24 日晚上 8 时许，郭小某在其家中猝死，死亡原因不明。郭小某去世后，被告积极协助两原告办理丧葬事宜，并组织公司员工吊唁，支付殡葬费用 28673 元、慰问金 5000 元、丧葬补助费 11840 元共计 45513 元。另查明被告为员工购买了泰康团体意外伤害保险，郭小某去世后，因死亡原因不明，保险公司未予理赔。被告于 1999 年 8 月 10 日成立，注册资本为 5600 万元，系国有企业。就被告赔偿损失一事，两原告与被告多次协商未果，遂诉至法院。

二、法院认定及判决结果

法院生效裁判认为：一、关于郭小某是否系过劳猝死的问题。原告诉称其儿子郭小某因工作繁重、强度大，被告经常要求郭小某出差、加班、高负荷工作，致使郭小某身体不断透支和损伤，最终使郭小某过劳猝死。被告辩称郭小某经常出差属于正常履行工作职责，郭小某从事网络设计、调试工作，不属于高危、重体力的工作，被告也没有经常要求郭小某加班，郭小某死后亦未做尸检，认定郭小某过劳猝死没有事实依据。本案中，死者郭小某经常出差及临时性加班是事实，但郭小某在家中猝死后，并未对其死亡原因进行法医鉴定，具体死亡原因不明，现无充分证据证明郭小某死于工作过度劳累，故对原告的该主张本院不予支持。二、关于被告是否构成侵权的问题。郭小某下班后在其家中猝死，原告无证据证明郭小某死亡与其工作有直接的因果关系及被告存在过错，原告诉称被告构成侵权及要求被告赔偿损失 476380 元，缺乏事实及法律依据，本院不予支持。但死者郭小某于 2006 年 7 月份到被告处工作直至 2012 年 9 月 24 日止，长达六年多时间，系被告长沙某某机械股份有限公司的一名老员工，亦为被告所认可的一名优秀员工，死者郭小某在被告长沙某某机械股份有限公司工作的这些年中，被告长沙某某机械股份有限公司不断发展壮大，死者郭小某付出了劳动和汗水，做出了自己应有贡献。被告长沙某某机械股份有限公司作为一国有企业，其本身兼备营利性与公益性的特点，需要承担比一般公司企业更多的社会责任。虽然被告对于郭小某突然死亡不具有过错，但综合考虑郭小某突然死亡对两原告带来的巨大伤害、郭小某为被告做出的贡献及被告应当承担的社会责任等因素，本院酌情责令被告长沙某某机械股份有限公司给予原告适当的补偿。考虑到被告已向原告支付慰问金等款项，本院酌情核定被告另行补偿原告 40000 元。

湖南省长沙市岳麓区人民法院于 2014 年 6 月 24 日作出（2013）岳民初字第 03090 号民事判决：一、被告长沙某某机械股份有限公司自本判决生效后七日内支付原告郭某某、夏某某补偿款 40000 元。二、驳回原告郭某某、夏某某的其他诉讼请求。宣判后，原、被告皆未提起上诉，被告已将 4 万元款项支付给了原告。

【法官评析】

该案例涉"过劳死""失独老人"等法律疑难问题。"过劳死"仅是一个俗称，这个说法既没有医学上的明确定义，也没有法律上的清晰界定。在医学上并没有一种直接称"过劳"的病症，"过劳"是一个长期积累而对身体造成损伤的慢性过程，如何证明这种积累的过程是由工作而非自身体质、遗传、其他隐性病因等因素而引起的，以此来确定劳动者的死亡结果与过度工作之间存在着唯一性的因果关系，有很大的争议。同时，我国法律对"过劳死"也没有明确的规定，对员工在劳动中发生的死亡和伤害，依法由企业承担责任的只有工伤和职业病两种，均纳入工伤保险的保护范畴，对于发生在工作时间或工作岗位之外不能纳入"工伤"范围的"过劳死"未有明确的法律规定。基于以上两点，"过劳死"陷入维权的难局，也给法院处理该类型的案件带来了难题。同时本案中两原告为"失独老人"，独生子的突然离世使两原告经历了精神和心理的双重打击，失去孩子的伤心、绝望、愧疚等负面情绪缠绕着失独父母，情感遭受到了无比煎熬，失去独生子女后，一个家庭的经济、精神、情感支柱和依托轰然倒塌，老人精神上受到重创、经济上失去靠山、身体上失去帮扶，不仅面临生活困境和窘境，也将失去精神寄托，这些都让他们无助、失态甚至失常，"失独老人"成为我国当前特殊弱势群体，需要国家、社会更多的帮扶和救助。在本案中，无充分证据证明郭小某死于工作过度劳累，原告无证据证明郭小某死亡与其工作有直接的因果关系及被告存在过错，原告诉称被告构成侵权及要求被告赔偿损失缺乏事实及法律依据，不能得到法院的支持，故本案难以依据过错责任原则或无过错责任原则及一般法律规定作出裁判。但本案中两位"失独老人"提供了其儿子QQ聊天记录、笔记本记录等证据证明死者存在工作任务重、工作劳累等"过劳"情况，故两原告起诉被告并非无任何的事实依据，公平责任原则作为一种责任分配原则，其责任分配的依据既不是行为，也不是特定事故原因，而是一种抽象的价值理念——公平，法院遂依据公平责任原则并结合原被告双方的具体情况作出以上判决，原、被告双方收到判决书后皆未上诉上访且已实际履行，取得了较好的法律效果和社会效果。

（评析人：湖南省长沙市岳麓区人民法院民二庭副庭长 陈志胜）

【学者评析】

本案主要涉及三个关键问题，一是本案原告的诉讼请求的性质到底是什么？二是原告的诉讼请求能否得到认可？三是在本案中如何协调与平衡程序正义与实质正义之间的关系？

一、本案原告的诉讼请求的性质

一般情形下，职工因工死亡时，作为其近亲属既可以选择基于职工因工死亡的事实，行使法律所规定的一些费用请求权，也可以选择主张对方侵权而行使侵权损害赔偿请求权。从本案原告的起诉内容来看，原告的诉讼请求并不明确，起初他们有过将儿子身故申报工伤的想法，但是，根据《工伤保险条例》第十八条的规定，工伤职工的近亲属向有关部门提出工伤认定申请时需要提交的材料里包括医疗诊断证明或者职业病诊断证明书（或者职业病诊断鉴定书），本案原告因缺乏此项材料而不得不放弃申请工伤认定。

在认为申请工伤认定无望的前提下，原告主张其子（以下统称为"受害人"）的死是由被告单位的侵权行为而导致的，并要求被告承担侵权损害赔偿责任。其判断依据在于原告诉请法院判令的内容，即原告请求被告向自己赔偿损失 476380 元，其中包括死亡赔偿金 426380 元、精神抚慰金 5 万元，而依据《工伤保险条例》第三十九条的规定，有关近亲属可领取资金的项目里并不包含死亡赔偿金和精神抚慰金，死亡赔偿金和精神抚慰金均是基于侵权行为而产生的请求权。《最高人民法院关于确定民事侵权精神损害赔偿责任若干问题的解释》（以下简称《解释》）第三条列举了近亲属遭受精神痛苦时，可向人民法院起诉请求赔偿精神损害的几种侵权行为。此外，依据《解释》第七条的规定，自然人因侵权行为致死，其父母有权向人民法院起诉请求赔偿精神损害。也就是说，不是在任何情况下近亲属都有权请求赔偿精神损害，精神损害赔偿权只在权益受到非法侵害时才会产生并得到支持。因此，可以认定本案原告的诉讼请求是基于侵权行为的损害赔偿请求权。

二、原告的诉讼请求能否得到认可

如前所述，本案原告向人民法院提出了基于侵权行为的损害赔偿请求权。原告的诉讼请求若想得到人民法院的认可，该请求必须符合法律规定的全部条件才可以。

依据《侵权责任法》的有关规定，侵权行为的构成要件分为一般侵权行为的构成要件和特殊侵权行为的构成要件，本案受害人生前所从事的并非高度危险作业，因此假设被告人的侵权事实成立的话，其侵权行为并不属于侵权行为法中所规定的特殊侵权行为，而是属于一般侵权行为。因此，原告只要证明被告的行为符合一般侵权行为的构成要件即可获得法院的认可。依据《侵权责任法》的相关规定，一般侵权责任的构成要件包括：行为、过错、损害事实和因果关系四个构成要件。

从原告的起诉内容来看，原告认为，受害人的死是由被告违反其与受害人之间所签订的劳动合同的约定，不顾受害人的身体安危为受害人安排了过于繁重的工作才导致的，并提供了一些相关证据。然而，在本案中，原告提供的有效证据仅仅是一份QQ聊天记录，很难据此认定被告确有过错。并且，被告在答辩时提交了考勤记录等证据，以此否定了原告的主张，并证明自己对受害人的死并无过错。在受害人的死亡与其工作有直接的关系及被告存在过错这两者均无证据或没有充分的证据证明的前提下，原告的主张是无法得到法院的支持的。本案中，原告选择了通过证明被告的行为构成侵权的方式获得损害赔偿，但并未得到所期待的效果，其原因可归结为支撑其主张的证据不够充分。当然也有一种可能是受害人的死与被告之间确实不存在任何关系，因没有医院的医疗诊断证明和尸检结果，我们无从判断。

如前所述，基于职工因工死亡的事实，该职工的近亲属可以选择依据《工伤保险条例》获得经济补偿，但本案原告因一些原因没有选择这个救济途径，而是选择了更为复杂的请求侵权损害赔偿的途径。如果选择了前者，原告就无须举证证明被告的过错；而如果选择了后者，原告不但需要证明被告存在过错，还得证明受害人的死亡与其工作存在因果关系。暂且不论最后能够获得的补偿金或赔偿金到底哪一个会更高，作为原告，如果是以通过诉讼获得一定补偿作为其目标的话，对于他们来说实现这个目的的方法越简单越好。在前一个救济途径明显比后一个救济途径方便快捷的情形下，因缺乏《工伤保险条例》所要求的材料，原告不得已选择了后一个救济途径，其结果是因证据不足其主张未能得到法院的认可。作者认为，这个结果在受害人的死亡与被告之间确实没有任何关系时是没有任何问题的，但是，当事实的真相为受害人的死亡与其生前所从事的过于繁重的工作之间具有密切联系时，法院给出的这个结果，不仅是对于执著地主张"受害人是因工作过度劳累才死亡"的原告的一种伤害，也是对社会公平正义的无情践踏。

问题在于我国现行法律法规中尚无"过劳死"这一法律概念，也没有对"过劳死"的认定标准、认定程序等作出相应规定。依据《工伤保险条例》第14

条的规定，应当认定为工伤的情形包括：（1）在工作时间和工作场所内，因工作原因受到事故伤害的；（2）工作时间前后在工作场所内，从事与工作有关的预备性或者收尾性工作受到事故伤害的；（3）在工作时间和工作场所内，因履行工作职责受到暴力等意外伤害的；（4）患职业病的；（5）因工外出期间，由于工作原因受到伤害或者发生事故下落不明的；（6）在上下班途中，受到非本人主要责任的交通事故或者城市轨道交通、客运轮渡、火车事故伤害的；（7）法律、行政法规规定应当认定为工伤的其他情形。本案受害人死亡的事实，并不符合上述（1）、（2）、（3）、（5）、（6）情形，又因 2013 年 12 月 23 日国家卫生计生委、人力资源社会保障部、安全监督总局、全国总工会发布的《职业病分类和目录》中并不包含"过劳死"，所以也不符合（4）的情形。唯一能够为"过劳死"提供一定程度法律支持的是《工伤保险条例》第十五条的规定："职工在工作时间和工作岗位，突发疾病死亡或者在 48 小时之内经抢救无效死亡的，视同工伤。"虽然这里包括了劳动者在工作时间和工作岗位突发疾病死亡以及"在 48 小时之内经抢救无效死亡"的情形，但由于"过劳死"是疲劳蓄积导致，劳动者突发疾病时未必在工作过程中或工作岗位上。因此，在我国，"过劳死"如果没有发生在工作时间和工作岗位的话，很难得到工伤保险的救济。由于法律的缺失，遭遇"过劳死"的员工遗属难以得到公平的补偿。[1] 本案的情形很有可能属于其中一例。假设我国法律中已经对"过劳死"问题作出了详细规定，本案原告就不一定会选择基于侵权行为的损害赔偿请求权，而是会选择基于"过劳死"的工伤保险的救济。而"过劳死"并不是一个陌生的概念，在日本，对于"过劳死"问题的研究与立法已经相当成熟，早在 20 世纪 80 年代，日本已将"过劳死"认定为工伤事故，之后经过不断探索与努力，目前在"过劳死"的认定标准、认定程序、补偿和赔偿机制等方面的立法已经相当完备。鉴于日本社会过劳自杀死亡人数快速飙升，日本政府于 2014 年 6 月正式通过了《过劳死等防止对策推进法》，该法于同年 11 月 1 日起实施。该法将过劳死上升为国家责任这一点尤为值得关注。日本过劳死工伤认定立法的路径是：先有来自民间团体、社会力量（特别是劳动者、律师和医生团体）的密切关注和不断施压，

---

[1] 姜俊禄，王世玉."过劳死"算职业病吗？[DB/OL]. 中国社会科学网，2015-6-10.

后由政府进行干预，最后进入立法程序，并总结经验不断修改完善。[1]随着我国经济的快速发展，职工的工作压力越来越大，一些劳动者不得不长期高强度、长时间超负荷工作，以至于"过劳死"现象不断发生。可以确定的是，如果继续对这种现象不予重视和规制，使其不断蔓延的话，将会导致非常恶劣的后果，最终会不利于社会的健康有序发展。建议我国抓紧这方面的立法，让"过劳死"现象得到有效的控制，让"过劳死"的职工及其家属获得应有的补偿，从而防止企业无限制地压榨员工的现象发生，净化和改善整个社会的劳动环境。劳动者只有在拥有愉快的心情、健康的身体时，才会更加有效地进行劳动，才能为社会带来更大的效益，这也正是我们所追求的可持续发展的道路。

三、程序正义与实质正义

本案中，原告主张的被告侵权的事实，因证据不足而没能够得到法院的支持。但在原告的诉讼请求不成立的情况下，人民法院还是判令"被告长沙某某机械股份有限公司自本判决生效后七日内支付原告郭某某、夏某某补偿款40000元"。可以说，审理本案的人民法院很好地解决了程序正义与实质正义之间不协调的问题。社会正义的实现对于社会的稳定和发展有着十分重要的意义。对于什么是真正的正义、如何实现社会正义，学术界至今存在两种争论不休的观点：程序正义观和实质正义观。[2]近年来，程序正义得到了司法和学术界更多的重视。虽然现阶段还不具备正义价值取向转型的基础，但可以预见，随着法治进程的不断深入，程序正义与实质正义结合的模式将会有更合理的变化：以程序正义为主要价值取向，并重实质正义，用实质正义来充分保障当事人的各项权利，避免冤案的发生；由实质正义除恶扬善，最终走向追求的正义。[3]

本案中，受害人是原告的独生子，受害人的突然离世，对原告来说无疑是巨大的伤害和损失。虽然原告的基于侵权行为的损害赔偿请求权最终没能够得

---

[1] 郭晓宏.日本"过劳死"工伤认定的立法及启示[J].中国人力资源开发，2014（19）：111.

[2] 李欢.浅谈程序正义与实质正义[J].湖北函授大学学报，2014（14）.

[3] 杨新亮.再论程序正义和实质正义——由刘涌案和辛普森案引发的思考[J].中南民族大学学报（人文社会科学版），2005（S1）.

到法院的支持，但假设我国已经有关于"过劳死"的详细规定，且经过认定认为受害人确属"过劳死"情形的，此案件的判决结果可能会完全不同。审理本案的法官也充分考虑到了这一点，认为原告应当得到一定的补偿，也只有这样才符合社会正义。在这种思路之下，法官在以下两个方面作出了努力：首先，采用《中华人民共和国民法通则》第一百三十二条所规定的公平责任原则，让无过错的被告承担一定的责任，使原告的损失得到了一定的补偿；其次，运用《公司法》中的企业的社会责任原理，使作为国有企业的本案被告承担了相应的社会责任。公司的社会责任从广义角度讲，是指公司应对股东这一利益群体以外的与公司发生各种联系的其他相关利益群体和政府代表的公共利益负有的一定责任，即维护公司债权人、雇员、供应商、用户、消费者、当地住民的利益以及政府代表的税收利益、环保利益等。[1] 具体到本案，是企业对作为雇员的受害人应负的一种责任。然而，本案被告不是一般的企业，是一国有企业，国有企业作为共和国的"长子"应当自觉地履行社会责任，这是推进社会主义物质文明和精神文明建设的必然要求。[2] 相信本案法官也是考虑到了这一点，才让作为国有企业的被告承担比一般公司企业更多的社会责任，对此表示认同。

在目前我国有关"过劳死"的法律规定接近于"无"的情况下，法官在严格遵循《民事诉讼法》的以事实为根据，以法律为准绳的基本原则的同时，并没有放弃对实质正义的追求，充分地运用可以运用的所有相关法律规定，来弥补因法律规定的缺失所带来的不足，尽最大努力使案件的判决结果符合社会正义，这种审判的精神是值得肯定的。

（评析人：湖南大学法学院助理教授 朴成姬）

---

[1] 朱慈蕴. 公司法人格否认法理与公司的社会责任法学研究 [J].1998（5）.

[2] 齐新春. 国有企业社会责任提升机制研究 [J]. 理论探讨，2013（2）.

长沙某某混凝土有限公司诉杨某某合同纠纷案

——车辆挂靠经营合同免责约定的效力认定及解释

【裁判摘要】

车辆挂靠经营合同中关于发生交通事故、被挂靠单位不承担任何责任的约定，对挂靠经营合同签订主体而言具有法律效力。对被挂靠单位不承担责任的约定应根据相关法律规定和日常生活经验法则作出恰当、合理的解释，以达成实际车主与被挂靠单位之间的利益均衡。

【案件索引】

一审：湖南省长沙市岳麓区人民法院（2014）月民初字第 01183 号（2014年 5 月 7 日）。

二审：湖南省长沙市中级人民法院（2014）长中民二终字第 05527 号（2014年 12 月 4 日）。

一、基本案情

原告长沙某某混凝土有限公司诉称：原、被告双方签订了《混凝土搅拌车运输承包合同》，被告湘 A41525 搅拌车在合同履行期间出现交通事故，责任认定被告赔偿受害人人民币 1847951 元。当时被告无力全额给付该笔款项，未妥善处理该损害赔偿事宜，应被告请求，原告代被告将赔偿款 1847951 元全额垫付给受害人，截至 2013 年 12 月 31 日，被告只向原告偿还垫付款 825839.91元，尚欠原告垫付款 1022111.09 元。原告多次派人催缴该笔垫付款，被告均以种种理由推诿，被告的行为已经损害了原告的合法权益，故诉诸法院，请求依法判令被告支付垫付款 1022111.09 元；诉讼费用由被告承担。

被告杨某某辩称：第一，原、被告之间产生债务的缘由不是合同纠纷，而是交通事故的赔偿事由，原、被告之间的债务已经清偿完毕。交通事故发生后，刘某某、杨某某和原告三方与死者家属达成了道路交通事故损害赔偿协议书，一次性支付死亡赔偿金等共计210万元，虽然该协议原告未签名，但长沙县交警大队出具说明，是在征得原告代表口头同意后将五方死者赔偿额度谈妥。在签订协议时，只有死者家属签名，被告杨某某是事后补签名。因该赔偿资金均系原告公司提供，交警队要求其现场签名，原告公司代表称将协议带回公司后再签。可见，原告公司同意了上述赔偿协议并支付赔偿款。由于上述赔偿协议没有就责任各方写明具体的责任分担，被告主张责任应当由三方均摊。本案中即使按照原告的认可，被告已经赔偿了825839.91元。被告已经履行了全部赔偿责任。第二，被告所有的湘A41525车辆与被答辩人为挂靠关系。首先，事故发生时当事司机刘某某虽驾驶被告湘A41525车辆，但实质上是与原告存在事实上的雇佣关系。刘某某是被告受原告委托物色的，工资也由原告支付。其次，原告与被告之间为挂靠关系，原、被告在运输承包合同中约定，原告全年向被告收取车辆管理费6000元。故原告应当承担一定的赔偿责任。第三，事故赔偿应适用道路交通事故损害赔偿协议书，由于此次事故为特大交通事故，事故赔偿问题的解决是在长沙县人民政府及有关部门的积极调解下进行的，应以当时签订的代表各方真实意思表示的协议书为准，不适用原、被告运输承包合同有关交通事故责任承担的条款。

法院经审理查明：2011年12月30日21时00分许，刘某某驾驶湘A41525重型专项作业车沿长沙县开元路由西向东行驶至东七线路口时，遇周某某驾驶悬挂湘A26289蓝色号牌小型轿车（车主周某）搭乘王某某、柳某某、章某某、饶某某沿东七线由北向南行驶该路口。因周某某未让右方来车先行，刘某某驾驶湘A41525重型专项作业车向路口南口避让时，与悬挂湘A26298蓝色号牌小汽车发生碰撞后侧翻，两车又与由南向北行驶该路口的彭某某驾驶的湘AZ3121重型自卸货车相撞。同时，湘A41525重型专项作业车左侧压在湘A26289小型轿车上，造成该小车上周某某、王某某、柳某某、章某某、饶某某等五人当场死亡、刘某某受伤，三车受损的特大交通事故。经长沙县公安局交通警察大队（长公交认字[2011]第00169号道路交通事故认定书）责任认定：

刘某某、周某某承担事故的同等责任，彭某某、王某某、柳某某、章某某、饶某某不承担事故责任。事故发生后，长沙县公安局交警大队约谈某某公司，要求其一次性支付 200 万元现金到该局账户用于赔偿死者。因死者人数较多，家属要求高，按照特大交通事故处理原则，长沙县公安局交警大队适用单方调解。在征得上级机关同意后，经政府和交警大队积极协调，征得某某公司代表口头同意后将五方死者赔偿额度谈妥共计 210 万元，在签订协议时，仅有死者家属在协议上签名。事后，车主杨某某在协议中补签名。湘 A41525 驾驶员刘某某因伤住院未能在协议上签名，因该笔资金均系某某公司提供，要求其现场签名，公司代表称将协议带回公司后再签，故该队案卷协议中某某公司代表未签字。

另查，原、被告于 2011 年 5 月 23 日签订混凝土搅拌车运输承包合同。合同就运输期限（2011 年 5 月 23 日至 2012 年 5 月 22 日止）、运输价格、结算方式等均作了约定。其中合同第六条第 5 项约定，原告全年向被告收取车辆管理费用 6000 元，在每月运费结算时按月均 500 元扣除；第六条第 7 项约定，如出现交通事故及其他事故，原告协助被告处理，费用由被告自负，原告不承担任何责任。第七条第 1、2 项约定，被告驾驶员必须严格遵守甲方的一切规章制度和行为规范，凡违反原告规章制度和行为规范的行为，原告将依照有关规定进行考核或罚款，特别严重的将予以辞退。被告驾驶员必须服从原告领导的统一安排，无条件听从调度指挥。

又查，湘 A41525 重型专项作业车的车主为被告杨某某，车身有原告公司名称标识。刘某某系被告物色、派往原告公司的司机，工资在原告公司发放。到目前为止，原告公司已从被告在该公司的运输费用中扣除了 82.583991 万元作为赔偿款。

二、一审法院认定及判决结果

法院生效判决认为：首先，应对原、被告签订的混凝土搅拌运输车承包合同的效力作出判定，这是本案判决论证的逻辑前提。原、被告于 2011 年 5 月 23 日签订混凝土搅拌车运输承包合同，该合同内容并不违反法律、行政法规的强制性、效力性规定，亦不符合合同无效的其他法定情形，故对合同签订双方具有约束力。因此，本案应根据原、被告签订的混凝土搅拌车运输承包合同有关约定来确定发生交通事故或其他事故后双方应该承担的责任。该合同第六条第 7 项约定："如出现交通事故及其他事故，原告协助被告处理，费用由被告自负，原告不承担任何责任。"

其次，要根据相关法律规定和公平、公正原则，运用合同解释的基本原理和日常生活经验法则，对上述合同约定的第六条第 7 项进行合法、合情、合理的解释，明确其内涵和构成要件。从本案合同第六条第 7 项的约定来看，至少包括但不局限以下几个方面：第一，如果发生交通事故，依法应由原、被告应承担的赔偿责任由被告自愿承担，原告不承担责任，但不包括事故其他责任人的责任。第二，该约定中的费用，也就是赔偿款项应当是依照法律规定的标准计算得出或被告自愿承诺支付的。第三，该约定中的"协助被告处理"，也就是说在事故赔偿中，被告处于支配地位，原告只是协助，对于赔偿款项的数额应由被告决定或者司法机关依法判定。综上，只有至少满足上述条件，发生事故后的赔偿款才可以依约定要求被告杨某某承担。

再次，将本案查明的事实归入混凝土搅拌车运输承办合同第六条第 7 项，检验是否与该约定吻合。第一，根据审理查明的事实，事故发生后，长沙县公安局交警大队约谈被告，且在征得被告公司代表口头同意后将五方死者（包括另一肇事司机周某某）赔偿额度谈妥共计 210 万元。也就是说，该赔偿款项是经原告公司代表口头同意确定，不是被告杨某某同意确定的；且该赔偿款也不是依法定的标准和责任承担份额确定应由被告承担的赔偿金额。第二，根据长沙县公安局交通警察大队（长公交认字 [2011] 第 00169 号道路交通事故认定书）责任认定：刘某某、周某某承担事故的同等责任。也就是说，在一般情况下，上述协商确定的赔偿金额应由周某某负担一半。显然，原告将本应由周某某的承担的责任部分也一并支付。综上，原告诉请被告支付其"垫付"的所有赔偿款项不满足原、被告之间签订的混凝土搅拌车运输承包合同第六条第 7 项约定。

此外，根据查明的事实，本案是因死者人数较多，家属要求高，按照特大交通事故处理原则，长沙县公安局交警大队适用单方调解。在征得上级机关同意后，经政府和交警大队积极协调，并征得被告公司代表口头同意后，达成的赔偿协议。该协议一方为刘某某、被告杨某某及原告某某公司，另一方为死者家属代表。在签订协议时，仅有死者家属在协议上签名，车主杨某某也是事后在协议中补签名，该签名应当视为其认可由三个赔偿主体来共同赔偿协议确定的赔偿款项。原告某某公司尽管未在协议上签名，但其口头同意了赔偿金额并全部支付，亦承诺将协议带回公司后再签，故某某公司赔偿的意思表示是明确、真实、有效的。故本案的赔偿实质上是针对特大交通事故采取的特定的赔偿方式，原告某某公司、被告杨某某及刘某某以协议的形式自愿共同赔偿死者家属相应的赔偿款项，该款项应由三人共同承担。因此，原告要求被告一人承担全部赔偿款无法律上和合同上依据，依法不予支持。

湖南省长沙市岳麓区人民法院于 2014 年 5 月 7 日作出（2014）岳民初字第 01183 号民事判决：驳回原告长沙某某混凝土有限公司的诉讼请求。宣判后，长沙某某混凝土有限公司向湖南省长沙市中级人民法院提起上诉。

三、二审法院认定及判决结果

长沙市中级人民法院于 2014 年 12 月 4 日以同样的事实作出（2014）长中民二终字第 05527 号民事判决，驳回上诉，维持原判。

【法官评析】

一、关于该案例裁判要点的法律解读

该案例主要涉及车辆挂靠经营中挂靠合同的效力认定问题及合同解释问题。合同法第五十二条规定"有下列情形之一的，合同无效：（一）一方以欺诈、胁迫的手段订立合同，损害国家利益；（二）恶意串通，损害国家、集体或者第三人利益；（三）以合法形式掩盖非法目的；（四）损害社会公共利益；（五）违反法律、行政法规的强制性规定。"该条以例举的方式规定了合同无效的情形，但如何正确理解，司法实践中存在较大争议。根据合同法的立法精神及基本原则，对于合同无效的认定应当严格限定在上述五种情形范围内并从严掌握，不要轻易判定合同无效。这一点也可以从最高人民法院关于适用《中华人民共和

国合同法》若干问题的解释（二）第十四条的规定得到体现。该条规定"合同法第五十二条第（五）项规定的'强制性规定'，是指效力性强制性规定"。也就是说，并不是违反法律、行政法规的强制性规定的合同就一律无效，如果只是违反管理性强制性规定，合同仍具有法律效力。

合同法第六十一条规定"合同生效后，当事人就质量、价款或者报酬、履行地点等内容没有约定或约定不明确的，可以协议补充，不能达成补充协议的，按照合同有关条款或者交易习惯确定"。该条以例举的方式规定了合同没有约定或者约定不明确的情况下如何补救，合同法第六十二条进行了更细化的规定。但合同法没有对合同其他内容约定不明的情况下如何解释作出明确规定，合同法六十一条当中的"等"应当包含了合同的方方面面，只要合同存在约定不明确的地方，都可以按照合同法六十一条的规定对合同进行解释确定。

二、关于本案所解决的法律争点问题

本案法律争点问题主要有两个：

一是车辆挂靠经营合同效力问题。实务中，比较常见的情况是车辆挂靠经营合同中往往约定有发生交通事故、被挂靠单位不承担任何责任等类似条款，本案中混凝土搅拌车运输承包合同第六条第 7 项即是如此。所以，发生事故后要合理分配被挂靠单位和实际车主的责任，首先需要对此类条款的效力作出认定。总体来说，认定此类条款的效力要严格区分对内责任和对外责任。众所周知，车辆发生交通事故后，一般会出现侵权责任和合同责任交织的情况，对于对外的侵权责任来说，尽管理论和实务界对被告挂靠单位是否应承担责任、承担什么样的责任存在一定的争议和不同处理结果，但大多数观点认为被挂靠单位需与实际车主一道对外承担侵权责任，不能因为挂靠经营合同有免责约定而免责。被挂靠单位和实际车主对外承担侵权责任后，被告挂靠单位可以根据挂靠经营合同的约定要求实际车主承担全部赔偿责任。也就是说，挂靠经营合同中关于被挂靠单位不承担责任的约定对被挂靠单位和实际车主而言是合法有效的。

二是挂靠经营合同中有关免责条款的解释问题。理论上说，合同是在契约自由基础上当事人之间通过协商形成，是当事人自己制定的"法律"，当事人的权利和义务应依之为尺度来确定。但现实生活中，由于各种各样的原因，当事人订立的合同中，往往存在许多歧义和空白，这就需要对合同进行解释。本案中混凝土搅拌车运输承包合同第六条第 7 项约定："如出现交通事故及其他事故，原告协助被告处理，费用由被告自负，原告不承担任何责任。"显然，有必要对原告不承担责任的前提条件的约定进行合理的解释，通过对该约定进行主观的、客观的、体系的、目的的等多维度分析，依据诚实信用原则，该案例确认该约定至少包含但不局限于如下几个方面：第一，如果发生交通事故，依法应由原、被告应承担的赔偿责任由被告自愿承担，原告不承担责任，但不包括事故其他责任人的责任。第二，该约定中的费用，也就是赔偿款项应当是依照法律规定的标准计算得出或被告自愿承诺支付的。第三，该约定中的"协助被告处理"，也就是说在事故赔偿中，被告处于支配地位，原告只是协助，对于赔偿款项的数额应由被告决定或者司法机关依法判定。这样，为下一步原、被告责任的判定确定了逻辑前提，判决结论自然水到渠成。

三、关于该案例裁判的思路和方法

该案例裁判的思路和方法总体上并没有跳出"白马是马"的传统三段论逻辑，但该案例抽丝拨茧、层层推进，一环紧扣一环。第一步，对挂靠经营合同的效力进行认定，根据合同法相关规定确认挂靠经营合同不违反法律、行政法规的效力性强制性规定，对原、被告双方具有约束力。这样，确立了挂靠经营合同中有关"发生交通事故、被挂靠单位不承担任何责任"的约定可以作为衡量原、被告权利和义务的尺度，亦即本案判决结论的逻辑大前提。第二步，对挂靠经营合同中的上述约定进行解释，明确其内涵、外延，进一步固化本案判决结论的逻辑大前提。第三，将本案查明的事实归入到逻辑大前提，运用三段论推理逻辑，从而得出本案的判决结论。

四、该案例的指导意义

第一，该案例充分体现了对认定合同无效应采取的严格依法、从严掌握的谨慎态度，对维护交易安全和交易秩序的稳定，促进社会主义市场经济健康、有序发展，具有重要的现实意义。第二，该案例以严密的逻辑推导，对合同条款合法、合情、合理解释，得出了情、理、法较吻合的判决，基本做到了法律效果和社会效果的统一，对于司法实务中大量存在的不讲逻辑的"拍脑袋"判决现象具有借鉴意义，对于树立严格依法裁判思维、贯彻依法治国的方略，具有重要意义。

五、参照本案例时还应注意的问题

（一）司法实务中，不仅仅是车辆挂靠经营合同，任何一种合同纠纷，要分配当事人的权利和义务，首先均要对合同的效力作出判定，从而为下一步的推导提供逻辑基础。

（二）合同解释是司法机关对有争议的合同条款之内容的确定过程，对合同的解释就象对法律规则的解释一样，是法官的一项基本司法技能，法官要敢于并善于对合同进行解释，才能真正得出情、理、法相统一的结论。不能机械司法，无所作为。

（三）该案例还反映出行政机关缺乏依法行政理念，在新常态下用老办法解决社会纠纷。本案中实际情况是，发生特大交通事故后，当地政府和交警部门迫于所谓维稳的压力，使原告在不太情愿的情况下支付了赔偿款；赔偿金额的确定也不是依法核算，是采取农贸市场"卖白菜"的方式确定。从而导致事故处理完毕后，后患无穷。

（评析人：长沙市岳麓区人民法院办公室副主任　石志刚）

【学者评析】

本案属于因民事主体之间发生了债权债务纠纷而由一方当事人诉诸人民法院解决的案件。依据《民法通则》的有关规定，债的发生原因主要有合同、无因管理、不当得利和侵权行为。从本案原告的起诉内容和本案被告的答辩内容来看，虽然双方当事人据以请求对方履行债务的合同的类型不同（具体来看的话，原告和被告分别基于《混凝土搅拌车运输承包合同》和《道路交通事故损害赔偿协议书》来请求对方履行债务），但二者在主张基于合同而产生的债权这一点上是一致的。本案不属于法律规定的应由中级人民法院、高级人民法院和最高人民法院管辖的第一审民事案件，因此由基层人民法院管辖。本案可归类为合同纠纷，因此适用特殊地域管辖。依据《民事诉讼法》第二十三条及《民事诉讼法司法解释》的相关规定，因合同纠纷提起的诉讼，由被告住所地或者合同履行地人民法院管辖；合同约定履行地点的，以约定的履行地点为合同履行地。合同对履行地点没有约定或者约定不明确，争议标的为给付货币的，接收货币一方所在地为合同履行地；合同没有实际履行，当事人双方住所地都不在合同约定的履行地的，由被告住所地人民法院管辖。从以上规定可知，对于合同纠纷，被告住所地人民法院拥有管辖权，本案被告住所地为长沙市岳麓区，故本案由湖南省长沙市岳麓区人民法院审理符合法律规定。

本案主要涉及四个关键问题：一是合同效力认定问题；二是被挂靠单位与实际车主的责任分担问题；三是如何通过合同解释来平衡合同双方当事人之间、合同当事人与合同外第三人之间的利益问题；四是交通事故责任方死亡时，其应负的责任该如何处理的问题。

一、合同效力认定问题

（一）车辆挂靠经营中挂靠合同的效力认定问题

车辆挂靠经营是现行行政管理政策下出现的一种特殊的经营模式，通常表现为挂靠方（大部分为个人）将其出资购买的车辆，以被挂靠单位（具有合法运输经营权的经济实体或企业法人）的名义先到交通管理部门进行登记、领取牌照，对外以被挂靠单位的名义从事客运、货物、出租等运输经营活动，并由挂靠者向被挂靠单位支付一定管理费。车辆挂靠经营的特点之一是挂靠双方会签定有关运输经营的合同或内部协议。

依据我国《合同法》第五十二条的规定，违反法律、行政法规的强制性规定的合同无效。《道路运输条例》第三十四条规定："道路运输车辆应当随车携带车辆营运证，不得转让、出租。"从以上两个条文来看，车辆挂靠经营合同存在因违背强制性规定而被认定为无效的可能。但是，2009 年颁布的《最高人民法院关于当前形势下审理民商事合同纠纷案件若干问题的指导意见》（以下简称《指导意见》）第十五条规定："正确理解、识别和适用《合同法》第五十二条第（五）项中的违反法律、行政法规的强制性规定。"关系到民商事合同的效力维护以及市场交易的安全和稳定。人民法院应当注意根据《合同法解释（二）》第十四条之规定，注意区分效力性强制规定和管理性强制规定。违反效力性强制规定的，人民法院应当认定合同无效；违反管理性强制规定的，人民法院应当根据具体情形认定其效力。"依据《指导意见》的规定，车辆挂靠经营合同只有在违反效力性强制规定时才被认定为无效。[1]

依据《合同法》第五十二条的规定，合同有以下情形时，才被认定为无效：（1）一方以欺诈、胁迫的手段订立合同，损害国家利益；（2）恶意串通，损害国家、集体或者第三人利益；（3）以合法形式掩盖非法目的；（4）损害社会公共利益；（5）违反法律、行政法规的强制性规定等情形。观察本案原、被告之间签订的《混凝土搅拌车运输承包合同》，并不存在以上（1）、（2）、（3）、（4）的情形，也没有违反效力性强制规定。故此，应当认定该车辆挂靠合同是一份合法有效的合同。依据《合同法》第八条的规定，该合同对当事人具有法律约束力，当事人应当按照约定履行自己的义务。

（二）道路交通事故损害赔偿协议书的效力认定问题

从判决书中的"……在征得上级机关同意后，经政府和交警大队积极协调，征得某某公司代表口头同意后将五方死者赔偿额度谈妥共计 210 万元，在签订协议时，仅有死者家属在协议上签名。事后，车主杨某某在协议中补签名。湘A41525 驾驶员刘某某因伤住院未能在协议上签名，因该笔资金均系某某公司提供，要求其现场签名，公司代表称将协议带回公司后再签，故该队案卷协议中某某公司代表未签字……""……对于被告提交本院证据，经庭审举证、质证，本院审查后认为：对被告证据一，本院于庭审后赴长沙县公安局交警大队核实协议的真实情况，该大队予以证实并加盖了交通事故处理专用章，故该协议是真实的……""……根据查明的事实，本案是因死者人数较多，家属要求高，按照特大交通事故处理原则，长沙县公安局交警大队适用单方调解。在征

[1] 孔繁灵. 车辆挂靠经营协议有效吗？ [J]. 农村百事通, 2014（17）.

得上级机关同意后，经政府和交警大队积极协调，并征得被告公司代表口头同意后，达成的赔偿协议。该协议一方为刘某某、被告杨某某及原告某某公司，另一方为死者家属代表。在签订协议时，仅有死者家属在协议上签名，车主杨某某也是事后在协议中补签名，该签名应当视为其认可由三个赔偿主体来共同赔偿协议确定的赔偿款项……"等描述中可以看出，在长沙市公安局交警大队的调解下，原告、被告及刘某某与死者家属间签订了一份《道路交通事故损害赔偿协议书》，该协议并不存在《合同法》第五十四条所规定的可撤销的情形，也不存在同法第五十二条所规定的无效的情形。故此，可以认为，该协议是各方当事人出于自愿签订的、各赔偿责任主体的赔偿的意思表示明确、真实的协议，各方当事人应严格按照协议内容履行自己的义务。

另外，协议书属于书证，关于书证，《民事诉讼法》第 70 条规定："书证应当提交原件，提交原件有困难的，可以提交复制件……"《民事诉讼法司法解释》第一百一十一条对《民事诉讼法》第七十条所规定的"提交书证原件确有困难"作出了进一步解释，依据该解释，属于"提交书证原件确有困难"的情形包括以下几种情形：（1）书证原件遗失、灭失或者毁损的；（2）原件在对方当事人控制之下，经合法通知提交而拒不提交的；（3）原件在他人控制之下，而其有权不提交的；（4）原件因篇幅或者体积过大而不便提交的；（5）承担举证证明责任的当事人通过申请人民法院调查收集或者其他方式无法获得书证原件的。在以上情形中，人民法院应当结合其他证据和案件具体情况，审查判断书证复制品等能否作为认定案件事实的根据。根据《民事诉讼法》及其相关法律规定，书证原则上须提交原件，但本案被告起初提交证据时，提交的是《道路交通事故损害赔偿协议书》的复印件，对于该书证复制品，经过质证以后，鉴于原告对其真实性、合法性、关联性提出了异议，人民法院没有直接作为证据采用，但也没有完全排除该证据，而是庭审后赴长沙县公安局交警大队核实了协议的真实情况，该大队予以证实并加盖了交通事故处理专用章以后，才对该证据的效力予以确认，这一点是值得肯定的。

二、被挂靠单位与实际车主的责任分担问题

车辆挂靠经营中存在两个车主：一个是实际车主（实际购车人），一个是名义车主（被挂靠单位）。两个主体的责任如何划分，各地法院在判决承担责任时，主要有三种判决方式：一是判决由挂靠人负担民事赔偿责任，而被挂靠单位负担连带赔偿责任，即我们所谓的连带责任；二是判决挂靠人负民事赔偿责任，被挂靠单位在收取管理费范围内负连带赔偿责任，即我们所说的补充连带责任；三是判决直接由挂靠人负赔偿责任，驳回原告要求被挂靠单位承担赔偿责任的诉讼请求，即"无责任"。[1]对比以上三种判决方式不难看出，判决挂靠人与被挂靠单位承担连带责任，最有利于保护第三人利益，也应成为人民法院判决的统一方向。《民事诉讼法司法解释》第五十四条规定："以挂靠形式从事民事活动，当事人请求由挂靠人和被挂靠人依法承担民事责任的，该挂靠人和被挂靠人为共同诉讼人。"最高人民法院《关于审理道路交通事故损害赔偿案件适用法律若干问题的解释》第三条规定："以挂靠形式从事道路运输经营活动的机动车发生交通事故造成损害，属于该机动车一方责任，当事人请求由挂靠人和被挂靠人承担连带责任的，人民法院应予支持。"因此，本案死者家属请求原告承担连带责任时，原告无权拒绝。原告在履行连带责任之后，能否对被告进行追偿，还要看他们之间的内部约定。

三、如何通过合同解释来平衡各方当事人的利益

依据《合同法》第四条规定："当事人依法享有自愿订立合同的权利，任何单位和个人不得非法干预。"此项规定实际上是确立了合同自由原则。合同法的首要原则就是合同自由原则，该原则是民法中意思自治原则在合同法中的具体体现。[2]合同自由原则是指当事人有权决定是否签订合同及与谁签订合同，且合同内容由当事人在不违法的情况下自愿约定。然而，"事实上，没有任何一个合同能够真正达到'完善'的标准，即使双方当事人和他们的法律顾

---

[1] 吕金柱. 论车辆挂靠责任 [J]. 新乡学院学报（社会科学版），2011（2）.

[2] 史景利. 论合同自由原则及其限制 [J]. 河南警察学院学报，2011，20（3）.

问在起草合同时尽到了所有的努力，实践仍证明，合同依然是不明确的和有遗漏的"[1]，因此，在合同内容不明确或不齐备的情况下，有必要对合同进行解释。所谓合同解释，是指对合同及其相关资料的含义所作出的分析和说明，[2]合同解释的主体可以是法官，也可以是仲裁员。

合同解释是与合同的纠纷联系在一起的。解释不是简单地阐明合同应有的含义，而是通过解释来正确地解决纠纷。[3]在对合同进行解释时，不仅要尊重当事人订立合同的自由，还要"注重伸张社会正义和公平，以求得当事人之间以及当事人与社会利益之间的平衡"。合同正义所包含的实质正义理念，应当具有如下几个方面的内容：（1）保障缔约当事人的实质平等；（2）保障当事人的自主自愿；（3）维护等价有偿原则；（4）维护公序良俗、保障正常的交易和生活秩序；（5）维护公平原则。[4]

在本案中出现了两个合同，一个是原、被告之间签订的《混凝土搅拌车运输承包合同》，另一个是交通事故相关主体之间达成的《道路交通事故损害赔偿协议书》，而当事人对这两个合同的内容均有异议。因此，法官有必要对有争议的合同条款进行解释，以此最终解决当事人之间的纠纷。

原、被告之间所签订的《混凝土搅拌车运输承包合同》第六条第七项约定："如出现交通事故及其他事故，原告协助被告处理，费用由乙方自负，原告不承担任何责任。"《民事诉讼法司法解释》第五十四条虽然确定了挂靠企业和被挂靠单位的诉讼地位，但对于其实体责任承担并没有作出明确的规定。虽然最高人民法院《关于审理道路交通事故损害赔偿案件适用法律若干问题的解释》第三条涉及到了被挂靠人的实体责任问题，但该条规定只不过是从保护第三人利益的角度出发而作出的规定，仅从这一条规定，无法判断被挂靠单位最终需要承担多大责任。换句话说，在对外关系上，在第三人提出请求的情况下，被挂靠单位确实需要与挂靠人一同承担连带责任。但是，在对内关系上，如果被

---

[1] 海因·克茨.欧洲合同法（上卷）[M].周忠海，等，译.北京：法律出版社，2001：155.

[2] 崔建远.合同法（修订本）[M].北京：法律出版社，2000：324.

[3] 王利明.民商法研究（第5辑）[M].北京：法律出版社，2014：336.

[4] 王利明.民商法研究（第1辑）[M].北京：法律出版社，2014：375-378.

挂靠人与挂靠人之间对于责任分配另有约定的，被挂靠单位在对外履行责任以后，可依据该约定向挂靠人追偿。本案原告就是按照这种逻辑，要求被告依据《混凝土搅拌车运输承包合同》第六条第七项约定返还原告对外承担责任的份额。那么，在本案中原告是否可以向被告追偿呢？依据最高人民法院《关于审理道路交通事故损害赔偿案件适用法律若干问题的解释》第三条的规定，被挂靠单位在"当事人未请求"其承担连带责任时，是可以不负连带赔偿责任的。挂靠人并没有将责任强加给被挂靠单位的权利，能够让被挂靠单位承担连带赔偿责任的主体只有两个，一个是当事人（第三人），另一个就是自己。如果是前一种情形，被挂靠单位承担连带赔偿责任并不是出于自愿，因此，被挂靠单位在履行连带责任之后，可以依据与挂靠人之间的内部规定进行追偿。但如果是后一种情形，即被挂靠单位并不是被动地承担了连带责任，而是出于自愿，此时还能不能赋予其向挂靠人追偿的权利呢？这就需要人民法院根据具体情况作出合理公正的解释。

审理本案的法院认为："根据审理查明的事实，事故发生后，长沙县公安局交警大队约谈被告，且在征得原告公司代表口头同意后将五方死者（包括另一肇事司机周某某）赔偿额度谈妥共计210万元。"也就是说，该赔偿款项是经原告公司代表口头同意确定，不是被告杨某某同意确定的，且该赔偿款也不是依法定的标准和责任承担份额确定应由被告承担的赔偿金额。另外，长沙县公安局交通警察大队（长公交认字 [2011] 第00169号道路交通事故认定书）作出了以下责任认定：刘某某、周某某承担事故的同等责任。也就是说，在一般情况下，上述协商确定的赔偿金额应由周某某负担一半。显然，原告将本应由周某某的承担的责任部分也一并支付了。然而，原告诉请被告支付其"垫付"的所有赔偿款项不符合原、被告之间签订的混凝土搅拌车运输承包合同第六条第七项约定。

本案法院认为，虽然原、被告之间有"如出现交通事故及其他事故，原告协助被告处理，费用由乙方自负，原告不承担任何责任"的约定，但是原告在处理交通事故赔偿事宜时，并不是在"协助"被告处理，从原告的很多行为细节来看，在承担责任问题上，原告并不是站在"被动"或"从属"的地位，而是站在"主动"或"主导"的地位去承担了责任。因此，虽然《混凝土搅拌车运输承包合同》第六条第七项本身有效，但因不符合适用条件，原告不能适用该条款请求依法判令被告支付垫付款1022111.09元。原告与被告就交通事故赔偿责任签订的《道路交通事故损害赔偿协议书》可以看作是原、被告就责任分担作出的新的约定，该协议的效力如前述，是合法有效的协议，依据《合同法》第八条的规定，协议对当事人具有法律约束力。当事人应当按照约定履行自己的义务。因协议中并没有具体约定各方具体应分担的份额，故依据《侵权责任法》第十四条的规定，事故责任人刘某某、原告、被告三方平均承担赔偿责任。在本案中，被告已经赔偿了其应分担的份额，原告无权要求被告承担其他责任。

四、交通事故责任方死亡时的处理办法

本案中，三车（分别为刘某某驾驶的湘A41525重型专项作业车、周某某驾驶的湘A26289蓝色号牌小型轿车、彭某某驾驶的湘AZ3121重型自卸货车）相撞，引发了一场致5人死亡、1人受伤的特大交通事故。经长沙县公安局交通警察大队（长公交认字[2011]第00169号道路交通事故认定书）责任认定，刘某某、周某某承担事故的同等责任；彭某某、王某某、柳某某、章某某、饶某某不承担事故责任。在一般情况下，最终协商确定的赔偿金额应由周某某负担一半。但是，从一审民事判决书中的"事故发生后，长沙县公安局交警大队约谈某某公司，要求其一次性支付200万元现金到该局账户用于赔偿死者。因死者人数较多，家属要求高，按照特大交通事故处理原则，长沙县公安局交警大队适用单方调解。在征得上级机关同意后，经政府和交警大队积极协调，征得某某公司代表口头同意后将五方死者赔偿额度谈妥共计210万元……"这个描述中可以看出，长沙县公安局交警大队将本应承担交通事故责任的周某某的家属也列为赔偿对象之一，这显然是不合逻辑的、错误的判断。周某某虽然因此次交通事故不幸身亡，但既然经过交警认定他为事故责任人之一，那么他的家属不仅不能向其他交通事故责任人请求赔偿，在一定条件下可能还需要在继承周某某遗产的范围内承担相应的赔偿责任。此外，从判决书中的描述来看，长沙县公安局交通警察大队在执行与此次交通事故有关的一系列任务时，并没

有严格按照 2014 年《道路交通事故处理程序规定》（以下简称"规定"）的要求进行，例如，依据《规定》第六十五条（四）的规定，计算损害赔偿的数额，确定各方当事人各自承担的比例，人身损害赔偿的标准按照《最高人民法院关于审理人身损害赔偿案件适用法律若干问题的解释》规定执行，财产损失的修复费用、折价赔偿费用按照实际价值或者评估机构的评估结论计算。然而，仅从判决书中的描述来看，长沙县公安局交通警察大队在确定责任人应当予以赔偿的金额时，并没有经过严格的核算程序，因此可以认为，最后作出的决定，缺乏客观公正性，不具有很强的说服力。

（评析人：湖南大学法学院助理教授 朴成姬）

长沙某某电器有限公司诉某某电缆有限公司不当得利纠纷案

——浅议票据权利与票据法上的非票据权利的界定
（兼谈票据纠纷之界定）

【裁判摘要】

我国票据法对因票据行为直接产生的票据权利，以及为保护票据关系而直接规定的与票据行为相牵连的非票据权利作了特殊的规定。由票据法直接规定的与票据行为相牵连但不是由票据行为本身所发生的法律关系，对票据权利的行使有保护和限制补充的作用，因此不能将它们等同于一般意义上的民事债权债务关系，由此类关系冲突而发生的纠纷，应当视作票据纠纷。即票据纠纷包括票据权利纠纷和票据法上的非票据权利而引起的纠纷的非票据权利纠纷。无法律根据非法取得票据权利而获利，使原告利益损失而提出赔偿诉请，实为一般民事关系中的不当得利之主张，而非票据纠纷。

【案件索引】

一审：湖南省长沙市岳麓区人民法院（2014）岳民初字第04240号民事裁定书（2014年8月11日）。

一、基本案情

本院在审理原告长沙某某电器有限公司诉被告某某电缆有限公司不当得利纠纷一案中，被告某某电缆有限公司在答辩期间内提出管辖异议，认为因非票据权利纠纷提起的诉讼，依法由被告住所地人民法院管辖，本案中原告诉请被告返还20万元人民币及利息，属于不当得利返还纠纷，系一般民事纠纷，而非票据纠纷，更非票据权利（追索权、付款请求权）纠纷。被告住所地位于衡阳市雁峰区，故本案应由被告住所地人民法院即衡阳市雁峰区人民法院管辖。请求将本案移送至该院管辖。

二、一审法院认定及判决结果

湖南省长沙市岳麓区人民法院经审理认为：根据我国民事诉讼法的相关规定，对法人或者其他组织提起的民事诉讼，由被告住所地人民法院管辖。因票据纠纷提起的诉讼，由票据支付地或被告住所地人民法院管辖。所谓票据纠纷，是指因行使票据权利或者票据法上的非票据权利而引起的纠纷，包括票据权利纠纷和非票据权利纠纷。由于票据关系是一种特殊的民事关系，票据本身具有汇兑、融资、流通、支付等特殊功能，有价证券及无因性的特别属性。因此，我国票据法并非对所有票据活动中的权利保护进行了规定，仅就因票据行为直接产生的票据权利，以及为保护票据关系而直接规定的与票据行为相牵连的非票据权利作了特殊规定。且无论是权利的类型，还是行使主体的身份、行使的条件、对方当事人的身份等要素都进行了限定。具体而言，票据权利仅包括付款请求权和追索权，票据法上的非票据权利则主要包括：利益偿还请求权，失票人的票据补发请求权、票据返还请求权、票据付款请求权，票据债务人对怠于通知的执票人的赔偿请求权，持票人对恶意或重大过失付款的付款人或代理付款人的赔偿请求权，出票人的授权补记权及返还票据请求权。换而言之，在票据活动中，权利人仅上述特定权利纠纷提起的诉讼才为票据纠纷，适用于票据纠纷的特殊地域管辖，其他权利冲突引起的诉讼则使用其他属地管辖原则。就本案而言，依原告长沙某某电器有限公司的诉请及立案时提交的证据：原告以遗失未背书的银行承兑汇票，被告某某电缆有限公司在与原告间没有业务往来，原告也未曾将票据向其转让的情况下，以非合法途径取得票据权利并将票据背书转让给案外人江阴市海江高分子材料有限公司，损害了原告的利益为由，主张被告给付价款及利息损失。依当事人诉请判定主张之民事权利及民事关系类型，是辨析民事案件适用特殊地域管辖或其他属地管辖原则的基础。那么，结合票据权利及票据法上的非票据权利的行使主体、条件、对方当事人身份等要素来看，本案纠纷虽发生在票据活动中，但原、被告间不具有直接的票据出票、背书（或连续背书）等流转的票据行为，且双方间亦无合同或赠与等票据原因关系，或票据资金、票据预约等基础法律关系。原告主张的给付范围是被告获得的相应利益即原告应得票据金额利益损失，以及原告可得的利息损失。由此可知，本案原告的权利之主张，既不属于持票人对票据债务人享有的付款请求权，以及向前手主张的追索权。更非票据法所称之：持票人在票据权利因时效或欠缺一定手续而消灭时，向出票人或者承兑人请求返还其与未支付的票据金额相当的利益偿还请求权；或出票人享有的非票据上的返还票据请求权；或失票人向非法持票人提起的票据返还请求权，及在票据权利时效届满以前，因提供相应担保情况但债务人拒绝而向债务人提起的付款请求权。因此，原告主张之权利不属于票据权利或票据法上的非票据权利。从该权利主张之内容看，原告以被告无法律根据非法取得票据权利而获利，使原告利益损失而提出赔偿诉请，实为一般民事关系中的不当得利之主张。故本案应适用一般属地管辖原则，即由被告住所地人民法院即衡阳市雁峰区人民法院管辖。被告提出移送至该院管辖的理由成立，予以支持。据此，依照《中华人民共和国民事诉讼法》第二十一条第二款、第三十六条、第一百五十四条第一款第（二）款、第二款之规定，裁定本案移送至衡阳市雁峰区人民法院管辖。

【法官评析】

该案是一起因票据丢失引起的，失票人对被背书人主张损害赔偿的纠纷。

笔者以双方当事人争议焦点为切入点，从立法规定入手分析票据权利及票据法上的非票据权利特点及类型进行陈述，并对票据纠纷之范围进行阐述。

一、票据纠纷的概念及类型

我国《民事诉讼法》第二十七条规定："因票据纠纷提起的诉讼，由票据支付地或者被告住所地人民法院管辖。"该规定明确了票据诉讼的管辖，但对于"什么是票据纠纷"、"票据纠纷的范围是什么"等问题未作解答。学理界，对于票据纠纷的概念，也有较大的争议。概括起来，主要有两种观点。第一种观点认为，票据纠纷是指所有与票据有关的法律纠纷。这种划分，实际上是把所有民法和票据法上与票据有关的法律关系而发生的民事纠纷都归为票据纠纷。主要包括：因票据的基础关系而发生的民事法律纠纷以及因票据法律关系而发生的票据法律纠纷和票据法上的非票据法律纠纷。票据能够广泛运用，主要在于其简便、快捷的特点，这一特点理应在票据纠纷的解决中得以体现。民法上规定的涉及票据的法律关系的纠纷，如票据的基础关系的纠纷等，仅仅是涉及票据的民事权利义务的冲突，它和一般民事纠纷没有区别，完全可以适用一般民事纠纷的解决程序。从另外一个方面说，票据的无因性决定了票据只要具备了票据法上规定的条件，票据权利义务就成立，从而脱离了票据的基础关系，成为对立的权利义务关系。由此可见，把民法上规定的涉及票据的纠纷归于票据纠纷，既不利于审判实践，也不符合立法的本意。由此而言，此种观点有将票据纠纷扩大之嫌。第二种观点认为，票据纠纷是因票据权利人行使票据权利而与票据债务人所发生的纠纷。很显然，此种划分使票据纠纷只包括票据权利义务的冲突。但我国票据法上同时也规定了与票据有关的非票据权利义务，如票据利益返回请求等。这些权利义务与票据有关，而且可能从一定程度上影响和制约票据上的权利义务关系，对票据权利的行使有协调和补充的作用。事实上，票据法上与票据有关的法律关系不同于票据的基础关系，后者是当事人实施票据行为，发生票据关系的民法上的债权关系，而前者则是为了保护票据关系，由票据法直接规定的与票据行为相牵连但不是由票据行为本身所发生的法律关系。包括票据上的正当权利人因恶意或重大过失而取得票据的持票人行使返还请求权而发生的关系，同时效届满或者手续欠缺而丧失票据上权利的持票人行使交出票据请求权而发生的关系等。这类关系是基于票据法规定而产生，对票据权利的行使有保护和限制补充的作用，因此不能将它们等同于一般意义上的民事债权债务关系。而由此类关系冲突而发生的纠纷，应当视作票据纠纷。由此看来，上述票据纠纷的界定在范围上有失过窄[1]。

笔者认为，票据关系作为一种特殊的民事关系，票据本身具有汇兑、融资、流通、支付等特殊功能，有价证券及无因性的特别属性。因此，我国票据法对因票据行为直接产生的票据权利，以及为保护票据关系而直接规定的与票据行为相牵连的非票据权利作了特殊的规定。两种权利虽有区别，但亦有相同之处，主要表现为：其一，主体特殊。无论是票据权利还是票据法上的非票据权利，其请求权主体身份特定，多为票据行为人，或与票据行为有直接的关联的人。如出票人、背书人、持票人或失票人等。同时，其义务相对人亦由法定，需与请求权人存有特定的票据行为或票据关系或基础、原因、预约之关系，身份特定。如失票人对出票人提出补发票据之权利主张。其二，内容特定。无论是票据权利还是票据法上的非票据权利，其权利的产生，都需有与票据相关联的法定特殊事由。责任承担之形式常仅为损失之金钱给付或对票据之物的返还。我们知道，我国民事诉讼地域管辖的划分正基于特别法与一般法，特别债权与一般债权而对管辖标准进行了区分。因此，从立法的本意以及保护票据权利人的票据权利出发及票据立法的精神看，所谓票据纠纷是指因行使票据权利或者票据法上的非票据权利而引起的纠纷，包括票据权利纠纷和非票据权利纠纷[2]。

二、票据权利

所谓票据权利，就是票据上所表示的金钱债权，是持票人以取得票据金额为目的凭票据向票据行为人所行使的权利。由于票据是完全的有价证券，票据上所表示的权利与票据本身不可分离，所以，要行使票据权利，必须以实际持有票据为必要。该权利是一种债权，由于债权的作用主要在于请求，所以票据

---

[1] 王学兴.票据纠纷及其诉讼制度浅谈[DB/OL].北大法律网.

[2] 这一分类亦与《最高人民法院关于审理票据纠纷案件若干问题的规定》第一条的精神相符。

权利又是请求权。具体而言，包括付款请求权和追索权。通常情况下，只有在付款请求权遭到拒绝后，才可行使追索权。

付款请求权，指持票人向票据主债务人或关系人请求按票据上所记载的金额付款的权利，也叫票据上的第一次权利。行使付款请求权的权利人只能为持票人。这里的持票人可能为收款人，也可能为最后的被背书人、还可以为汇票、本票中付款后的参加付款人。负担付款义务的相对人往往有所不同。但该对方当事人只能是票据第一义务人或者关系人，汇票中承兑人 第一义务人，未承兑的付款人为关系人；本票中出票人为第一义务人，一般不存在关系人；支票中没有第一义务人，与出票人办理支票存款业务的银行为该支票的关系人。无论如何，付款请求权的对方当事人只有一个。

追索权，又称偿还请求权，是指持票人行使付款请求权遭到拒绝或有其他法定原因时，向其前手请求偿还被拒绝的票据金额及其他法定款项的权利，也叫票据上的第二次请求权。行使追索权的权利人也是持票人，其可是票据的最后持票人，也可是清偿了债权人的票据金额及其他法定款项的被追索人，不能是某一被追索的背书人。负担偿还义务的人，即对方当事人则包括所有的票据义务人，包括出票人、背书人、承兑人以及他们的保证人。依据《票据法》第六十八条的规定，当持票人具备行使追索权的条件时，上述对方当事人负连带责任。

三、票据法上的非票据权利

票据法上的非票据权利，又称为票据法上的权利，是指基于票据法的规定产生的但不是由票据行为直接产生的权利，是票据价款以外的债权关系[1]。这些权利并非依附于票据，也非因票据行为而产生，而是票据权利人在行使票据权利时，或票据法律关系当事人利益受损时，基于票据法的明确规定而产生的一种权利。关于票据法上人排票据权利，我国票据法及相关司法解释以及票据法理论界都没有一个明确的规定和归纳，只是散见于一些法律规定及票据理论著作中。具体而言，票据法上的非票据权利主要包括以下几种：

---

[1] 曹守晔,王小能,汪治平《关于审理票据纠纷案件若干问题的规定》理解与适用 [J].载祝铭山.票据纠纷 [M].北京：人民法院出版社，2003：330.

1. 利益偿还请求权。所谓利益偿还请求权，是持票人的一种权利，即当持票人的票据权利因时效或欠缺一定的手续而消灭时，该持票人对于出票人或承兑人在其所受的利益限度内有请求返还的权利。在利益偿还请求权关系中，权利人为持票人，即在票据权利消灭后的持票人。这时的持票人不以最后的被背书人为限，还包括因被追索而履行了票据债务后取得票据的背书人、因履行了债务而取得追索权的保证人和因参加付款而取得票据的参加付款人等。义务人则为各种票据的出票人或汇票的承兑人。此种权利设定的原因在，由于票据债务人比一般民法上的债务人责任更重，为了使票据债务人早日脱卸责任，票据法规定了较短的适用时效和很严格的权利保全手续，持票人如果怠于行使和保全权利，就会因时效期满或手续欠缺而丧失其票据权利。但是这种规定有时会使票据债务人收到额外的利益，而这种利益恰恰又是持票人所遭受的损失。一方更遭到损失而另一方受额外利益，自然有悖于正常情理，票据法为解决这一矛盾，便作出了这种关于利益偿还请求权的特别规定[1]（我国《票据法》第十八条进行了规定）。

2. 失票人救济权。由于票据是否存在对于持票人具有决定性意义，直接决定着票据权利人能否正常行使票据权利。而现实生活中，持票人因各种原因丧失票据的现象不可避免地会发生，法律为了保证实体的正义，对于权利非正常丧失的情形都给予一定的补救措施。我国《票据法》第十五条规定："票据丧失，失票人可以及时通知票据的付款人挂失止付，但是，未记载付款人或者无法确定付款人及其代理付款人的除外。收到挂失止付通知的付款人，应当暂停支付。失票人应当在通知挂失止付后三日内，也可以在票据丧失后，依法向人民法院申请公示催告，或者向人民法院起诉。"所谓失票人，依照我国相关司法解释的规定，其不仅包括票据权利人，还包括因支付了票据金额而占有票据有票据义务人以及其他合法占有票据的人或单位。从合法与合理的角度出发，可将下列主体作为票据丧失的主体：一是已经签发票据但是在票据交付给收款人之前丧失票据占有的出票人；二是以交付、继承等其他合法方式取得票据又丧失票据占有的持票人；三是背书转让的票据，依据票据自第一次背书起至丧失票据止的背书有连续性证明的最后一位被背书人；四是在所收回的票据上加盖收讫

---

[1] 王小能. 票据法教程（第二版）[M]. 北京：北京大学出版社，2001.

章之前丧失票据的付款人，因此时的票据仍然具有被第三人善意取得风险；五是背书"委托收款"的被背书人，如其不行使挂失止付等权利，则委托人仍然可以行使该权利，不因票据非在委托人手中丧失而受到限制，以确保真正票据权利的利益，即此时受托人可以作为失票人[1]。

其权利人提出挂失止付、申请公示催告，在此不作阐述。就其普通诉讼救济的种类有以下几种情形：

其一，票据付款请求权。《票据法司法解释》第三十五条规定，"票据丧失后，失票人在票据权利时效届满之前，请求债务人付款的，在提供相应担保的情况下因债务人拒绝付款而提起诉讼的，人民法院应当受理"。

其二，失票人票据返还请求权起诉。《票据司法解释》第三十七条："失票人为行使票据所有权，向非法持有票据的人请求返还票据的，人民法院应当受理。"票据持有人享有两种权利，一是持票人对票据所享有的物的所有权，即票据所有权，另一种是依附于票据的票据权利。前者实为特权，其被侵害时，自然发生返还请求权。此时的非法持有票据的人，是指采取欺诈、胁迫、抢夺等非法手段取得票据的人。如他人之占有为善意之取得，则失票人无权主张该项权利，仅应通过其他途径来保护自己的合法权益。

其三，票据补发请求权，即票据丧失后，失票人请求出票人补发票据之权利。补发请求权的义务人只能是出票人，不包括背书人、保证人、承兑人等其他票据债务人。

3. 损害赔偿请求权。根据我国《票据法》及《票据法司法解释》，票据流通过程中票据法律关系当事人因权益受到损害而可能产生的损害赔偿请求权主要有以下几种：

其一，票据债务人对怠于通知的执票人的赔偿请求权。我国《票据法》第六十六条第一、二款进行了规定。具体而言，其权利主体（受通知人）为出票人及票据上签章的票据债务人（票据上的背书人）。即当持票人在票据被拒绝承兑和付款时，有权向出票人及其他票据上的背书人行使追索权，但持票人亦应当及时将票据被拒绝承兑和付款的情形通知票据债务人，以使票据债务人

---

[1] 吴庆宝. 票据诉讼原理与判例 [M]. 北京：人民法院出版社，2005：417.

及早知悉，而为偿还之准备，或自动偿还，以防止偿还金额之扩大准备再追索[1]。其义务主体为负有通知义务的持票人和背书人。权利人主张之内容为因通知义务人怠于通知而致票据债务人所受之损失赔偿。

其二，持票人对恶意或重大过失付款的付款人或代理付款人的赔偿请求权。我国《票据法》第五十七条、第九十二条对此作了相关规定。其中恶意付款是指付款人明知持票人不是真正的权利人但仍向其付款的行为，而重大过失付款则指付款人如果进行了一般的审查即可获知持票人票据权利存在瑕疵，而付款人因疏忽大意未能尽到应有的注意而错付款[2]。其权利主体可以是持票人也可是出票人。相对义务主体则通常为付款人或付款代理人，实践中常为付款银行。

其三，持票人因票据付款是迟延付款受损而产生的赔偿请求权。我国《票据法》第一百零五条规定：票据付款人故意压票、拖延支付，给持票人造成损失的，依法承担赔偿责任。根据我国《票据法》第五十四条规定，持票人在提示付款期限内提示付款的，付款人必须当日足额付款。但现实生活中，票据付款人因各种原因对持票人提示付款的票据压票、拖延支付造成持票人损失的，持票人可向付款人提出赔偿请求。

4. 出票人的授权补记权。我国《票据法》第八十五条规定："支票上的金额可以由出票人授权补记，未补记前的支付，不得使用。"《票据法司法解释》第68条同时规定："对票据未记载事项或者未完全记载事项作补充记载，补充事项超出授权范围的，出票人对补充后的票据应当承担票据责任。给他人造成损失的，出票人应当承担相应的民事责任。"该项权利仅为支票的持票人或相关权利人享有。即支票的持票人或因支票可授权补记之事项缺欠受损的其他权利人向出票人行使的提请授权补记或损害赔偿请求权。且须以授权出票人签名于票据之上，票据行为有效为前提。

5. 出票人返还票据请求权。根据《票据法司法解释》第二条的规定："依照票据法第十条的规定，票据债务人以在票据未转让时票据基础关系违法、双方不具有真实的交易关系和债权债务关系、持票人应付对价而未付对价为由，

---

[1] 梁宇贤.票据法新论[M].北京：中国人民大学出版社，2004：202.

[2] 黄松有.票据法司法解释实例释解[M].北京：人民法院出版社，2006：365.

要求返还票据而提起诉讼的，人民法院应当受理。"该条款与上述失票人的返还票据请求权不同。其是对尚未背书转让的票据，向与出票人具有直接债权债务的人提起的返还票据之请求[1]。

结合上述票据权利及票据法上的非票据权利的行使主体、条件、对方当事人身份等要素来看，本案纠纷虽发生在票据活动中，但原、被告间不具有直接的票据出票、背书（或连续背书）等流转的票据行为，且双方间亦无合同或赠与等票据原因关系，或票据资金、票据预约等基础法律关系。原告主张的给付范围是被告获得的相应利益即原告应得票据金额利益损失，以及原告可得的利息损失。由此可知，本案原告的权利之主张，既不属于持票人对票据债务人享有的付款请求权，以及向前手主张的追索权。更非票据法所称之：持票人在票据权利因时效或欠缺一定手续而消灭时，向出票人或者承兑人请求返还其与未支付的票据金额相当的利益偿还请求权；或出票人享有的非票据上的返还票据请求权；或失票人向非法持票人提起的票据返还请求权，及在票据权利时效届满以前，因提供相应担保情况但债务人拒绝而向债务人提起的付款请求权。因此，原告主张之权利不属于票据权利或票据法上的非票据权利。从该权利主张之内容看，原告以被告无法律根据非法取得票据权利而获利，使原告利益损失而提出赔偿诉请，实为一般民事关系中的不当得利之主张。故本案应适用一般属地管辖原则，即由被告住所地人民法院即衡阳市雁峰区人民法院管辖。故依法裁定移送至该院管辖。

（评析人：湖南省长沙市岳麓区人民法院民二庭副庭长张玲）

【学者评析】

本案是当事人认为受诉法院对案件无管辖权而向受诉法院提出管辖权异议的案例。在民事诉讼法中，解决具体由哪个法院来受理哪些纠纷的制度即是管辖制度。依据是否有法律规定为标准，管辖可分为法定管辖和裁定管辖。法定

---

[1] 李玉都. 论票据法上的非票据权利 [D]. 山东大学硕士学位论文，载于道客巴巴网站.

管辖，是指法律明文规定第一审民事案件的管辖法院。法定管辖可分为地域管辖和级别管辖。根据《民事诉讼法》的相关规定，地域管辖又具体划分为一般地域管辖、特殊地域管辖、专属管辖、共同管辖和协议管辖。依据《民事诉讼法》第二十五条及最高人民法院《关于审理票据纠纷案件若干问题的规定》第六条的规定，因票据纠纷提起的诉讼，属于特殊地域管辖的诉讼，即票据支付地或者被告住所地人民法院均有管辖权。但是，本案被告主张自己与原告之间的纠纷属于不当得利返还纠纷，是一般民事纠纷，而非票据纠纷。如果被告的主张成立的话，本案就不属于适用特殊地域管辖的情形，同时，从本案的情况来看，本案也不属于适用专属管辖、共同管辖和协议管辖的情形，故应适用一般地域管辖的规定确定管辖法院。最高人民法院《关于审理票据纠纷案件若干问题的规定》第七条规定："因非票据权利纠纷提起的诉讼，依法由被告住所地人民法院管辖。"因此，审理本案的关键在于，对原告与被告之间的法律关系作出准确的定性，即判断原告与被告之间的纠纷是属于票据纠纷还是不当得利返还纠纷。为此，有必要对《民事诉讼法》第二十五条中的"票据纠纷"的含义及范围作进一步阐释。

一、票据纠纷

依据最高人民法院《关于审理票据纠纷案件若干问题的规定》第一条的规定，票据纠纷可以分为因行使票据权利而引起的纠纷和因行使票据法上的非票据权利而引起的纠纷。由此可以看出，票据法上的权利可以分为两类：一是票据权利，我国《票据法》第四条第四款规定："票据权利，是指持票人向票据债务人请求支付票据金额的权利。"又依据最高人民法院《关于审理票据纠纷案件若干问题的规定》第四条的规定，票据权利包括付款请求权和追索权；二是票据法上的非票据权利，包括利益返还请求权、损害赔偿请求权和票据返还请求权等。

付款请求权，是指对汇票承兑人、本票出票人和支票保付人等付款义务人依提示票据，行使请求支付票据金额的权利。追索权，是指因持票人在第一次请求权没有或者无法实现的情况下，对票据的其他付款义务人（如汇票、支票的发票人，汇票、本票的保证人，票据的背书人等）行使请求偿还票款的权利。

我国《票据法》第六十一条规定："汇票到期被拒绝付款的，持票人可以对背书人、出票人以及汇票的其他债务人行使追索权。汇票到期日前，有下列情形之一的，持票人也可以行使追索权：（1）汇票被拒绝承兑的；（2）承兑人或者付款人死亡、逃匿的；（3）承兑人或者付款人被依法宣告破产的或者因违法被责令终止业务活动的。"从本案案情介绍来看，原告遗失的是"银行承兑"汇票，且是"未背书"汇票。因此，被告某某电缆有限公司既不是付款义务人，也无法成为票据追索权的行使对象。由此可以推定，本案原告对于本案被告行使的不是票据权利，二者之间的纠纷不属于因行使票据权利而引起的纠纷。

接下来需要判断的是，本案原告以被告通过非合法途径取得票据权利并将票据背书转让给案外人江阴市某某材料有限公司的行为，损害了自己的利益为由，请求被告返还 20 万元人民币及利息的行为，是否属于行使票据法上的非票据权利的行为？实际上，何谓票据法上的非票据权利，《票据法》中并没有作出明文规定，因此很难准确判断哪些纠纷属于"因行使票据法上的非票据权利而引起的纠纷"。不过，《民事案件案由规定》（2011 年 4 月 1 日生效）对"票据纠纷"作出了详细的列举。依据《民事案件案由规定》的有关规定，司法实践中的非票据权利纠纷主要包括以下几种：

（1）票据交付请求权纠纷。《票据法》第五十五条明确规定，持票人获得付款的，应当在汇票上签收，并将汇票交给付款人。票据债权人向票据债务人行使票据权利，受领了票据上所记载的给付金额后，应当将票据交回给票据债务人，这样才能使票据上的权利义务消灭，或者由给付票据金额的票据债务人向其前手行使追索权。票据是一种交回证券，当票据债权人违反该项义务，拒绝交回票据时所发生的纠纷即是票据交付请求权纠纷。

（2）票据返还请求权纠纷。票据返还请求权纠纷，是指失票人通过诉讼程序以法定事由否认现持票人的持票资格，使票据重新由自己来持有，达到恢复票据权利人的身份为目的的纠纷。

我国《票据法》对票据返还请求权未作明确规定，不过，从有关票据的善意取得和背书连续性的强制规定，特别是《票据法》第十二条从排除持票人票据权利的角度，明确了失票人对丧失占有的票据享有票据权利，从而确定了正当持票人对恶意或重大过失取得票据者有请求返还票据的权利。

持票人因重大过失取得不符合本法规定的票据的，也不得享有票据权利。最高人民法院《关于审理票据纠纷案件若干问题的规定》（以下简称《审理票据纠纷规定》）第三十七条规定："失票人为行使票据所有权，向非法持有票据人请求返还票据的，人民法院应当依法受理。"《审理票据纠纷规定》第二条规定："依照票据法第十条的规定，票据债务人（即出票人）以在票据未转让时的基础关系违法、双方不具有真实的交易关系和债权债务关系、持票人应付对价而未付对价为由，要求返还票据而提起诉讼的，人民法院应当依法受理。"由此确定了票据返还请求权诉讼。

（3）票据损害责任纠纷。票据损害责任纠纷，是指票据当事人或者金融机构工作人员因违反《票据法》的有关规定从事票据行为或者其他与票据相关的行为，给票据当事人或者其他人造成损失而引起的纠纷。

（4）票据利益返还请求权纠纷。票据利益返还请求权，又称利益偿还请求权，是指票据权利因超过票据权利时效或保全手续欠缺而消灭时，持票人对出票人或承兑人在其所受利益的限度内，请求返还该利益的权利。利益返还请求权不是持票人的票据权利，也不是民法上的不当得利返还请求权，更不属于因不法行为的损害而产生的赔偿请求权，而是基于《票据法》的直接规定而产生的非票据权利。

（5）汇票回单签发请求权纠纷。根据我国《票据法》第四十一条第一款规定："付款人对向其提示承兑的汇票，应当自收到提示承兑的汇票之日起3日内承兑或者拒绝承兑。"这3天是付款人考虑是否为承兑行为的期限。然而，汇票权利人对汇票权利的行使，不仅以履行某种保全手续为条件，还以实际持有票据为前提。所以，当付款人接到持票人提示的汇票后，付款人应当向持票人签发一份收据，即汇票回单，这是用来证明持票人已经向付款人进行了提示承兑，而自己是真正的汇票持有人的证据。持票人只有拿到汇票回单，才能保证自己的汇票权利免受不利影响。我国《票据法》第四十一条第二款规定："付款人收到持票人提示承兑的汇票时，应当向持票人签发收到汇票的回单。回单上应当记明汇票提示承兑日期并签章。"提示汇票承兑的汇票持有人，因与付款人发生签发汇票回单的争议而提起的诉讼，即为汇票签发回单请求权纠纷诉讼。

（6）票据保证纠纷。《票据法》第四十五条规定，汇票的债务可以由保证人承担保证责任。票据保证是指票据法上的保证，即票据债务人以外的人作为保证人为担保票据债务的履行、以负担同一内容的票据债务为目的、在票据或者粘单上明确记载"保证"字样的一种附属票据行为。保证人由汇票债务人以外的他人担当。票据保证纠纷就是保证人与被保证人之间因票据保证债务的履行而发生的纠纷。

（7）确认票据无效纠纷。确认票据无效纠纷，是指票据因不具备《票据法》规定的形式要件而被确认缺乏票据上的法律约束效力而引起的纠纷。

（8）票据代理纠纷。票据代理，是指代理人根据被代理人的授权，以被代理人的名义实施的票据行为。票据代理纠纷，是指票据当事人作为委托人（被代理人）与其代理人、相对人之间因代理关系而发生的纠纷。

（9）票据回购纠纷。票据回购纠纷，是指商业银行等持未到期的已贴现的商业汇票向其他商业银行或系统内总行、分行进行转贴现以融通资金的票据行为引起的纠纷。

综上，本案原告与被告之间发生的纠纷，并不属于上述（1）、（3）—（9）的类型。上述（2）的类型是失票人基于票据所有权，向非法持有票据之人行使票据返还请求权而发生的纠纷。虽然，本案原告为失票人、本案被告为非法持有票据人，但在本案中，原告并非要求被告返还其非法持有的票据，而是请求"被告返还20万元人民币及利息"，也就是说，本案原告并没有选择行使票据返还请求权这个票据法上的非票据权利，而是选择行使基于票据所有权的不当得利返还请求权，这并不会产生票据纠纷。因此，本案原被告之间的纠纷不属于票据纠纷，不能适用《民事诉讼法》第二十五条及最高人民法院《关于审理票据纠纷案件若干问题的规定》第六条的规定，应适用一般地域管辖的规定确定管辖。基于此，票据支付地人民法院对本案无管辖权，本案应当由被告住所地人民法院即衡阳市雁峰区人民法院管辖。

二、丧失票据时的救济途径

我国《票据法》第十五条规定："票据丧失，失票人可以及时通知票据的付款人挂失止付，但是，未记载付款人或者无法确定付款人及其代理付款人的票据除外。收到挂失止付通知的付款人，应当暂停支付。失票人应当在通知挂失止付后 3 日内，也可以在票据丧失后，依法向人民法院申请公示催告，或者向人民法院提起诉讼。"即，当遗失票据时，失票人可直接向人民法院申请公示催告，也可以向人民提起诉讼，以此来保障自己的权利。最高人民法院《关于审理票据纠纷案件若干问题的规定》第二十四条至第三十九条对失票人丧失票据后的救济问题作出了详细的规定，在这里不再赘述。

三、本案涉及的其他与民事诉讼有关的问题

1.民事裁定的含义：民事裁定，是指人民法院审理民事案件或者在民事案件执行的过程中，为保证审判工作的顺利进行，就各种程序性事项所作出的结论性判定。

2.管辖权异议：依据《民事诉讼法》第一百二十七条，人民法院受理案件后，当事人对管辖权有异议的，应当在提交答辩状期间提出。人民法院对当事人提出的异议，应当审查。异议成立的，裁定将案件移送有管辖权的人民法院；异议不成立的，裁定驳回。根据案件资料可知，被告某某电缆有限公司确实是在答辩期间内提出了管辖异议。对于被告提出的异议，人民法院予以审查后认为异议成立，最后作出了依据《民事诉讼法》第三十六条将案件移送至对本案有管辖权的衡阳市雁峰区人民法院的裁定。依据《民事诉讼法》第二十一条的规定，我国民事诉讼一般地域管辖的原则是"原告就被告"，即原告提起诉讼应到被告所在地。通常情况下，都应按此原则确定案件的管辖，但依据《民事诉讼法》的有关规定，在一些特殊情形下，民事诉讼由原告住所地人民法院管辖，这就是"原告就被告"原则的例外。本案不属于例外情形，故应由被告住所地人民法院管辖。

（评析人：湖南大学法学院助理教授 朴成姬）

鲁某某诉杨某某离婚纠纷案

——发出人身保护令对家庭暴力行为实体认定的影响

【裁判摘要】

发出人身安全保护裁定目的是预防家庭暴力的发生或者再次发生。只要申请人提供的初步证据足以使法官内心确信，其可能遭受家庭暴力危险，即可批准申请，发出人身安全保护裁定。人民法院发出的人身安全保护裁定，对案件最终判决中关于家庭暴力行为的实体认定，不产生决定性的影响，不能作为认定家庭暴力行为的直接证据。

【案件索引】

长沙市岳麓区人民法院（2014）岳民初字第 05646 号（2014 年 9 月 16 日）

一、基本案情

本院在审理原告鲁某某诉被告杨某某离婚纠纷一案中，被告杨某某于2015 年 1 月 21 日提出申请，称：被告于 1985 年经人介绍与鲁某某结婚，2009 年身患重疾乳腺癌。原告从 2010 年 9 月开始对被告实施冷暴力，包括语言上的威胁刺激和生活上的折磨。最终迫使被告在经受化疗和手术一年后，于2011 年 11 月 3 日搬离原居住地湘雅医学院北院 23 栋某房。在分居三年后，鲁某某于 2014 年 9 月向长沙市岳麓区人民法院起诉离婚。在诉讼期间，2015年 1 月 14 日，原告给被告姐姐打电话进行威胁，称如果不接受他的调解条件将对被告进行人身伤害，让被告无法正常生活。1 月 19 日下午 6 点左右，申请人外出回到现住所，发现入户门锁孔被人用胶堵住，无法开门入内，后经调阅小区监控录像资料，证实是原告所为。该行为导致被告的门锁完全被破坏，换锁费用为 580 元。1 月 20 日被告向所在辖区咸嘉湖派出所报警，该派出所已立案受理。2015 年 1 月 20 日晚上，原告鲁某某每个小时给被告打一次电话，让被告整个晚上都无法休息。被告将去电信局调取原告鲁某某给被告的电话记录证据，证明原告鲁某某严重骚扰被告的生活，使被告无法正常生活。鉴于原告威胁被告及其家人，干扰被告正常生活，并破坏被告的私人财产。原告的行为严重侵害了被告的人身和财产安全。为维护自身合法权益，也防止原告挟私报复被告亲属，保障被告的安全及离婚诉讼顺利进行，现根据最高人民法院《涉及家庭暴力婚姻案件审理指南》的规定，特向人民法院申请人身保护令：1. 禁止原告殴打、威胁被告及被告的亲属；2. 禁止原告骚扰被告及被告的亲属；3. 禁止原告破坏被告及被告的亲属的私有财产。

原告鲁某某诉称：原告于 1984 年 11 月经人介绍与被告认识，于次年 3 月 8 日登记结婚。1987 年 5 月生下女儿鲁小某。由于婚前双方缺乏了解，感情基础薄弱，双方学识、生活环境和家庭背景和家庭教养不同，性格差距很大，人生观，价值观不一致。且被告性格暴躁狭隘，对原告经常恶言恶语。同时在婚姻存续期间与原告整个家族格格不入，与多人吵架不止。婚后从第一年开始，家庭年年吵架不息，彼此积怨，致夫妻感情无法建立。在 1992 年就发展到趁原告不备，被告用一杯刚烧开的开水大面积烫伤原告左臂（当时烫伤像片和病案被被告毁灭，现左臂留下烫伤伤痕）。在婚姻存续期间，家庭中没有温暖，没有尊重，没有信任。其中双方都多次提出离婚。但是，在计划经济时代，住房的计划分配制度再加之女儿的来到使得离婚变得不可以和不可能。2009 年被告患病住院期间，原告对被告进行了精心细致的照顾，其康复过来后就又开始对原告恶言恶语。2013 年 7 月 30 日原告中风（脑溢血）住院抢救，被告从未来到医院，抢救当天晚上竟唆使女儿来询问原告的银行密码是多少。被告在 2010 年 9 月以后，突然控制原告经济，起因为原告购买了一台单反照相机（在此之前原告工资存折都是由被告管理）导致原告不能正常开支汽车维修、燃油费用、保险费用等，口袋空无一文。在这种情况下原告只得在 11 月，去银行用挂失的方法收回工资存折。2011 年被告自行用家庭存款在原告不知情的状况下装修了 140 平方米商品房，并于 2011 年 11 月 2 日自行搬到岳麓区桐梓坡路 485 号沁园春御院小区 10 栋某房。明确提出不准原告住进新房，不给原告新房钥匙，也明确回绝了把原告的名字写进房产证的要求。现双方分开居住已有三年之多（分居前有分居书面约定，该分居协议实为被告在 2004 年在电脑中执笔起稿存留，当时并未实施分居，在 2011 年从电脑中搜索出打印并实施）。在分居期间双方完全断绝了联系，包括原告中风抢救期间。原告从去年中风到现在，脑溢血后遗症日渐加重，现身体左侧行动不便愈来愈加重加剧，2014 年 8 月又因左侧麻木，行动不便，疼痛加剧病情住院。由于无法忍受这种没有感情、没有家庭的婚姻生活，而且去年脑溢血中风后，生活处于无人照料之地。原告于 2014 年 7 月再次提出协议离婚，双方虽然均认为没有和好可能，但被告提出来要原告放弃两处房产净身出户的协议方案。住房是公民生存最基本的生活资料，原告不可能因离婚而居无住所，无房可住，这是原告生存的基本条件，所以原告只能诉至法院公正处理。女儿鲁小某于 1987 年 5 月 9 日出生，现年 27 岁，2014 年中南大学湘雅医学院研究生毕业，现已赴美国攻读博士研究生（获美国大学全额奖学金）、无抚养问题。为此，原告向人民法院提起诉讼，请求依法判决：一、原告与被告离婚（已分居三年多）；二、公正判决如下现有家庭财产的分割（现两处房产登记在被告名下）：1. 长沙市开福区湘雅路 110 号 23 栋某房（该处房产为福利房改房，面积约 64 平方米）现在由原告居住；2. 长沙市岳麓区桐梓坡路 485 号沁园春御院小区 10 栋某房（该处商品房产于 2007 年购买，银行贷款已于 2009 年全部还清，面积约 140 多平方米）现由被告居住；3.（东风日产）骊威小车一辆，于 2007 年购买（当时购买价 8 万多），现值 3 万多；4. 双方存款自 2009 年还清银行贷款后到 2010 底分居只有一年时间，该项存款已由被告用于 140 平方米新购商品房的装修，分居后双方经济已完全分开（有分居协议）。

被告杨某某辩称：鲁某某起诉要求离婚以来，被告痛苦了很久，也思考了很久。少年夫妻老来伴，原被告都已年逾六旬，结婚近 30 年，双方之间并没有原则性的问题，被告坚决不同意离婚。被告与鲁某某于 1985 年经人介绍结婚，1987 年生下女儿鲁小某。此后，原被告两个一边带孩子，做好各自的工作，一边不断地加强自身学习和修养。鲁某某成了一名监理，被告成为了一名大学教授，其中付出的艰辛，难以言表。这些成果的获得，离不开夫妻间的相互支持。被告于 2000—2003 年在美国做访问学者，丈夫鲁某某和女儿随后进入美国生活。所以回国后经济条件已经改善，原被告约定如果女儿国内高考失利，送女儿去美国读大学。2006 年，女儿高考失利，同时接到了美国科罗拉多大学的录取通知，我们做好了所有的准备工作，甚至行李都准备好了，美国大学的宿舍都已定好的情况下，预约签证也弄好了。鲁某某在女儿出国前的一个星期突然宣布不让女儿去美国了，并且没有任何的商量余地。在这种情况下，女儿本来因为高考没有考好就已经很内疚，她不想因为她的原因导致家庭产生新的纠纷，于是，尊重她爸爸的意见，没有去美国读书。女儿最后进了衡阳的一个三本学校。这一事件给女儿和被告，都是一个很大的打击。女儿放弃去美国读书的事情，把被告和鲁某某经济观念的矛盾凸显出来。鲁某某既不想女儿读书花钱，也不想用家庭共同资金用来买房买车改善生活。而被告希望把钱给女儿读书，这是最值得做的事。在女儿出国未成这一事件之后，2006 年，迫于在用钱问题上的分歧，被告和鲁某某在充分商量之后，签订了财产 AA 制的协议，书面约定就 2006 年 8 月 9 日以后各自所购置的固定资产归各自所有。2007 年被告在学校当上了系主任，工资收入比较高，所以被告自己购买了长沙市岳麓区桐梓坡路 485 号沁园春御园的房子，此后，被告用自己的工资和公积金还贷，一直到所有款项支付完毕。2009 年，被告患上了乳腺癌。被告前后进行了 8 次化疗。现在，被告本人的身体一直在靠药物维持，费用巨大，每天必须口服靶向药阿拉曲唑，现在的价格是 14 粒共 572 元；每三个月需要进行一个疗程的免疫治疗，注射胸腺法新针剂，为 151 元一支，每疗程需注射 8 支，上述药物全部为自费。同时每 3 ~ 6 个月还需住院复查一次。被告患上癌症后，在开始化疗的几次期间，鲁某某还是对被告较好，在手术及之后的 4 次化疗，鲁某某的行为则慢慢变化，态度逐渐变得冷漠、嫌弃。可能鲁某某害怕被告拖累他，害怕被告的身体不行了增加他的负担，鲁某某的行为在被告患癌症期间发生了翻天覆地的变化。被告认为鲁某某要和被告离婚，就是想逃避责任，害怕因癌症拖累他。被告已于 2014 年 10 月正式退休，现在只有退休工资。因为癌症治疗不能间断，医疗费用开销很大。加上女儿现在在美国读书，她的博士奖学金要等通过博士资格才能获得，目前其在美国的一切费用仍由被告一个人支付，所以现在被告的经济很紧张。在被告需要获得家庭支持的情况下，鲁某某起诉离婚，对被告和女儿的打击都很大。被告更伤心的是，鲁某某为了达到离婚的目的，在起诉书中描述的很多事实都是不实之词，是对被告人格的诋毁和伤害，请法官明察并督促鲁某某承担应尽的家庭义务和对病患妻子的扶持。最后，恳请法官不要判决原被告离婚。原被告都已年逾6旬，身体不好，希望安定和平，希望不要再折腾了，为了女儿，为了还不知能活几年的晚年生活，原被告一定倍加珍惜以后的日子，希望过一个幸福的晚年。

长沙市岳麓区人民法院经审理查明：原告鲁某某与被告杨某某于1984年11月经人介绍相识，并于1985年8月3日登记结婚。1987年5月9日，双方共同生育一女鲁小某。婚后初期夫妻感情尚可，后双方因家庭经济问题及其他家庭琐事发生矛盾，导致夫妻感情不和。2006年8月9日，原、被告签订《协议》一份，协议中约定："经鲁某某和杨某某两人共同协商，决定于2006-8-9实行经济及个人收入分开管理，特就有关事宜协议于下：1.即日起，各个收入（包括工资在内的一切收入）及各人所购置的任何固定资产均为各人所有，不再作为家庭共同财产。2.家庭共同消费部分由两人共同分担（各负担50%）。此部分包括水、电、煤气、电话费、网络费、有线电视收视费和必要的房屋维修费。3.女儿鲁小某的学费（包括学杂费、住校费及必须的考试费）由其父亲鲁某某负担。鲁小某的生活费由其母亲杨某某负担（包括饮食、水、电、日常开支、必要衣物、车旅费、人情打点及素质教育等的费用）。可能的重大疾病费用（如住院、手术）及重大的人生抉择（如出国留学）由双方共同负担。4.该协议前家庭所拥有的共同银行存款，由鲁某某和杨某某分别保管。"该协议签订后原、被告仍在一起共同生活，2009年被告被确诊为右乳癌，现尚在进一步治疗之中。双方自2011年11月2日开始分居至今。2014年9月16日，原告向本院提起诉讼，要求与被告离婚。

另查明：原、被告双方确认的夫妻共同财产有登记在被告杨某某名下的位于长沙市开福区湘雅路088号（原北站路022号）第23栋某房（房屋所有权证号码：长房权证开福字第00222910号）及房屋内的家具家电，现双方确认上述房屋及房屋内的家具家电价值450000元，双方分居后原告鲁某某一直居住在上述房屋内。2007 年 9 月，被告杨某某购买了位于长沙市岳麓区桐梓坡路 485 号沁园春御院小区 5 栋某房。2007 年 12 月 5 日，以被告杨某某作为借款人，以被告杨某某作为抵押人，以长沙置业（湖南）发展有限公司作为保证人，以上海浦东发展银行长沙分行作为贷款人，共同签订了《个人购房担保借款合同》一份，被告杨某某在合同上的抵押物共有人、抵押人处签字，借款金额为 320000 元，借款期限为 2007 年 12 月 30 日起至 2022 年 12 月 30 日，该借款已于 2009 年提前偿还完毕。后因沁园春御院小区 5 栋某房有质量问题，重新更换一套，2010 年 8 月 12 日，被告杨某某与长江置业（湖南）发展有限公司签订《长沙市商品房买卖合同》一份，购买了位于长沙市岳麓区桐梓坡路 485 号沁园春御院小区 10 栋某房，2012 年 7 月 24 日，该房屋所有权登记在被告杨某某的名下。现双方确认该房屋及房屋内的家具家电价值 800000 元，双方分居后被告杨某某一直居住在该房屋内。2007 年 9 月 26 日，原告鲁某某购买了骊威牌 DFL7163AA 小型轿车一辆，该车登记在原告鲁某某名下，车牌号为湘 AW9015 号，现双方确认该车价值 30000 元。2013 年 9 月 11 日，原告鲁某某经湖南省长沙市公证处公证，签署了《放弃继承权声明书》一份，自愿放弃对其母亲孔爱珠、父亲鲁恩赐遗产中其应继承份额的继承权。原、被告双方确认无夫妻共同债权债务。

二、法院认定及判决结果

长沙市岳麓区法院经审理认为：被告杨某某居住房屋的房门于 2014 年 1 月 19 日被人用胶堵门锁孔，被告杨某某于 2015 年 1 月 20 日向公安部门报警。根据物业公司监控显示，原告鲁某某曾于 2015 年 1 月 19 日出现在被告杨某某居住房屋的附近，2015 年 1 月 21 日，原告鲁某某又出现在被告杨某某居住房屋的附近，且有用锤子准备砸被告杨某某的房门被保安及时制止的行为。本院为了有效防止家庭暴力的发生，认为被告的人身保护令申请符合法律规定。遂于 2015 年 1 月 23 日作出（2014）岳民初字第 05646 号民事裁定：一、禁止原告鲁某某威胁、骚扰被告杨某某及被告杨某某的亲属；二、禁止原告鲁某某毁损被告杨某某的个人财产或原、被告的夫妻共同财产。人身安全保护裁定发出后，当事人未提出复议；一审判决后，原、被告双方当事人均未上诉。

【法官评析】

2008 年，最高法院法研所借鉴国际成熟经验，在其发布的《涉及家庭暴力婚姻案件审理指南》中，首次专章规定了"人身安全保护裁定"程序，并将其界定为一种民事强制措施，是人民法院为了保护家庭暴力受害人及其子女和特定亲属的人身安全，确保民事诉讼程序的正常进行而作出的裁定。申请人身安全保护裁定，应当符合下列条件：（1）申请人是受害人；（2）有明确的被申请人姓名、通讯住址或单位；（3）由具体的请求和事实、理由；（4）有一定证据表明曾遭受家庭暴力或正面临家庭暴力威胁。

人身安全保护裁定的目的是预防家庭暴力的发生或者再次发生，不涉及当事人在离婚案件中的实体权利，人民法院发出人身保护令的裁定，并不代表已经对家庭暴力行为作出了实体性的认定。对家庭暴力行为实体性的认定，需要根据原告在案件审理中的进一步举证，并结合被告的法庭质证意见和辩解来完成。因此，人民法院对人身安全保护裁定的证据审查标准，应当低于对家庭暴力事实认定的标准。只要申请人提供的初步证据足以使法官内心确信，其可能遭受家庭暴力危险的，即可批准申请，发出人身保护令裁定[1]。故在案件处理过程中，发出人身安全保护裁定，不能直接导致判决中对家庭暴力行为的实体认定，不能成为认定存在家庭暴力行为的直接证据。

（评析人：长沙市岳麓区人民法院民一庭周赞、黎春林）

【学者评析】

本案主要涉及两个关键问题，一是在案件处理过程中，人民法院作出的人身安全保护裁定，能否对案件最终判决中关于家庭暴力行为的实体认定起到直接证据的作用？二是夫妻在婚姻关系存续期间签订的涉及财产问题的协议的效力怎么认定？

---

[1] 陈敏.涉家庭暴力案件审理技能 [M]. 北京：人民法院出版社，2013：66-67.

一、人身保全裁定的概述

2008 年 3 月，最高人民法院中国应用法学研究所发布了《涉及家庭暴力婚姻案件审理指南》(以下简称《审理指南》)，首次提出在婚姻家庭案件中可适用人身安全保护裁定对受害人进行保护，并选择全国 9 个基层人民法院进行试点。《审理指南》专章规定人身安全保护措施，包括申请条件、审查重点、保护内容、生效执行、法律责任等内容，作为人民法院保护受害人的人身权利和排除妨碍诉讼行为的手段。试点工作获得了良好的法律效果和社会效果。2010 年，经地方法院主动申请，并经最高法院批准的基层试点法院已达 72 个。另外，湖南省、江苏省和广东省高级法院在本省辖区自行开展试点工作。[1]2009 年 4 月，湖南省高级人民法院在全国省级法院中率先制定了《关于加强对家庭暴力受害妇女司法保护的指导意见（试行）》(以下简称《指导意见》)，规定可以对申请人的人身安全保护请求依法作出裁定，并要求全省各基层法院积极开展适用人身安全保护裁定试点工作。[2]同时，《民事诉讼法》第一百条也为人民法院发布人身安全保护裁定提供了法律依据，根据该条规定，人民法院不仅可以对当事人的财产予以保全，还可以对其行为进行保全。行为保全的适用范围限于金钱请求以外的请求，通常是请求相对人为一定行为（作为）或不为一定行为（不作为），而这种"作为"或"不作为"事项必须要与本案请求有关。

"禁止许某殴打、威胁妻子陈某"——江苏省无锡市崇安区人民法院作出的人身安全保护民事裁定，首次在民事诉讼中将人身安全司法保护的触角延伸至家庭内部和案件开庭审理前。这是一个重大的突破。因为在以往，公权力对家庭暴力受害人的保护具有明显的滞后性，通常只是在家庭暴力上升为刑事案件时，才强有力地介入，追究施暴人的刑事责任。而首个人身安全保护裁定将事后惩罚变为了事前保护，[3]为有效预防家庭暴力从民事案件转化为刑事案件

---

[1] 陈敏. 关于人身安全保护裁定的思考 [J]. 人民司法，2011（5）：7.

[2] 邓志伟. 人身安全保护裁定适用的回顾与展望——以湖南法院实践为例 [J]. 人民司法，2011（5）：8-9.

[3] 徐伟. 反家暴 中国发出首个人身安全保护裁定 [J]. 政府法制，2008（19）.

提供了可能性。

依据《审理指南》第三十一条的规定，人身安全保护裁定的申请，原则上以书面形式提出，在紧急情况下，也可以口头申请。人身安全保护裁定的申请，可以在离婚诉讼提起之前、诉讼过程中或者诉讼终结后的6个月内提出。从人身安全保护裁定的申请时间，即可见，要达到人身安全的保护，离婚诉讼是必要前提。[1]诉前提出申请的，当事人应当在人民法院签发人身保护裁定之后15日之内提出离婚诉讼。逾期没有提出离婚诉讼的，人身安全保护裁定自动失效。又依据《审理指南》第三十二条第一款的规定，申请人身安全保护裁定，须符合下列条件：（1）申请人是受害人；（2）有明确的被申请人姓名、通讯住址、或单位；（3）有具体的请求和事实、理由；（4）有一定证据表明曾遭受家庭暴力或正面临家庭暴力威胁。人民法院经对当事人的申请审查或听证确信存在家庭暴力危险，如果不采取人身安全保护措施将使受害人的合法权益受到难以弥补的损害的，应当在48小时内作出批准的裁定，人身安全保护裁定自送达之日起生效。人民法院作出行为保全裁定后，一般应当向被请求人发出命令或强制令，责令被请求人作为或不作为。如果被请求人拒不履行，人民法院可采取强制措施，迫使其履行，或者采取替代性方法。此外，申请人身安全保护措施的裁定，无需交纳任何费用。

二、人身保全裁定不能作为最终判决用来认定家庭暴力行为的直接证据的理由分析

首先，人身保全裁定能否作为最终判决用来认定某项事实的直接证据具有不确定性。

民事证据，是指在民事诉讼中能够证明民事案件真实情况的各种客观事实材料，是法院认定案件事实并作出裁判的重要根据。而能够作为判案根据的证据必须同时具备客观真实性、关联性、合法性特征。依据我国《民事诉讼法》第六十三条和《民事诉讼法司法解释》的有关规定，证据种类有以下几种：书证、物证、视听资料、证人证言、当事人的陈述、电子数据、鉴定意见、勘验笔

---

[1] 蔡仲维，杨跃.论人身安全保护裁定的理论与实践完善[J].青年与社会，2014（7）.

录等八种。此外,《最高人民法院关于民事诉讼证据的若干规定》第九条规定了几种无需当事人证明的事实:(1)众所周知的事实;(2)自然规律及定理;(3)根据法律规定或者已知事实和日常生活经验法则能推定出的另一事实;(4)已为人民法院发生法律效力的裁判所确认的事实;(5)已为仲裁机构的生效裁决所确认的事实;(6)已为有效公证文书所证明的事实。其中(1)、(3)、(4)、(5)、(6)项,当事人有相反证据足以推翻的不能作为证据使用。人身保全裁定作为裁定的一种,裁定中所确认的事实暂且可归类于无需举证的(4)项中。但是,如前所述,这种事实不是任何时候都能直接作为判案依据,其作为证据来使用是附有条件的。如诉讼过程中出现能够足以推翻这些事实的证据时,这些事实就变得不具有证据的属性。因此,人身保全裁定能否作为最终判决用来认定某项事实的直接证据具有很大的不确定性,不能笼统地说人身保全裁定是证据的一种。更何况,法律在列举证据的种类时,并没有直接将"人身保全裁定"作为证据的一个种类予以规定,也没有设置兜底条款。

其次,从法院作出人身保全裁定的过程来看,人身保全裁定缺乏证据属性。

据以作出最终判决的证据必须经过严格的审查程序才能被采纳。比如,当事人举证需要严格遵守举证时限的规定;需要在人民法院的主持下进行证据交换;证据应当在法庭上出示,由当事人质证;最后由审判人员对经过质证或者当事人在证据交换中认可的各种证据材料进行认证。未经质证的证据,不能作为认定案件事实的依据,且经过质证的证据还须由人民法院最终进行认证以后,才能判断证据有无证明力和证明力的大小。

《审理指南》和《指导意见》均将人身安全保护裁定的性质和功能定位于"人民法院为保护家暴受害人及其子女和特定亲属的人身安全,确保民事诉讼程序正常进行而作出的排除妨碍诉讼行为的裁定",属于民事强制措施[1]的一种。这种措施具有紧急性、针对性、临时性等特点,采取这种措施仅仅是为了保证将来的生效判决能够顺利得到执行而采取的措施,并不是对家庭暴力行为作出的实体性认定,因此对于据以作出裁定的证据的要求并不那么严格。虽然申请

---

[1] 邓志伟.人身安全保护裁定适用的回顾与展望——以湖南法院实践为例 [J].人民司法,2011(5):11.

人提出人身保全裁定申请时，须提供一定的证据，表明曾遭受家庭暴力或正面临家庭暴力威胁，但人民法院收到人身安全保护措施的申请后，对以上证据仅仅进行形式要件的审查。经过审查之后，足以使法官内心确信，申请人可能遭受家庭暴力危险的，即可批准申请，发出人民保护令裁定[1]。人民法院在审查是否存在家庭暴力危险的证据时，还可以根据家庭暴力案件自身的特点和规律，本着灵活、便捷的原则适当简化。也就是说，人民法院对于人身安全保护裁定相关证据的审查标准并不高，只要申请人提供的初步证据得到法官的认可，即可作出人身安全保护裁定。通过这种过程作出的人身安全保护裁定如同尚未经过质证、认证等程序的证据一样，不能直接用来作为判案依据，只有经过严格的审查程序，才能最终确定其是否可以作为本案的判决依据。故在案件处理过程中，发出人身安全保护裁定，不能直接导致判决中对家庭暴力行为的实体认定，不能成为认定存在家庭暴力行为的直接证据。人身安全保护裁定不仅不能直接用来作为判决依据，当发生《民事诉讼法司法解释》第一百六十六条中规定的保全错误或诉讼请求被生效裁判驳回等行为保全需要解除的情形时，人身安全保护裁定本身则会被否定，这也从另一个角度证明了人身安全保护裁定不能成为最终判决用来认定某项事实的直接证据的事实。

基于上述理由，人民法院作出的人身安全保护裁定不会直接导致判决中对家庭暴力行为的实体认定。本案一审判决书中写道："对于被告主张原告对被告实施了家庭暴力，因被告没有提供充分证据予以证实，现有证据不足以证实原告对被告已经实施了家庭暴力，故对被告的该项主张本院不予采纳。"即，作出一审判决时，因诉讼过程中出现了能够足以推翻人身保护裁定的证据，使得人身安全保护裁定无法成为判案直接依据，法官只能依据其他经过严格审查程序得到认可的证据作出最终的判决。本案中人民法院的审理过程体现了程序正义的原则。

---

[1] 陈敏. 涉家庭暴力案件审理技能 [M]. 北京：人民法院出版社，2013：66-67.

三、夫妻在婚姻关系存续期间签订的涉及财产问题的协议的效力

最高人民法院 1993 年 11 月 3 日颁布的《关于人民法院审理离婚案件处理财产分割问题的若干具体意见》第一条规定："夫妻双方对财产归谁所有以书面形式约定的，或以口头形式约定，双方无争议的，离婚时应按约定处理。但规避法律的约定无效。"

最高人民法院民一庭倾向性意见如下：夫妻在婚姻关系存续期间签订的涉及财产问题的协议，经审查不存在欺诈、胁迫的情形，系双方当事人真实意思表示，不违反法律、行政法规的禁止性规定，应当认定为有效。离婚时一方主张按照协议履行的，人民法院应予支持；在不解除婚姻关系同时也没有实行分别财产制的情形下，对该主张不予支持。在目前我国绝大多数夫妻实行法定共同财产制的情形下，就财产的归属而言，夫妻属于一体，只有婚姻关系解除时，由于共有基础的丧失才发生财产分割问题。[1]

根据以上规定，本案原告与被告于 2006 年，迫于在用钱问题上的分歧，在双方充分商量之后所签订的 2006 年 8 月 9 日以后各自所购置的固定资产归各自所有的协议，是出于当事人双方的真实意思表示，不违反法律的强制性规定，因此是合法有效的协议，离婚时一方主张按照协议履行的，人民法院应予支持。因此，本案一审基于长沙市岳麓区桐梓坡路 485 号沁园春御院小区 10 栋某房及房屋内的家具家电以及车牌号为湘 AW9015 号骊威牌 DFL7163AA 小型轿车均是在原、被告签订协议之后所购买的固定资产的事实，判决"登记在被告杨某某名下的位于长沙市岳麓区桐梓坡路 485 号沁园春御院小区 10 栋某房及房屋内的家具家电归被告杨某某所有；登记在原告鲁某某名下的车牌号为湘 AW9015 号骊威牌 DFL7163AA 小型轿车归原告鲁某某所有"是完全符合法律规定的正确的判决。

---

[1] 吴晓芳. 如何处理夫妻双方在婚姻关系存续期间的涉及财产问题的协议 [J]. 载黄松有. 民事审判指导与参考（总第 34 集）[M]. 北京：法律出版社，2008：65.

四、本案涉及的其他与民事诉讼有关的问题

1. 判断夫妻感情是否破裂的标准：依据最高人民法院 1989 年 12 月 13 日颁布的《关于人民法院审理离婚案件如何认定夫妻感情确已破裂的若干具体意见》第七条的规定，因感情不和分居已满三年，确无和好可能的，视为夫妻感情确已破裂。人民法院审理离婚案件，准予或不准离婚应以夫妻感情是否确已破裂作为区分的界限。凡属可视为夫妻感情确已破裂情形之一的，一方坚决要求离婚，经调解无效，可依法判决准予离婚。

2. 共同财产分割问题：最高人民法院 1993 年 11 月 3 日颁布的《关于人民法院审理离婚案件处理财产分割问题的若干具体意见》第十三条规定："对不宜分割使用的夫妻共有的房屋，应根据双方住房情况和照顾抚养子女方或无过错方等原则分给一方所有。分得房屋的一方对另一方应给予相当于该房屋一半价值的补偿。在双方条件等同的情况下，应照顾女方。"因此，本案一审判决"登记在被告杨某某名下的位于长沙市开福区湘雅路 088 号（原北站路 022 号）第 23 栋某房及房屋内的家具家电归原告鲁某某所有；原告鲁某某在本判决生效之日起十日内向被告杨某某支付夫妻共同财产分割补偿款 225000 元"，完全符合法律规定。

3. 管辖问题：本案不属于法律规定的应由中级人民法院、高级人民法院和最高人民法院管辖的第一审民事案件，所以由基层人民法院管辖。本案也不属于特殊地域管辖、专属管辖、共同管辖和协议管辖的案件，因此适用一般地域管辖。一般地域管辖，是指根据当事人所在地（住所地、经常居住地）与其所在地的法院的隶属关系确定的管辖。因此，本案由被告住所地法院——岳麓区人民法院管辖符合法律规定。

（评析人：湖南大学法学院助理教授 朴成姬）

中联重科租赁公司与马某某融资租赁合同纠纷案

——关于再审申请情形的审查与认定

【问题提示】

原审判决实体问题在何种情形下符合再审的条件？原审程序违法在什么情形下法院应当启动再审程序？

【裁判要旨】

原审法院因上级法院作出的管辖权转移的裁定而获得管辖权；同时法院在作出了驳回管辖权异议的裁定之后才进行审理，并且法院缺席判决属于依法作出，并不违反法定程序；申请人提出的判决事实错误的主张未能提供证据予以证明；因此申请人的再审申请不符合再审的情形。

【案件索引】

湖南省长沙市岳麓区人民法院（2014）岳民监字第00009号（2015年3月25号）

【案情】

原审原告中联重科融资租赁（北京）有限公司（以下简称中联重科租赁公司）与原审被告马某某、中铁第十九工程局道路桥梁工程处（以下简称中铁十九局）融资租赁合同纠纷一案，本院于2011年7月27日作出（2011）岳民初字第00056号民事判决。宣判后，双方当事人未上诉，判决已经发生法律效力。

2012年2月5日，马某某向长沙市中级人民法院提出再审申请。马某某提出：一、岳麓区人民法院（2011）岳民初字第00056号民事判决审理程序违法。其一，马某某已提出管辖异议上诉，在未做出管辖权异议终审裁定、没有通知马某某参加庭审情况下，岳麓区人民法院开庭审理，程序严重违法；其二，岳麓区人民法院没有管辖权，本案被告所在地在辽宁省、合同实际签订地在辽宁省辽阳市、诉讼标的超过一千万，依法应移送至有管辖权的辽阳市中级人民法院审理；二、《融资租赁合同》是被欺诈、胁迫签订的，应认定无效；三、即使判决解除合同，也是中联重科租赁公司违约在先，没有履行赠送协议，将赠送设备送给马某某，其过错应由中联重科租赁公司承担。请求撤销岳麓区人民法院（2011）岳民初字第00056号民事判决；将本案移送至有管辖权的法院重新审理；驳回中联重科租赁公司的诉讼请求。

再审被申请人中联重科租赁公司辩称：原判认定事实清楚，程序合法，处理正确，请求驳回马某某的再审申请。

原审被告中铁十九局陈述：一、本案合同实际签订地在辽宁省辽阳市，合同履行地、租赁物使用地、原告住所地、被告住所地均不在长沙市岳麓区，岳麓区人民法院对本案无管辖权；二、岳麓区人民法院在没有合法有效地向马某某送达开庭传票的情况下审理案件，程序严重违法；三、岳麓区人民法院故意偏袒中联重科租赁公司；四、岳麓区人民法院（2012）岳执字第00018-2号执行裁定书将中铁十九局集团有限公司列为第三人于法无据。

原一审法院认定，2009年7月5日，中联重科租赁公司与马某某签订一份《融资租赁合同》，约定：中联重科租赁公司向马某某出租设备型号为ZLJ5253GJBI混凝土搅拌车10台、ZLJ5160THB混凝土泵车2台、ZLJ5281THB123-37型混凝土泵车2台，设备总价值10725000元；马某某按照《租赁支付表》的约定支付租金，如逾期，除支付正常利息外，还需支付罚息，罚息率为日万分之七，从应付租金日起至实际付款日止。双方还对其他事项进行了约定。之后，中联重科租赁公司向马某某交付租赁设备，马某某予以签收，并支付部分租赁费。后因马某某拒付租赁费，酿成纠纷。截止2010年11月30日，马某某拖欠租赁费3164981.98元，罚息274931.22元（从2010年3月25日起至2010年11月30日止）。

另查，中铁十九局与中联重科租赁公司签订《连带责任保证合同》，约定由中铁十九局为马某某提供连带责任担保。

上述事实，有《融资租赁合同》、风险提示单、租赁物件签收单、租赁支付表、《产品买卖合同》、对账函、《连带责任担保合同》、发票若干等证据证明。

原一审法院认为，中联重科租赁公司与马某某签订的《融资租赁合同》及与中铁十九局签订的《连带责任保证合同》系双方当事人的真实意思表示，内容合法，合同成立、有效。马某某未按约定按期足额支付租金，应承担相应民事责任，中铁十九局承担连带保证责任。因马某某严重违约，中联公司融资租赁公司要求解除合同、收回租赁物、支付到期租金3164981.98元（罚息按照日万分之七标准，从2010年3月25日起暂计算至2010年11月30日止，2010年12月1日以后顺延照计）的诉讼请求，予以支持。中联重科租赁公司以合同约定要求支付因实现债权产生合理费用278589元（诉讼请求498589元，之后自愿放弃其中的诉求220000元）并无不当，予以支持。中铁十九局辩称中联重科租赁公司要求支付其他费用无依据的理由不能成立，不予采纳。中铁十九局还辩称提出中联重科租赁公司没有采取合理措施，致使损失扩大，因此应承担损失扩大部分的理由。经查系马某某先违约未按期付款，之后中联重科融资租赁公司才采取措施要求马某某按约履行或交还租赁物件。因此，中铁十九局的该抗辩理由不能成立，不予采纳。马某某经合法传唤，无正当理由拒不出庭，依法缺席判决：一、解除中联重科租赁公司与马某某签订的编号为ZLXX-RZ/HNT20090499的《融资租赁合同》及相关附件；二、限马某某在本判决生效后三日内给付中联重科租赁公司到期租金3164981.98元，罚息274931.22元，合计3439913.2元（租金按约定的计算方式暂算至2010年11月30日，2010年12月1日以后顺延照计至判决确定的给付之日止，罚息按照日万分之七暂从2010年3月25日起计算至2010年11月30日止，2010年12月1日以后顺延照计至判决确定的给付之日止）；三、马某某在本判决生效之日起三日内给付中联重科租赁公司因实现债权实际支出278589元；四、确认马某某租赁中联重科租赁公司型号为ZLJ5253GJBJ型混凝土搅拌机10台、ZLJ5160THB型混凝土泵车2台、ZLJ5281THB123-37型混凝土泵车2台的所有权人为中联重科租赁公司。限马某某在判决生效之日将上述租赁设备返还中联重科融资租赁。如马某某未按本判决书指定的期间返还上述设备，则马某某应按约定支付租金、罚息至上述设备实际返还之日；五、中铁十九局对二、三、四项承担连带清偿责任。案件受理费 86150 元、财产保全费 5000 元，由马某某、中铁十九局共同负担。

同年 5 月 15 日，长沙市中级人民法院以（2012）长中民监字第 0246 号函，交本院复查此案。本院受理后，依法另行组成合议庭，分别于 2014 年 6 月 23 日、10 月 22 日进行了听证，再审申请人马某某的委托代理人杜某某，再审被申请人中联重科租赁公司委托代理人吴某某，原审被告中铁十九局的委托代理人吕某某、焦某某到庭参加听证。本案现已复查完毕。

经复查，查明的事实与原审查明一致。

另查明，2010 年 7 月 7 日，北京中联新兴建设机械租赁有限公司经批准变更为中联重科融资租赁（北京）有限公司。

【审判】

长沙市岳麓区人民法院经审查认定如下：

1. 本院对本案是否享有管辖权的问题。双方当事人约定，双方在履行本合同过程中如果发生争议协商不成，可向本合同签订地法院提起诉讼。长沙市中级人民法院已经查明，本案合同签订地在长沙市。因本案的标的超过 300 万元，因此长沙市中级人民法院对本案享有管辖权。为了方便诉讼，在中联重科租赁公司的申请下，2010 年 12 月 21 日，长沙市中级人民法院作出（2011）长中立民初字第 0024 号民事裁定书，将本案交由本院审理，本院对本案依法有管辖权。因此，再审申请人马某某和原审被告中铁十九局认为本院对本案没有管辖权的主张没有事实依据，不能成立。

2. 原审程序是否合法的问题。再审申请人马某某提出原审法院在马某某已提出管辖异议上诉，在中级人民法院未做出管辖权异议终审裁定的情况下开庭程序违法；原审法院在没有通知马某某参加庭审的情况下开庭程序违法。原审被告中铁十九局也提出原审法院在没有合法有效的向马某某送达开庭传票的情况下审理案件，程序严重违法。

经查，本院于 2011 年 1 月 19 日做出（2011）岳民初字第 00056-1 号民事裁定书，驳回马某某的管辖异议后，于 2011 年 3 月 15 日将裁定书邮寄送达了马某某；之后收到了马某某没有本人亲笔签名的上诉状，本院于同年6月6日书面要求马某某补正，但马某某拒不补正，因此本院书面通知马某某，因其拒绝补正视为其撤回上诉。本院已经给予马某某充足的时间行使诉权，但马某某自愿放弃了上诉的权利。另外，本院已经按照马某某确认的地址邮寄送达了开庭传票，但马某某经合法传唤拒不到庭，本院依法缺席审理。综上，本院原审程序合法，再审申请人马某某和原审被告中铁十九局的理由与事实不符，本院不予采纳。

3.原审判决实体是否正确的问题。马某某再审申请提出，《融资租赁合同》是被欺诈、胁迫签订的，应认定无效。经查，原审诉讼中马某某未能提供证据证明，其系受到欺诈和胁迫的情况下签订合同，合同签订后的长时间内马某某也未提出相关异议，其在再审申请中也未能提供新证据，因此对其该主张不予认定。

马某某再审申请还提出"即使判决解除合同，也是中联重科租赁公司违约在先"的理由，经查，不能成立。理由是：马某某主张的《赠送设备协议》约定的赠送方为长沙市中联重工科技发展股份有限公司，与本案涉案主体中联重科租赁公司不是同一民事主体，其该请求不能在本案中合并审理，引起本案纠纷发生的原因是马某某仅支付首付款53万余元及6期租赁款，未按期支付其余款项以致违约在先。

另外，原审被告中铁十九局认为本院故意偏袒中联重科租赁公司的理由，无任何事实依据，不能成立；中铁十九局还提出本院（2012）岳执字第00018-2号执行裁定书将中铁十九局团有限公司列为第三人于法无据，其可以在执行程序中提出执行异议，该主张与本案不属同一法律关系，本案对该主张不能合并处理。

综上，原审判决认定事实清楚，适用法律准确，处理恰当，马某某的再审申请不符合进入再审的法定情形。依照《中华人民共和国民事诉讼法》第二百条，《最高人民法院关于适用〈中华人民共和国民事诉讼法〉审判监督程序若干问题的解释》第十九条之规定，裁定如下：

驳回再审申请人马某某的再审申请。

【法官评析】

本案再审申请人马某某提出案件审理违反法定程序，案件实体裁判有问题等再审理由，涉及到是否符合法律规定的再审情形等问题。

1. 再审申请人马某某认为其所提出的管辖权异议，法院未经裁定直接进行审理。从法律的角度来说，管辖权异议未经裁定就直接进行审理并不属于《民诉诉讼法》与《民事诉讼法司法解释》规定的应当再审的法定情形。经查长沙市中级人民法院对本案享有管辖权，为了方便诉讼，在中联重科租赁公司的申请下，2010 年 12 月 21 日，长沙市中级人民法院作出（2011）长中立民初字第 0024 号民事裁定书，通过管辖权转移将本案交由本院审理，也就是说本院对本案有管辖权。新《民事诉讼法》第三十八条第一款规定："上级人民法院有权审理下级人民法院管辖的第一审民事案件；确有必要将本院管辖的第一审民事案件交下级人民法院审理的，应当报请上级人民法院批准。"此条规定在 2007《民事诉讼法》的基础上新增了上级法院将案件移交给下级法院审理的报批程序，但是中院裁定管辖权转移的时间早于 2013《民事诉讼法》实施之前，因此符合法律的规定。从事实上来说，本院于 2011 年 1 月 19 日做出（2011）岳民初字第 00056-1 号民事裁定书，驳回马某某的管辖异议后，于 2011 年 3 月 15 日将裁定书邮寄送达了马某某；并在之后收到了马某某没有本人亲笔签名的上诉状。因此本院有充分的证据证明当事人提出的管辖权异议经过了合法程序，做出了合法的处理。

原审被告中铁十九局陈述：岳麓区人民法院在没有合法有效的向马某某送达开庭传票的情况下审理案件，程序严重违法。依据法律规定："未经传票传唤，缺席判决"的应当再审，但是从事实的角度来说，本院已经按照马某某确认的地址邮寄送达了开庭传票，但马某某经合法传唤拒不到庭，本院进而依法缺席审理，法院能够提出真实有效的证据予以证明，所以中铁十九局提出理由不能成立，依法不能进入再审程序。

2. 再审申请人马某某在此案中还提出了关于事实认定的问题。马某某提出《融资租赁合同》是被欺诈、胁迫签订的，应认定无效；并且认为即使判决解除合同，也是中联重科租赁公司违约在先，没有履行赠送协议，将赠送设备送给马某某，其过错应由中联重科租赁公司承担。根据法律的规定，事实认定错误可以成为案件应当再审的情形，但是原审诉讼中马某某未能提供证据证明，其系受到欺诈和胁迫的情况下签订合同，合同签订后的长时间内马某某也未提出相关异议，其在再审申请中也未能提供新证据，因此对其该主张不予认定。并且马某某主张的《赠送设备协议》约定的赠送方为长沙市中联重工科技发展股份有限公司，与本案涉案主体中联重科租赁公司不是同一民事主体，所以其该请求不能在本案中合并审理。

原审被告中铁十九局提出：岳麓区人民法院故意偏袒中联重科租赁公司。但是中铁十九局没有提供相关的证据予以证明，无任何事实依据，所以该理由并不能成立。

本院严格依据法律，从事实的角度出发对当事人所提出的再审申请进行审查，最后做出了驳回再审申请的裁定，体现了适用法律的准确性，以及严格依据法律和事实裁判的精神。

（编写人：湖南省长沙市岳麓区人民法院研究室工作人员 向赛愉）

向某某申请执行黄某某房屋一案

——看关于"唯一住房"能否成为执行对象的讨论

【问题提示】

被执行人只有一套住房，该住房是否可以强制执行？如何执行？

【裁判要旨】

长沙市岳麓区人民法院（2012）岳民初字第 03101 号民事判决书及湖南省长沙市中级人民法院（2013）长中民一终字第 01206 号民事判决书已经发生法

律效力，但被执行人黄某某至今未按判决书所确定的内容履行义务。

【案件索引】

一审判决书：长沙市岳麓区人民法院（2012）岳行初字第03101号（2013年2月15日）；

二审判决书：长沙市中级人民法院（2013）长中民一终字第01206号（2013年5月2日）；

执行裁定书：长沙市岳麓区人民法院（2013）岳执字第00597号（2013年10月6日，终结执行）；长沙市岳麓区人民法院（2013）岳执恢字第00597号（2014年2月10日）。

【案情】

申请执行人：向某某。

被执行人：黄某某。

向某某与黄某某原系夫妻，2012年11月，原告向某某向法院提起离婚之诉，我院依法予以受理，并作出（2012）岳行初字第03101号民事判决书，判决原、被告夫妻共同所有的登记在原告向某某名下的位于长沙市岳麓区望岳南路29号嘉逸名庭1栋1303房及房屋内的家具家电归被告黄某某所有；被告黄某某在本判决生效之日起十日内向原告向某某支付夫妻共同财产分割款191519.26元。判决生效后，黄某某不服，向长沙市中级人民法院上诉，经依法审理长沙市中级人民法院作出（2013）长中民一终字第01206号民事判决书，判决：一、维持（2012）岳行初字第03101号民事判决的第一、二、三、四、五项。二、向某某在本判决生效之日起10人内支付黄某某精神损害抚慰金10000元。因判决已生效，但被执行人黄某某未按判决书所确定的内容履行义务，申请执行人遂向本院申请强制执行，但因被执行人及其父母居住在被执行人名下唯一的一套住房，无其他可供执行的财产，在被执行人承诺分期还款的情况下，经申请执行人同意，本院裁定终结本次执行程序。后因被执行人未按约定分期还款，本案恢复执行，在执行过程中，本院依法对被执行人的唯一住房进行查封，并委托进行价格评估，准备将房屋强制变现，后基于离婚案件的特殊性，多次组织双方调解，双方当事人自愿达成和解协议，由被执行人在限定的时间内自行变现，变价款由法院控制，以确保偿还本案债务。现该案已和解并履行完毕。

【审判】

因本院（2012）岳行初字第 03101 号民事判决书及湖南省长沙市中级人民法院（2013）长中民一终字第 01206 号民事判决书已生效，但被执行人黄某某未按判决书所确定的内容履行义务，依照《中华人民共和国民事诉讼法》第二百四十条、第二百四十四条之规定，裁定如下：查封登记在申请执行人向某某名下但被上述生效判决确认归被执行人黄某某所有的位于岳麓区望岳南路 29 号嘉逸名庭 1 栋 1303 号（权证号为 708029137）房屋的交易手续。后经执行和解，该案已和解并履行完毕。

【法官评析】

一、"唯一住房"执行的现状

《最高人民法院关于人民法院民事执行中查封、扣押、冻结财产的规定》第六条规定，对被执行人及其所抚养家属生活所必需的居住房屋，人民法院可以查封，但不得拍卖、变卖或者抵债；第七条规定，对于超过被执行人及其所抚养家属生活所必需的房屋和生活用品，人民法院根据申请执行人的申请，在保障被执行人及其所抚养家属最低生活标准所必需的居住房屋和普通生活必需品后，可予以执行。可见，根据我国现行法律的规定，被执行人的"唯一住房"是可以执行的。但是，很多被执行人将上述规定的第六条作为阻碍执行的"尚方宝剑"，很多法院也出于维护社会稳定的考虑，对此类案件一律停止执行。近几年，虽然全国各地法院为破解"唯一住房"的执行难都在进行尝试，但是由于法律及司法解释没有对具体的执行办法和对被执行人的保障标准作出规定，"唯一住房"的执行还是举步维艰，对于法官来说绝对是个"烫手山芋"。

二、"唯一住房"执行的新规定

2015 年 5 月 5 日，最高人民法院发布《关于人民法院办理执行异议和复议案件若干问题的规定》，该规定中最引人关注的是第二十条的规定：金钱债权执行中，符合下列情形之一，被执行人以执行标的系本人及所抚养家属维持生活必需的居住房屋为由提出异议的，人民法院不予支持：（一）对被执行人有抚养义务的人名下有其他能够维持生活必需的居住房屋的；（二）执行依据生效后，被执行人为逃避债务转让其名下其他房屋的；（三）申请执行人按照当地廉租住房保障面积标准为被执行人及所抚养家属提供居住房屋，或者同意参照当地房屋租赁市场平均租金标准从该房屋的变价款中扣除五至八年租金的。执行依据确定被执行人交付居住的房屋，自执行通知送达之日起，已经给予三个月的宽限期，被执行人以该房屋系本人及所抚养家属维持生活的必需品为由提出异议的，人民法院不予支持。

上述规定为破解"唯一住房"执行难提供了明确的依据和具体的办法，第三项是一个兜底型条款，操作性强，让被执行人再也没有了"挡箭牌"，也大大地减轻了执行法官的压力，意义重大。但是，上述规定还是不能完全解决实际操作中的全部问题，还有可能产生一些歧义，比如：在符合第一或第二项的情况下，是否还要按第三项的规定为被执行人提供居住房屋或者扣除租金。笔者认为不需要，从立法的原意来说，是保障被执行人有房可住，而符合第一或第二项的被执行人应该是有房可住的。但是由于没有明确规定，被执行人肯定会提出第三项的要求，法院、法官在处理此类情况时往往会迫于维稳压力而迁就被执行人。此外，第一项没有将未成年子女名下有房屋的情形纳入，存在漏洞；第二项中转移财产的时间点确定执行依据生效后，没有确定为诉讼开始后，还是比较保守，不利于遏制转移财产的行为。因此，笔者认为，我们可以将上述情形都作为制定"唯一住房"执行方案、确定对被执行人的保障方式、时间的重要参考。

三、"唯一住房"执行方法探索

对于"唯一住房"的执行，各地法院都进行了探索，也找到了一些好的办法，如"以大换小"、"以近换远"、"以新换旧"等。最高人民法院《关于人民法院办理执行异议和复议案件若干问题的规定》出台后，我们的方法就更多了，标准也更明确了，可以为被执行人提供居住房屋，也可以从房屋变价款中为其保留5至8年的租金。笔者认为，我们还可以采取像本案的这种做法，在申请人同意的情况下，限被执行人在一定期限内将房屋自行变现，但是，法院必须查封房屋，并确保控制房屋的变价款。采取这种方式，既提高了效率，也为当事人节省了评估、拍卖费用以及提供过渡房的费用，避免了拍卖、变卖的降价损失。

（编写人：湖南省长沙市岳麓区人民法院执行局副局长 尹辉霞）

【学者评析】

一、本案执行管辖和执行依据如何确定

就执行管辖而言，我国《民事诉讼法》规定，发生法律效力的民事判决、裁定，以及刑事判决、裁定中的财产部分，由第一审人民法院或者与第一审人民法院同级的被执行的财产所在地人民法院执行。法律规定由人民法院执行的其他法律文书，由被执行人住所地或者被执行的财产所在地人民法院执行。

除了上述情形以外，发生法律效力的实现担保物权裁定、确认调解协议裁定、支付令，由作出裁定、支付令的人民法院或者与其同级的被执行财产所在地的人民法院执行。认定财产无主的判决，由作出判决的人民法院将无主财产收归国家或者集体所有。对于执行申请，符合条件的人民法院应当予以受理。

执行依据又称为执行文书，是权利人据以申请执行的凭证，也是人民法院采取执行措施的凭证。根据民事诉讼法的规定，向人民法院申请强制执行的依据主要有如下几种：（一）人民法院制作的发生法律效力的判决书、裁定书和调解书；（二）人民法院依督促程序发布的支付令；（三）发生法律效力而具有财产内容的刑事判决书、裁定书。例如，依据刑法作出的判处罚金、没收财产；判处犯罪分子赔偿被害人的经济损失等；（四）仲裁机构依法作出的发生法律效力的裁决书；（五）公证机关制作的依法赋予强制执行效力的债权文书。

同时当事人申请人民法院执行的生效法律文书应当具备下列条件：（一）

权利义务主体明确；（二）给付内容明确。法律文书确定继续履行合同的，应当明确继续履行的具体内容。

依据上述规定，本案的执行管辖法院是长沙市岳麓区人民法院，执行依据是该院（2012）岳民初字第03101号民事判决书及湖南省长沙市中级人民法院（2013）长中民一终字第01206号民事判决书。

二、本案可能采取的执行措施有哪些？

依据《民事诉讼法》，执行员接到申请执行书或者移交执行书，应当向被执行人发出执行通知，并可以立即采取强制执行措施。

被执行人未按执行通知履行法律文书确定的义务，应当报告当前以及收到执行通知之日前一年的财产情况。被执行人拒绝报告或者虚假报告的，人民法院可以根据情节轻重对被执行人或者其法定代理人、有关单位的主要负责人或者直接责任人员予以罚款、拘留。

被执行人未按执行通知履行法律文书确定的义务，人民法院有权查封、扣押、冻结、拍卖、变卖被执行人应当履行义务部分的财产。但应当保留被执行人及其所抚养家属的生活必需品。采取前款措施，人民法院应当作出裁定。

对被执行的财产，人民法院非经查封、扣押、冻结不得处分。对银行存款等各类可以直接扣划的财产，人民法院的扣划裁定同时具有冻结的法律效力。

人民法院冻结被执行人的银行存款的期限不得超过一年，查封、扣押动产的期限不得超过两年，查封不动产、冻结其他财产权的期限不得超过三年。申请执行人申请延长期限的，人民法院应当在查封、扣押、冻结期限届满前办理续行查封、扣押、冻结手续，续行期限不得超过前款规定的期限。人民法院也可以依职权办理续行查封、扣押、冻结手续。人民法院在执行中需要拍卖被执行人财产的，可以由人民法院自行组织拍卖，也可以交由具备相应资质的拍卖机构拍卖。交拍卖机构拍卖的，人民法院应当对拍卖活动进行监督。拍卖评估需要对现场进行检查、勘验的，人民法院应当责令被执行人、协助义务人予以配合。被执行人、协助义务人不予配合的，人民法院可以强制进行。人民法院在执行中需要变卖被执行人财产的，可以交有关单位变卖，也可以由人民法院直接变卖。对变卖的财产，人民法院或者其工作人员不得买受。经申请执行人和被执行人同意，且不损害其他债权人合法权益和社会公共利益的，人民法院可以不经拍卖、变卖，直接将被执行人的财产作价交申请执行人抵偿债务。对剩余债务，被执行人应当继续清偿。被执行人的财产无法拍卖或者变卖的，经申请执行人同意，且不损害其他债权人合法权益和社会公共利益的，人民法院可以将该项财产作价后交付申请执行人抵偿债务，或者交付申请执行人管理；申请执行人拒绝接收或者管理的，退回被执行人。拍卖成交或者依法定程序裁定以物抵债的，标的物所有权自拍卖成交裁定或者抵债裁定送达买受人或者接受抵债物的债权人时转移。

在本案当中，因岳麓区人民法院（2012）岳行初字第 03101 号民事判决书及湖南省长沙市中级人民法院（2013）长中民一终字第 01206 号民事判决书已生效，但被执行人黄某某未按判决书所确定的内容履行义务，依照《中华人民共和国民事诉讼法》第二百四十条、第二百四十四条之规定，裁定采取了如下措施：查封登记在申请执行人向某某名下但被上述生效判决确认归被执行人黄某某所有的位于岳麓区望岳南路 29 号嘉逸名庭 1 栋 1303 号（权证号为 708029137）房屋的交易手续，并准备采取拍卖措施，因执行和解而没有实际采取。

三、关于查封、扣押和冻结的规定是怎样的？

为了进一步规范民事执行中的查封、扣押、冻结措施，维护当事人的合法权益，根据《中华人民共和国民事诉讼法》等法律的规定，结合人民法院民事执行工作的实践经验，2004 年，最高人民法院制定了《关于民事执行中查封、扣押、冻结财产的规定》。

人民法院查封、扣押、冻结被执行人的动产、不动产及其他财产权，应当作出裁定，并送达被执行人和申请执行人。

采取查封、扣押、冻结措施需要有关单位或者个人协助的，人民法院应当制作协助执行通知书，连同裁定书副本一并送达协助执行人。查封、扣押、冻结裁定书和协助执行通知书送达时发生法律效力。人民法院可以查封、扣押、冻结被执行人占有的动产、登记在被执行人名下的不动产、特定动产及其他财产权。未登记的建筑物和土地使用权，依据土地使用权的审批文件和其他相关证据确定权属。对于第三人占有的动产或者登记在第三人名下的不动产、特定动产及其他财产权，第三人书面确认该财产属于被执行人的，人民法院可以查封、扣押、冻结。作为执行依据的法律文书生效后至申请执行前，债权人可以向有执行管辖权的人民法院申请保全债务人的财产。人民法院可以参照民事诉讼法的规定作出保全裁定，保全裁定应当立即执行。诉讼前、诉讼中及仲裁中采取财产保全措施的，进入执行程序后，自动转为执行中的查封、扣押、冻结措施，并适用本规定第二十九条关于查封、扣押、冻结期限的规定。

人民法院对被执行人下列的财产不得查封、扣押、冻结：

（一）被执行人及其所抚养家属生活所必需的衣服、家具、炊具、餐具及其他家庭生活必需的物品；

（二）被执行人及其所抚养家属所必需的生活费用。当地有最低生活保障标准的，必需的生活费用依照该标准确定；

（三）被执行人及其所抚养家属完成义务教育所必需的物品；

（四）未公开的发明或者未发表的著作；

（五）被执行人及其所抚养家属用于身体缺陷所必需的辅助工具、医疗物品；

（六）被执行人所得的勋章及其他荣誉表彰的物品；

（七）根据《中华人民共和国缔结条约程序法》，以中华人民共和国、中华人民共和国政府或者中华人民共和国政府部门名义同外国、国际组织缔结的条约、协定和其他具有条约、协定性质的文件中规定免于查封、扣押、冻结的财产；

（八）法律或者司法解释规定的其他不得查封、扣押、冻结的财产。

对被执行人及其所抚养家属生活所必需的居住房屋，人民法院可以查封，但不得拍卖、变卖或者抵债。对于超过被执行人及其所抚养家属生活所必需的房屋和生活用品，人民法院根据申请执行人的申请，在保障被执行人及其所抚养家属最低生活标准所必需的居住房屋和普通生活必需品后，可予以执行。查封、扣押动产的，人民法院可以直接控制该项财产。人民法院将查封、扣押的动产交付其他人控制的，应当在该动产上加贴封条或者采取其他足以公示查封、扣押的适当方式。查封不动产的，人民法院应当张贴封条或者公告，并可以提取保存有关财产权证照。查封、扣押、冻结已登记的不动产、特定动产及其他财产权，应当通知有关登记机关办理登记手续。未办理登记手续的，不得对抗其他已经办理了登记手续的查封、扣押、冻结行为。查封尚未进行权属登记的建筑物时，人民法院应当通知其管理人或者该建筑物的实际占有人，并在显著位置张贴公告。扣押尚未进行权属登记的机动车辆时，人民法院应当在扣押清单上记载该机动车辆的发动机编号。该车辆在扣押期间权利人要求办理权属登记手续的，人民法院应当准许并及时办理相应的扣押登记手续。

查封、扣押的财产不宜由人民法院保管的，人民法院可以指定被执行人负责保管；不宜由被执行人保管的，可以委托第三人或者申请执行人保管。

由人民法院指定被执行人保管的财产，如果继续使用对该财产的价值无重大影响，可以允许被执行人继续使用；由人民法院保管或者委托第三人、申请执行人保管的，保管人不得使用。查封、扣押、冻结担保物权人占有的担保财产，一般应当指定该担保物权人作为保管人；该财产由人民法院保管的，质权、留置权不因转移占有而消灭。

对被执行人与其他人共有的财产，人民法院可以查封、扣押、冻结，并及时通知共有人。共有人协议分割共有财产，并经债权人认可的，人民法院可以认定有效。查封、扣押、冻结的效力及于协议分割后被执行人享有份额内的财产；对其他共有人享有份额内的财产的查封、扣押、冻结，人民法院应当裁定予以解除。共有人提起析产诉讼或者申请执行人代位提起析产诉讼的，人民法院应当准许。诉讼期间中止对该财产的执行。对第三人为被执行人的利益占有的被执行人的财产，人民法院可以查封、扣押、冻结；该财产被指定给第三人继续保管的，第三人不得将其交付给被执行人。对第三人为自己的利益依法占有的被执行人的财产，人民法院可以查封、扣押、冻结，第三人可以继续占有和使用该财产，但不得将其交付给被执行人。第三人无偿借用被执行人的财产的，不受前款规定的限制。

被执行人将其财产出卖给第三人，第三人已经支付部分价款并实际占有该财产，但根据合同约定被执行人保留所有权的，人民法院可以查封、扣押、冻结；第三人要求继续履行合同的，应当由第三人在合理期限内向人民法院交付全部余款后，裁定解除查封、扣押、冻结。被执行人将其所有的需要办理过户登记的财产出卖给第三人，第三人已经支付部分或者全部价款并实际占有该财产，但尚未办理产权过户登记手续的，人民法院可以查封、扣押、冻结；第三人已经支付全部价款并实际占有，但未办理过户登记手续的，如果第三人对此没有过错，人民法院不得查封、扣押、冻结。被执行人购买第三人的财产，已经支付部分价款并实际占有该财产，但第三人依合同约定保留所有权，申请执行人已向第三人支付剩余价款或者第三人书面同意剩余价款从该财产变价款中优先支付的，人民法院可以查封、扣押、冻结。 第三人依法解除合同的，人民法院应当准许，已经采取的查封、扣押、冻结措施应当解除，但人民法院可以依据申请执行人的申请，执行被执行人因支付价款而形成的对该第三人的债权。被执行人购买需要办理过户登记的第三人的财产，已经支付部分或者全部价款并实际占有该财产，虽未办理产权过户登记手续，但申请执行人已向第三人支付剩余价款或者第三人同意剩余价款从该财产变价款中优先支付的，人民法院可以查封、扣押、冻结。

查封、扣押、冻结被执行人的财产时，执行人员应当制作笔录，载明下列内容：

（一）执行措施开始及完成的时间；

（二）财产的所在地、种类、数量；

（三）财产的保管人；

（四）其他应当记明的事项。

执行人员及保管人应当在笔录上签名，有民事诉讼法第二百二十四条规定的人员到场的，到场人员也应当在笔录上签名。

查封、扣押、冻结被执行人的财产，以其价额足以清偿法律文书确定的债权额及执行费用为限，不得明显超标的额查封、扣押、冻结。发现超标的额查封、扣押、冻结的，人民法院应当根据被执行人的申请或者依职权，及时解除对超标的额部分财产的查封、扣押、冻结，但该财产为不可分物且被执行人无其他可供执行的财产或者其他财产不足以清偿债务的除外。查封、扣押的效力及于查封、扣押物的从物和天然孳息。查封地上建筑物的效力及于该地上建筑物使用范围内的土地使用权，查封土地使用权的效力及于地上建筑物，但土地使用权与地上建筑物的所有权分属被执行人与他人的除外。地上建筑物和土地使用权的登记机关不是同一机关的，应当分别办理查封登记。

查封、扣押、冻结的财产灭失或者毁损的，查封、扣押、冻结的效力及于该财产的替代物、赔偿款。人民法院应当及时作出查封、扣押、冻结该替代物、赔偿款的裁定。查封、扣押、冻结协助执行通知书在送达登记机关时，登记机关已经受理被执行人转让不动产、特定动产及其他财产的过户登记申请，尚未核准登记的，应当协助人民法院执行。人民法院不得对登记机关已经核准登记的被执行人已转让的财产实施查封、扣押、冻结措施。查封、扣押、冻结协助执行通知书在送达登记机关时，其他人民法院已向该登记机关送达了过户登记协助执行通知书的，应当优先办理过户登记。

被执行人就已经查封、扣押、冻结的财产所作的移转、设定权利负担或者其他有碍执行的行为，不得对抗申请执行人。第三人未经人民法院准许占有查封、扣押、冻结的财产或者实施其他有碍执行的行为的，人民法院可以依据申请执行人的申请或者依职权解除其占有或者排除其妨害。人民法院的查封、扣押、冻结没有公示的，其效力不得对抗善意第三人。

人民法院查封、扣押被执行人设定最高额抵押权的抵押物的，应当通知抵押权人。抵押权人受抵押担保的债权数额自收到人民法院通知时起不再增加。人民法院虽然没有通知抵押权人，但有证据证明抵押权人知道查封、扣押事实的，受抵押担保的债权数额从其知道该事实时起不再增加。对已被人民法院查封、扣押、冻结的财产，其他人民法院可以进行轮候查封、扣押、冻结。查封、扣押、冻结解除的，登记在先的轮候查封、扣押、冻结即自动生效。其他人民法院对已登记的财产进行轮候查封、扣押、冻结的，应当通知有关登记机关协助进行轮候登记，实施查封、扣押、冻结的人民法院应当允许其他人民法院查阅有关文书和记录。其他人民法院对没有登记的财产进行轮候查封、扣押、冻结的，应当制作笔录，并经实施查封、扣押、冻结的人民法院执行人员及被执行人签字，或者书面通知实施查封、扣押、冻结的人民法院。

人民法院冻结被执行人的银行存款及其他资金的期限不得超过一年，查封、扣押动产的期限不得超过两年，查封不动产、冻结其他财产权的期限不得超过三年。法律、司法解释另有规定的除外。申请执行人申请延长期限的，人民法院应当在查封、扣押、冻结期限届满前办理续行查封、扣押、冻结手续，续行期限不得超过前款规定期限。查封、扣押、冻结期限届满，人民法院未办理延期手续的，查封、扣押、冻结的效力消灭。查封、扣押、冻结的财产已经被执行拍卖、变卖或者抵债的，查封、扣押、冻结的效力消灭。

有下列情形之一的，人民法院应当作出解除查封、扣押、冻结裁定，并送达申请执行人、被执行人或者案外人：（一）查封、扣押、冻结案外人财产的；（二）申请执行人撤回执行申请或者放弃债权的；（三）查封、扣押、冻结的财产流拍或者变卖不成，申请执行人和其他执行债权人又不同意接受抵债的；（四）债务已经清偿的；（五）被执行人提供担保且申请执行人同意解除查封、扣押、冻结的；（六）人民法院认为应当解除查封、扣押、冻结的其他情形。解除以登记方式实施的查封、扣押、冻结的，应当向登记机关发出协助执行通知书。

四、本次执行终结是什么意思？

2015年2月，民事诉讼法司法解释将终结本次程序单独规定一处条文。经过财产调查未发现可供执行的财产，在申请执行人签字确认或者执行法院组成合议庭审查核实并经院长批准后，可以裁定终结本次执行程序。依照前述规定终结执行后，申请执行人发现被执行人有可供执行财产的，可以再次申请执行。再次申请不受申请执行时效期间的限制。终结本次程序制度具独特法律价值，因为针对各种无财产可供执行案件或有财产但不宜执行的案件，继续投入司法资源并反复接待陈年积案当事人，不符合现代法律程序效率取向。

最高人民法院《关于执行案件立案、结案若干问题的意见》法发[2014]26号规定：有下列情形之一的，可以以"终结本次执行程序"方式结案：（一）被执行人确无财产可供执行，申请执行人书面同意人民法院终结本次执行程序的；（二）因被执行人无财产而中止执行满两年，经查证被执行人确无财产可供执行的；（三）申请执行人明确表示提供不出被执行人的财产或财产线索，并在人民法院穷尽财产调查措施之后，对人民法院认定被执行人无财产可供执行书面表示认可的;(四)被执行人的财产无法拍卖变卖,或者动产经两次拍卖、不动产或其他财产权经三次拍卖仍然流拍,申请执行人拒绝接受或者依法不能交付其抵债,经人民法院穷尽财产调查措施,被执行人确无其他财产可供执行的;(五)经人民法院穷尽财产调查措施,被执行人确无财产可供执行或虽有财产但不宜强制执行,当事人达成分期履行和解协议,且未履行完毕的;(六)被执行人确无财产可供执行,申请执行人属于特困群体,执行法院已经给予其适当救助的。

人民法院应当依法组成合议庭,就案件是否终结本次执行程序进行合议。终结本次执行程序应当制作裁定书,送达申请执行人。裁定应当载明案件的执行情况、申请执行人债权已受偿和未受偿的情况、终结本次执行程序的理由,以及发现被执行人有可供执行财产,可以申请恢复执行等内容。裁定终结本次执行程序前,应当告知申请执行人可以在指定的期限内提出异议。申请执行人提出异议的,应当另行组成合议庭组织当事人就被执行人是否有财产可供执行进行听证;申请执行人提供被执行人财产线索的,人民法院应当就其提供的线索重新调查核实,发现被执行人有财产可供执行的,应当继续执行;经听证认定被执行人确无财产可供执行,申请执行人亦不能提供被执行人有可供执行财产的,可以裁定终结本次执行程序。

上文中"人民法院穷尽财产调查措施",是指至少完成下列调查事项:(一)被执行人是法人或其他组织的,应当向银行业金融机构查询银行存款,向有关房地产管理部门查询房地产登记,向法人登记机关查询股权,向有关车管部门查询车辆等情况;(二)被执行人是自然人的,应当向被执行人所在单位及居住地周边群众调查了解被执行人的财产状况或财产线索,包括被执行人的经济收入来源、被执行人到期债权等。如果根据财产线索判断被执行人有较高收入,应当按照对法人或其他组织的调查途径进行调查;(三)通过最高人民法院的全国法院网络执行查控系统和执行法院所属高级人民法院的"点对点"网络执行查控系统能够完成的调查事项;(四)法律、司法解释规定必须完成的调查事项。人民法院裁定终结本次执行程序后,发现被执行人有财产的,可以依申请执行人的申请或依职权恢复执行。申请执行人申请恢复执行的,不受申请执行期限的限制。

2016年，江苏省高级法院就终结本次执行颁布了规范性文件，可以作为参考。案件类型代字为"执字"的案件有下列情形之一的，可以以"终结本次执行程序"方式结案：（一）被执行人确无财产可供执行，申请执行人书面同意人民法院终结本次执行程序的；（二）因被执行人无财产而中止执行满两年，经查证被执行人确无财产可供执行的；（三）申请执行人明确表示提供不出被执行人的财产或财产线索，并在人民法院穷尽财产调查措施之后，对人民法院认定被执行人无财产可供执行书面表示认可的；（四）被执行人的财产无法拍卖变卖，或者动产经两次拍卖、不动产或其他财产权经三次拍卖仍然流拍，申请执行人拒绝接受或者依法不能交付其抵债，经人民法院穷尽财产调查措施，被执行人确无其他财产可供执行的；（五）经人民法院穷尽财产调查措施，被执行人确无财产可供执行或虽有财产但不宜强制执行，当事人达成分期履行和解协议，且未履行完毕的；（六）被执行人确无财产可供执行，申请执行人属于特困群体，执行法院已经给予其适当救助的。

上文第（四）项中规定的"被执行人的财产无法拍卖变卖"，包括以下情形：（一）查封的房屋系被执行人本人及所抚养家属维持生活必需的居住房屋；（二）涉及国有划拨土地使用权、集体土地使用权、农村房屋涉及集体土地、尚未办理土地使用权登记、未做分割的土地使用权等案件的执行，根据法律法规和司法解释等规定，国土资源管理部门不同意执行法院处置的；（三）预查封房地产、在建工程、无证房产等不动产处置过程中，根据法律法规和司法解释等规定，政府相关部门不同意执行法院处置的；（四）执行法院在登记机关查封被执行人车辆、船舶等财产，穷尽执行措施后未能实际扣押，且被执行人下落不明的；（五）被执行人财产无法拍卖变卖的其他情形。

上文所规定的"穷尽财产调查措施"，是指执行法院至少完成下列调查事项：（一）被执行人是法人或其他组织的，应当向银行业金融机构查询银行存款，向有关房地产管理部门查询房地产登记，向法人登记机关查询股权，向有关车管部门查询车辆等情况；（二）被执行人是自然人的，应当按照对法人或其他组织的调查途径进行调查。经上述调查认定被执行人无财产可供执行的，还应当向被执行人所在单位及居住地周边群众调查了解被执行人的财产状况或财产线索，包括被执行人的经济收入来源、被执行人到期债权等；（三）通过最高人民法院的全国法院网络执行查控系统、省法院的全省网络执行查控系统、执行法院及其所属中级法院网络查控系统能够完成的调查事项；（四）法律、司法解释规定必须完成的调查事项。

下列情形可以裁定中止执行，但执行法院不得依职权以终结本次执行程序方式结案：（一）被执行人财产由执行法院轮候查封，有下列情形之一的：1.执行法院与首封法院协商不成，报请共同上级法院协调处理在法定执行期限内又协调不成的；2.首封法院不放弃处置权，或协商、协调后决定由首封法院处置的；3.首封法院采取的措施如系财产保全，所涉案件尚未审结且期限超过执行期限或审结后未进入执行程序的。（二）被执行人财产涉另案诉讼、仲裁，有下列情形之一的：1.执行标的物为人民法院或仲裁机构正在审理的案件争议标的物，需要等待该案件审理完毕确定权属的；2.一方当事人申请执行仲裁裁决，另一方当事人申请撤销仲裁裁决，人民法院已立案受理的；3.被执行人财产与其他人共有，需要等待另案诉讼析产分割的。

以终结本次执行程序方式结案的案件，在结案前均应当依照法律、司法解释的规定将被执行人纳入最高人民法院失信被执行人名单。确有特殊情形，不适合将被执行人纳入失信被执行人名单的，应当逐级层报省法院审批。裁定终结本次执行程序前，执行员应当将案件执行情况和执行不能的风险书面告知申请执行人，并征求申请执行人的意见。申请执行人书面同意执行法院终结本次执行程序，或对执行法院认定被执行人无财产可供执行书面表示认可的，执行法院组成合议庭审查核实并报执行局局长批准后，可裁定终结本次执行程序。申请执行人未书面同意或认可的，经合议庭审查核实并报分管院长批准后，可裁定终结本次执行程序。

终结本次执行程序应当制作裁定书。裁定书应载明案件的执行情况、申请执行人债权已受偿和未受偿的情况、终结本次执行程序的理由及批准人等内容。裁定主文中还应注明以下内容：（一）申请执行人发现被执行人有可供执行财产，可向执行法院申请恢复执行；（二）如不服本裁定，可依照《最高人民法院关于人民法院办理执行异议和复议案件若干问题的规定》第六条第一款的规定，在收到本裁定之日起六十日内，向本院递交异议申请书及副本一式三份，向本院提出异议。执行法院已经查封（冻结、扣押）被执行人财产，因合法原因不能处置而决定终结本次执行程序的，在下达裁定前，应将查封（冻结、扣押）被执行人财产的品种、数量、期限和申请执行人申请续封、续冻的权利以及未申请续封、续冻的法律后果书面告知申请执行人。终结本次执行程序的裁定书，应当在作出后五日内依法送达申请执行人和被执行人，并按照规定办理结案手续，裁定书应在人民法院裁判文书网公开。不上网公开的，应报分管院长批准。

案卷应依照《人民法院执行文书立卷归档办法（试行）》等规定按期归档。执行法院应确定专门人员对已结终结本次执行程序案件进行单独管理。裁定终结本次执行程序的案件结案后，原案件承办人一般不再负责该案件管理。终结本次执行程序案件应进行动态管理，在结案后做好以下工作：（一）依职权每6个月主动、集中对涉案被执行人的财产通过最高人民法院的全国法院网络执行查控系统、省法院的全省网络执行查控系统、执行法院及其所属中级法院网络查控系统进行一次调查；（二）对于涉民生案件及申请执行人系老弱病残等举证能力较弱，不能自行提供可供执行财产线索的案件，要依职权对被执行人的财产线索进行续行调查。采取通过执行查控系统定期查询或深入基层一线实地调查相结合的方式，尽可能排查一切有价值的线索；（三）对于被执行人下落不明的案件，动态管理人应根据申请执行人提供的执行线索，到被执行人的住所地或经常居住地调查了解被执行人行踪，并根据调查结果制定相应的执行预案；（四）接收并核查申请执行人提供的执行线索。

执行法院在五年内对终结本次执行程序案件已经穷尽财产调查措施和执行措施，仍未发现可供执行的财产的，可不再依职权主动启动财产调查。但申请执行人发现被执行人财产线索，符合案件恢复执行条件的，仍可向执行法院申请恢复执行。涉民生、交通肇事、损坏赔偿、矛盾易激化等特殊类案件，以及被执行人为省外的案件，经执行局局长批准不受上述调查次数及时间的限制。执行案件以终结本次执行程序结案后，申请执行人发现被执行人有可供执行财产的，可以再次申请执行。再次申请不受申请执行时效期间的限制。

执行法院发现案件具备恢复执行条件，应依职权恢复执行。下列终结本次执行程序结案的案件，应当按照恢复执行案件予以立案：（一）申请执行人因受欺诈、胁迫与被执行人达成和解协议，申请恢复执行原生效法律文书的；（二）一方当事人不履行或不完全履行执行和解协议，对方当事人申请恢复执行原生效法律文书的；（三）执行实施案件以裁定终结本次执行程序方式报结后，又发现被执行人有财产可供执行，经申请执行人申请或者执行法院依职权恢复执行的。申请执行人申请恢复执行的，应提交下列文件和证明：（一）恢复执行申请书；（二）原执行依据副本；（三）原终结本次执行程序裁定书副本；（四）申请执行人的身份证明和授权委托书以及联系方式；（五）当事人信息及可供执行财产线索的相关证据材料。申请执行人提供的申请材料不全或财产线索不清的，应一次性告知申请执行人。

法院审判、执行人员发现被执行人有财产可供执行的，应通知立案部门立案并恢复执行。情况紧急的，立案部门应当立即审查，符合立案条件的，应当立即作出决定。需要立即采取保全或控制措施的，应当立即通知执行员在二十四小时内办理，也可以由立案部门直接办理保全措施后再移送执行部门。

五、终结执行如何进行？

执行终结是指在行政案件判决、裁定执行开始后，由于出现了某种法定的特殊原因使执行工作没有必要或不可能进行下去，并且将来也不再执行，从而结束执行程序的程序制度。执行终结与执行中止不同，执行中止是执行程序的暂时停止，中止执行的原因消除后，仍要恢复执行程序；执行终结则是执行程序的最终停止，将来也不再继续执行。执行终结也不同于执行完毕，执行终结不是指一般执行程序执行完毕的情况。执行程序开始后，义务人出于某些考虑而自动履行义务的情形，不属执行终结。

依据《中华人民共和国民事诉讼法》第257条，有下列情形之一的，人民法院裁定终结执行：（一）申请人撤销申请的；（二）据以执行的法律文书被撤销的；（三）作为被执行人的公民死亡，无遗产可供执行，又无义务承担人的；

（四）追索赡养费、抚养费、抚育费案件的权利人死亡的；五）作为被执行人的公民因生活困难无力偿还借款，无收入来源，又丧失劳动能力的；（六）人民法院认为应当终结执行的其他情形。依据司法解释，有下列情形之一的，可以以"终结执行"方式结案：（一）申请人撤销申请或者是当事人双方达成执行和解协议，申请执行人撤回执行申请的；（二）据以执行的法律文书被撤销的；（三）作为被执行人的公民死亡，无遗产可供执行，又无义务承担人的；（四）追索赡养费、抚养费、抚育费案件的权利人死亡的；（五）作为被执行人的公民因生活困难无力偿还借款，无收入来源，又丧失劳动能力的；（六）作为被执行人的企业法人或其他组织被撤销、注销、吊销营业执照或者歇业、终止后既无财产可供执行，又无义务承受人，也没有能够依法追加变更执行主体的；（七）依照刑法第五十三条规定免除罚金的；（八）被执行人被人民法院裁定宣告破产的；（九）行政执行标的灭失的；（十）案件被上级人民法院裁定提级执行的；（十一）案件被上级人民法院裁定指定由其他法院执行的；（十二）按照《最高人民法院关于委托执行若干问题的规定》，办理了委托执行手续，且收到受托法院立案通知书的；（十三）人民法院认为应当终结执行的其他情形。除第（十）项、第（十一）项、第（十二）项规定的情形外，终结执行的，应当制作裁定书，送达当事人。

依据《中华人民共和国民事诉讼法》第 250 条之规定，当事人、利害关系人认为执行行为违反法律规定的，可以向负责执行的人民法院提出书面异议。当事人、利害关系人提出书面异议的，人民法院应当自收到书面异议之日起十五日内审查，理由成立的，裁定撤销或者改正；理由不成立的，裁定驳回。当事人、利害关系人对裁定不服的，可以自裁定送达之日起十日内向上一级人民法院申请复议。2016 年 2 月，最高人民法院就就湖北省高级人民法院关于对人民法院终结执行行为提出执行异议期限问题，最高人民法院作出批复。批复要求，当事人、利害关系人依照民事诉讼法第二百二十五条规定对终结执行行为提出异议的，应当自收到终结执行法律文书之日起六十日内提出；未收到法律文书的，应当自知道或者应当知道人民法院终结执行之日起六十日内提出。批复发布前终结执行的，自批复发布之日起六十日内提出。超出该期限提出执行异议的，人民法院不予受理。该批复内容自 2016 年 2 月 15 日起施行。

六、执行和解是什么意思？

本案中，执行申请人曾与被执行人达成执行和解协议。执行和解，是指在人民法院执行过程中，双方当事人在不违反法律禁止性规定的前提下，对如何履行生效法律文书确定的内容进行自愿自主协商并达成合意的行为。它既是当事人处分实体权利的一种行为，也是人民法院执行案件的一种方式。《中华人民共和国民事诉讼法》第二百三十条规定，在执行中，双方当事人自行和解达成协议的，执行员应当将协议内容记入笔录，由双方当事人签名或者盖章。申请执行人因受欺诈、胁迫与被执行人达成和解协议，或者当事人不履行和解协议的，人民法院可以根据当事人的申请，恢复对原生效法律文书的执行。依据《最高人民法院关于人民法院执行工作若干问题的规定（试行）》（以下简称《执行规定》）第 87 条的规定，当事人之间达成的和解协议合法有效并已履行完毕的，人民法院作执行结案处理。依据司法解释的规定，一方当事人不履行或者不完全履行在执行中双方自愿达成的和解协议，对方当事人申请执行原生效法律文书的，人民法院应当恢复执行，但和解协议已履行的部分应当扣除。和解协议已经履行完毕的，人民法院不予恢复执行。

七、执行异议如何处理？

《中华人民共和国民事诉讼法》第 202 条规定："当事人、利害关系人认为执行行为违反法律规定的，可以向负责执行的人民法院提出书面异议。当事人、利害关系人提出书面异议的，人民法院应当自受到书面异议之日起十五日内审查，理由成立的，裁定撤销或者改正；理由不成立的，裁定驳回。当事人、利害关系人对裁定不服的，可以自裁定送达之日起十日内向上一级人民法院申请复议。"第 204 条规定："执行过程中，案外人对执行标的提出书面异议的，人民法院应当自收到书面异议之日起十五天内审查，理由成立的，裁定中止对该标的的执行；理由不成立的，裁定驳回。案外人、当事人对裁定不服，认为原判决、裁定错误的，依照审判监督程序办理；与原判决、裁定无关的，可以自裁定送达之日起十五日内向人民法院提起诉讼。"第202条是针对人民法院的违法执行行为给当事人、利害关系人造成侵害的救济方法，第204条是案外人对执行标的主张权利时的救济方法。

2014年，最高人民法院制定了《关于人民法院办理执行异议和复议案件若干问题的规定》，主要内容如下：

异议人提出执行异议或者复议申请人申请复议，应当向人民法院提交申请书。申请书应当载明具体的异议或者复议请求、事实、理由等内容，并附下列材料：（一）异议人或者复议申请人的身份证明；（二）相关证据材料；（三）送达地址和联系方式。执行异议符合民事诉讼法第二百二十五条或者第二百二十七条规定条件的，人民法院应当在三日内立案，并在立案后三日内通知异议人和相关当事人。不符合受理条件的，裁定不予受理；立案后发现不符合受理条件的，裁定驳回申请；执行异议申请材料不齐备的，人民法院应当一次性告知异议人在三日内补足，逾期未补足的，不予受理；异议人对不予受理或者驳回申请裁定不服的，可以自裁定送达之日起十日内向上一级人民法院申请复议；上一级人民法院审查后认为符合受理条件的，应当裁定撤销原裁定，指令执行法院立案或者对执行异议进行审查；执行法院收到执行异议后三日内既不立案又不作出不予受理裁定，或者受理后无正当理由超过法定期限不作出异议裁定的，异议人可以向上一级人民法院提出异议；上一级人民法院审查后认为理由成立的，应当指令执行法院在三日内立案或者在十五日内作出异议裁定。

执行案件被指定执行、提级执行、委托执行后，当事人、利害关系人对原执行法院的执行行为提出异议的，由提出异议时负责该案件执行的人民法院审查处理；受指定或者受委托的人民法院是原执行法院的下级人民法院的，仍由原执行法院审查处理；执行案件被指定执行、提级执行、委托执行后，案外人对原执行法院的执行标的提出异议的，参照前述规定处理。

有下列情形之一的，当事人以外的公民、法人和其他组织，可以作为利害关系人提出执行行为异议：（一）认为人民法院的执行行为违法，妨碍其轮候查封、扣押、冻结的债权受偿的；（二）认为人民法院的拍卖措施违法，妨碍其参与公平竞价的；（三）认为人民法院的拍卖、变卖或者以物抵债措施违法，侵害其对执行标的的优先购买权的；（四）认为人民法院要求协助执行的事项超出其协助范围或者违反法律规定的；（五）认为其他合法权益受到人民法院违法执行行为侵害的。

当事人、利害关系人依照民事诉讼法第二百二十五条规定提出异议的，应当在执行程序终结之前提出，但对终结执行措施提出异议的除外。案外人依照民事诉讼法第二百二十七条规定提出异议的，应当在异议指向的执行标的的执行终结之前提出；执行标的由当事人受让的，应当在执行程序终结之前提出。当事人、利害关系人认为执行过程中或者执行保全、先予执行裁定过程中的下列行为违法提出异议的，人民法院应当依照民事诉讼法第二百二十五条规定进行审查：（一）查封、扣押、冻结、拍卖、变卖、以物抵债、暂缓执行、中止执行、终结执行等执行措施；（二）执行的期间、顺序等应当遵守的法定程序；（三）人民法院作出的侵害当事人、利害关系人合法权益的其他行为。被执行人以债权消灭、丧失强制执行效力等执行依据生效之后的实体事由提出排除执行异议的，人民法院应当参照民事诉讼法第二百二十五条规定进行审查。被执行人以执行依据生效之前的实体事由提出排除执行异议的，人民法院应当告知其依法申请再审或者通过其他程序解决。

案外人基于实体权利既对执行标的提出排除执行异议又作为利害关系人提出执行行为异议的，人民法院应当依照民事诉讼法第二百二十七条规定进行审查。案外人既基于实体权利对执行标的提出排除执行异议又作为利害关系人提出与实体权利无关的执行行为异议的，人民法院应当分别依照民事诉讼法第二百二十七条和第二百二十五条规定进行审查。被限制出境的人认为对其限制出境错误的，可以自收到限制出境决定之日起十日内向上一级人民法院申请复议。上一级人民法院应当自收到复议申请之日起十五日内作出决定。复议期间，不停止原决定的执行。当事人不服驳回不予执行公证债权文书申请的裁定的，可以自收到裁定之日起十日内向上一级人民法院申请复议。上一级人民法院应当自收到复议申请之日起三十日内审查，理由成立的，裁定撤销原裁定，不予执行该公证债权文书；理由不成立的，裁定驳回复议申请。复议期间，不停止执行。

人民法院审查执行异议或者复议案件，应当依法组成合议庭。指令重新审查的执行异议案件，应当另行组成合议庭。办理执行实施案件的人员不得参与相关执行异议和复议案件的审查。人民法院对执行异议和复议案件实行书面审查。案情复杂、争议较大的，应当进行听证。执行异议、复议案件审查期间，异议人、复议申请人申请撤回异议、复议申请的，是否准许由人民法院裁定。异议人或者复议申请人经合法传唤，无正当理由拒不参加听证，或者未经法庭许可中途退出听证，致使人民法院无法查清相关事实的，由其自行承担不利后果。当事人、利害关系人对同一执行行为有多个异议事由，但未在异议审查过程中一并提出，撤回异议或者被裁定驳回异议后，再次就该执行行为提出异议的，人民法院不予受理。案外人撤回异议或者被裁定驳回异议后，再次就同一执行标的提出异议的，人民法院不予受理。

人民法院依照民事诉讼法第二百二十五条规定作出裁定时，应当告知相关权利人申请复议的权利和期限。人民法院依照民事诉讼法第二百二十七条规定作出裁定时，应当告知相关权利人提起执行异议之诉的权利和期限。

人民法院作出其他裁定和决定时，法律、司法解释规定了相关权利人申请复议的权利和期限的，应当进行告知。人民法院对执行行为异议，应当按照下列情形，分别处理：（一）异议不成立的，裁定驳回异议；（二）异议成立的，裁定撤销相关执行行为；（三）异议部分成立的，裁定变更相关执行行为；（四）异议成立或者部分成立，但执行行为无撤销、变更内容的，裁定异议成立或者相应部分异议成立。

执行过程中，第三人因书面承诺自愿代被执行人偿还债务而被追加为被执行人后，无正当理由反悔并提出异议的，人民法院不予支持。当事人互负到期债务，被执行人请求抵销，请求抵销的债务符合下列情形的，除依照法律规定或者按照债务性质不得抵销的以外，人民法院应予支持：（一）已经生效法律文书确定或者经申请执行人认可；（二）与被执行人所负债务的标的物种类、品质相同。金钱债权执行中，符合下列情形之一，被执行人以执行标的系本人及所抚养家属维持生活必需的居住房屋为由提出异议的，人民法院不予支持：（一）对被执行人有抚养义务的人名下有其他能够维持生活必需的居住房屋的；

（二）执行依据生效后，被执行人为逃避债务转让其名下其他房屋的；（三）申请执行人按照当地廉租住房保障面积标准为被执行人及所抚养家属提供居住房屋，或者同意参照当地房屋租赁市场平均租金标准从该房屋的变价款中扣除五至八年租金的。执行依据确定被执行人交付居住的房屋，自执行通知送达之日起，已经给予三个月的宽限期，被执行人以该房屋系本人及所抚养家属维持生活的必需品为由提出异议的，人民法院不予支持。

当事人、利害关系人提出异议请求撤销拍卖，符合下列情形之一的，人民法院应予支持：（一）竞买人之间、竞买人与拍卖机构之间恶意串通，损害当事人或者其他竞买人利益的；（二）买受人不具备法律规定的竞买资格的；（三）违法限制竞买人参加竞买或者对不同的竞买人规定不同竞买条件的；（四）未按照法律、司法解释的规定对拍卖标的物进行公告的；（五）其他严重违反拍卖程序且损害当事人或者竞买人利益的情形。当事人、利害关系人请求撤销变卖的，参照前款规定处理。公证债权文书对主债务和担保债务同时赋予强制执行效力的，人民法院应予执行；仅对主债务赋予强制执行效力未涉及担保债务的，对担保债务的执行申请不予受理；仅对担保债务赋予强制执行效力未涉及主债务的，对主债务的执行申请不予受理。人民法院受理担保债务的执行申请后，被执行人仅以担保合同不属于赋予强制执行效力的公证债权文书范围为由申请不予执行的，不予支持。

上一级人民法院对不服异议裁定的复议申请审查后，应当按照下列情形，分别处理：（一）异议裁定认定事实清楚，适用法律正确，结果应予维持的，裁定驳回复议申请，维持异议裁定；（二）异议裁定认定事实错误，或者适用法律错误，结果应予纠正的，裁定撤销或者变更异议裁定；（三）异议裁定认定基本事实不清、证据不足的，裁定撤销异议裁定，发回作出裁定的人民法院重新审查，或者查清事实后作出相应裁定；（四）异议裁定遗漏异议请求或者存在其他严重违反法定程序的情形，裁定撤销异议裁定，发回作出裁定的人民法院重新审查；（五）异议裁定对应当适用民事诉讼法第二百二十七条规定审查处理的异议，错误适用民事诉讼法第二百二十五条规定审查处理的，裁定撤销异议裁定，发回作出裁定的人民法院重新作出裁定。除依照本条第一款第三、

四、五项发回重新审查或者重新作出裁定的情形外，裁定撤销或者变更异议裁定且执行行为可撤销、变更的，应当同时撤销或者变更该裁定维持的执行行为。人民法院对发回重新审查的案件作出裁定后，当事人、利害关系人申请复议的，上一级人民法院复议后不得再次发回重新审查。

对案外人提出的排除执行异议，人民法院应当审查下列内容：（一）案外人是否系权利人；（二）该权利的合法性与真实性；（三）该权利能否排除执行。对案外人的异议，人民法院应当按照下列标准判断其是否系权利人：（一）已登记的不动产，按照不动产登记簿判断；未登记的建筑物、构筑物及其附属设施，按照土地使用权登记簿、建设工程规划许可、施工许可等相关证据判断；（二）已登记的机动车、船舶、航空器等特定动产，按照相关管理部门的登记判断；未登记的特定动产和其他动产，按照实际占有情况判断；（三）银行存款和存管在金融机构的有价证券，按照金融机构和登记结算机构登记的账户名称判断；有价证券由具备合法经营资质的托管机构名义持有的，按照该机构登记的实际投资人账户名称判断；（四）股权按照工商行政管理机关的登记和企业信用信息公示系统公示的信息判断；（五）其他财产和权利，有登记的，按照登记机构的登记判断；无登记的，按照合同等证明财产权属或者权利人的证据判断。案外人依据另案生效法律文书提出排除执行异议，该法律文书认定的执行标的权利人与依照前款规定得出的判断不一致的，依照本规定第二十六条规定处理。

金钱债权执行中，案外人依据执行标的被查封、扣押、冻结前作出的另案生效法律文书提出排除执行异议，人民法院应当按照下列情形，分别处理：（一）该法律文书系就案外人与被执行人之间的权属纠纷以及租赁、借用、保管等不以转移财产权属为目的的合同纠纷，判决、裁决执行标的归属于案外人或者向其返还执行标的且其权利能够排除执行的，应予支持；（二）该法律文书系就案外人与被执行人之间除前项所列合同之外的债权纠纷，判决、裁决执行标的归属于案外人或者向其交付、返还执行标的的，不予支持；（三）该法律文书系案外人受让执行标的的拍卖、变卖成交裁定或者以物抵债裁定且其权利能够排除执行的，应予支持。金钱债权执行中，案外人依据执行标的被查封、扣押、冻结后作出的另案生效法律文书提出排除执行异议的，人民法院不予支持。非金钱债权执行中，案外人依据另案生效法律文书提出排除执行异议，该法律文书对执行标的权属作出不同认定的，人民法院应当告知案外人依法申请再审或者通过其他程序解决。申请执行人或者案外人不服人民法院依照本条第一、二款规定作出的裁定，可以依照民事诉讼法第二百二十七条规定提起执行异议之诉。

申请执行人对执行标的依法享有对抗案外人的担保物权等优先受偿权，人民法院对案外人提出的排除执行异议不予支持，但法律、司法解释另有规定的除外。金钱债权执行中，买受人对登记在被执行人名下的不动产提出异议，符合下列情形且其权利能够排除执行的，人民法院应予支持：（一）在人民法院查封之前已签订合法有效的书面买卖合同；（二）在人民法院查封之前已合法占有该不动产；（三）已支付全部价款，或者已按照合同约定支付部分价款且将剩余价款按照人民法院的要求交付执行；（四）非因买受人自身原因未办理过户登记。金钱债权执行中，买受人对登记在被执行的房地产开发企业名下的商品房提出异议，符合下列情形且其权利能够排除执行的，人民法院应予支持：（一）在人民法院查封之前已签订合法有效的书面买卖合同；（二）所购商品房系用于居住且买受人名下无其他用于居住的房屋；（三）已支付的价款超过合同约定总价款的百分之五十。

金钱债权执行中，对被查封的办理了受让物权预告登记的不动产，受让人提出停止处分异议的，人民法院应予支持；符合物权登记条件，受让人提出排除执行异议的，应予支持。承租人请求在租赁期内阻止向受让人移交占有被执行的不动产，在人民法院查封之前已签订合法有效的书面租赁合同并占有使用该不动产的，人民法院应予支持。承租人与被执行人恶意串通，以明显不合理的低价承租被执行的不动产或者伪造交付租金证据的，对其提出的阻止移交占有的请求，人民法院不予支持。

（撰稿人：湖南大学法学院副教授 袁坦中）

行政诉讼部分

第一篇　基本制度

一、为什么需要行政诉讼？

　　这个问题涉及到行政诉讼的立法目的。根据新修改的《行政诉讼法》[1]，行政诉讼主要是为了"解决行政争议，保护公民、法人和其他组织的合法权益，监督行政机关依法行使职权"，同时也为了"保证人民法院公正、及时审理行政案件"。

　　行政诉讼是公民、法人和其他组织认为行政机关和行政机关工作人员作出的行政行为侵犯其合法权益而向人民法院提起的诉讼。行政诉讼法是监督行政机关依法行政的基本法律，是人民法院审理行政案件和行政诉讼参加人进行诉讼活动必须遵循的基本规范。这次的修改将"维护和监督"修改为"监督"行政机关依法行使职权，更体现了行政诉讼的特殊价值。除了这个特殊价值以外，行政诉讼还有其一般价值，即解决争议。当然，不是民事争议，而是行政争议。故这次法律修改，增加了这一"重要内容"，说明我们对于行政诉讼的认识更回到了诉讼的本质功能上来。

（一）解决行政争议

　　行政争议是行政主体在实施行政管理活动中与行政相对人所发生的争议。行政争议具有两个特点：一是争议的双方，即行政主体与行政相对人不是平等

---

[1]　第一条作了两处修改：一是将人民法院"正确、及时"审理行政案件，改成了"公正、及时"审理行政案件；二是将"维护和监督行政机关依法行使职权"修改为"监督行政机关依法行使职权"。此外，还增加了"解决行政争议"的立法目的。

的民事主体关系，而是行政管理与被管理的关系，行政主体居于优势地位；二是争议是由行政机关实施行政管理行为引起的，任何不是基于行政管理的行为而发生的纠纷，都不是行政纠纷。如行政机关工作人员下班以后的民事行为所引发的纠纷就是民事纠纷。如政府的采购行为也不是行政管理关系，由于采购而发生的纠纷就不是行政纠纷，而是一般的民事纠纷。此时的行政机关也不是以"行政主体"的身份出现的，而是以"民事主体"的身份所进行的一般购买活动。

随着我国经济社会的快速发展，各种矛盾和冲突日益增多，行政争议数量也日益增长，人民群众依法维权的意识也不断提高。除了涉及面广的行政处罚、行政许可、行政强制方面的行政争议外，这些年涉及城市规划和建设、征地拆迁、环境资源保护、劳动和社会保障等方面的行政争议也大量增加，尤其是征地拆迁方面的行政争议，更是社会矛盾，尤其是群体性事件的集中突发领域。而且在纠纷解决的选择机制上，人民群众似乎更青睐信访，导致这些年上京信访量急剧增大，各地政府在截访方面耗费了巨大的人力、物力和财力，而且还因截访引发了新的违法犯罪事件。

此次的行政诉讼法修改，主要立足于解决行政诉讼中存在的"立案难、审理难、执行难"等突出问题，修改之前，全国人大常委会法工委重点进行了专题调研[1]，故这次在一些具体制度的修改上也着重体现了行政诉讼着力要解决行政争议的立法目的。比如，第三条规定的"行政机关负责人出庭应诉制度"就可大大解决以前行政机关不重视行政诉讼，开庭时不到庭的现象；其次，在涉及行政许可、登记、征收、征用和行政机关对民事争议所作的裁决的行政诉讼中，当事人申请一并解决相关民事争议的，人民法院可以一并审理，就可大大提高解决纠纷的效率，降低当事人的诉讼成本；再次，对涉及行政赔偿、行

---

[1] 如全国人大常委会法工委从 2009 年开始就着手行政诉讼法的修改调研工作，先后到山东、湖南等地进行调研，听取基层人民法院、地方政府部门的意见和建议，并采取旁听案件审理、阅卷、派人到行政审判一线蹲点等多种方式了解行政诉讼实践的情况。此外，多次召开国务院部门、学者和律师座谈会，听取意见。2013 年 12 月提请十二届全国人大常委会第六次会议进行初审；2014年 8 月、10 月经十二届全国人大常委会第十次、第十一次会议进行二审和三审，并于 2014 年 11月 1 日获得通过。参见袁杰. 中华人民共和国行政诉讼法解读 [M]. 北京：中国法制出版社，2015:2.

政补偿以及行政机关行使法律、法规规定的自由裁量权的案件作了特殊规定，明确人民法院在审理这些案件时可以适用调解；最后，还增加了"直接变更判决"制度、增加了行政诉讼中的"简易程序"，对被诉行政行为是依法当场作出，涉案金额低于二千元以下，或者属于政府信息公开的案件，人民法院认为事实清楚、权利义务关系明确、争议不大，只要双方当事人均同意适用简易程序的，都可以适用简易程序审理，等等。

（二）保护作为行政相对方的公民、法人和其他组织的合法权益

行政诉讼不同于民事诉讼的最大特点，就是法律关系的双方当事人地位并不平等，行政主体作为行政权力的行使者，在行政管理关系中处于优势地位。可对行政相对人实施行政拘留、可对行政相对人的财产实施行政强制措施和行政强制执行。这些行政行为均可对行政相对人的人身权、财产权造成影响。而且行政行为一经作出就具有确定力、拘束力和执行力，相对人必须服从，否则行政机关将予以制裁或依法予以强制执行。正是由于行政行为具有这些特点，故在行政管理关系中，只要行政主体不是依法行政，就会对公民、法人和其他组织的合法权益造成损害。行政诉讼，作为"民告官"的诉讼类型，在诉讼制度的设计上就必须向弱势方的行政相对人倾斜。因此，只要作为行政相对方的公民、法人和其他组织认为行政机关和行政机关工作人员所作出的行政行为侵犯其合法权益的，就可以向人民法院提起诉讼，请求人民法院对被诉行政行为作出合法性审查，从而维护自己的合法权益。所以，新修改的行政诉讼法，对于起诉到法院来的所有行政案子，规定了必须先进行登记。符合立案条件的，受理；不符合立案条件的，则要在七天内作出不予受理的情况说明，并将不予受理的裁定书送达起诉方。这样，就很大程度上解决了以前"立案难"的问题。人民法院受理后，即在规定的期限内对行政行为的合法性进行审查，以维护行政相对方的权益。这也是行政诉讼法的主要立法目的。

（三）监督行政机关依法行使职权

我国宪法第41条明确规定，中华人民共和国公民对于任何国家机关和

国家机关工作人员，有提出批评和建议的权利；对于任何国家机关和工作人员的违法失职行为，有向有关国家机关提出申诉、控告或者检举的权利，但是不得捏造或者歪曲事实进行诬告陷害。对于公民的申诉、控告或者检举，有关国家机关必须查清事实，负责处理。任何人不得压制和打击报复。由于国家机关和国家机关工作人员侵犯公民权利而受到损失的人，有依照法律规定取得赔偿的权利。正是依据宪法的这一规定和有关国家机构的职权规定，才确立了行政诉讼法中司法机关对于行政机关的司法监督权力。宪法"国家机构"一章中设置了立法机关、行政机关、司法机关、国家元首等国家机构，除了要求各机构在各自职权范围内行使职权职责外，还要求各权力机构相互合作、相互监督之立宪本意。"没有监督的权力就容易腐败"。原来的行政诉讼法规定的是"维护和监督"行政机关依法行使职权，此次新法修改成"监督"行政机关依法行使职权，将"维护"删除了。这一修改，更体现了行政诉讼的价值。因为，如果法院是"维护"行政机关的话，在诉讼中就有可能偏袒行政机关。行政诉讼的功能要求法院对行政机关实施司法监督，保护行政相对人在行政管理活动中免受行政机关因违法行为而被侵权，并通过行政诉讼的方式为已被侵权的行政相对人提供法律救济；其次，行政行为一经作出就具有"三力"（确定力、拘束力和执行力），行政主体是可以依法强制执行的，行政相对人必须先服从（诉讼不停止执行），因此，也不必在法律上再设置成让法院去维护行政机关。法院对于行政机关，只能行使司法监督权，而不是同穿一条裤子，一个鼻孔出气，否则，就违背了司法中立性原则。此次行政诉讼法的修改，强调了行政诉讼就是要对行政机关作出的行政行为进行合法性审查和监督，以保护公民、法人和其他组织的合法权益。这样的立场，才是符合现代法治原理的。

二、谁诉谁？

这个问题其实就是要解决行政诉讼中的原告、被告及其他诉讼参加人的问题。

（一）原告

行政诉讼中关于原告资格的规定体现在行政诉讼法的第二十五条。即"行政行为的相对人以及其他与行政行为有利害关系的公民、法人或者其他组织，有权提起诉讼。有权提起诉讼的公民死亡，其近亲属可以提起诉讼；有权提起诉讼的法人或者其他组织终止，承受其权利的法人或者其他组织可以提起诉讼"。

关于"原告资格"，是本次行政诉讼法修改中重点关注的问题之一。原行政诉讼法对原告资格没有作实质性的规定，"依照本法提起诉讼的公民、法人或者其他组织是原告"，这样的笼统规定导致基层出台很多"土政策"，人为限制行政诉讼案件的受理，使行政审判实践中免不了出现"起诉难"、"审判难"、"执行难"等共同现象。为了保护行政管理相对人的诉权，除了规定"行政行为的相对人"有权起诉外，还增加了"与行政行为有利害关系的公民、法人或者其他组织"之规定。之前的《行政诉讼若干问题的解释》第十二条虽然确定了"与具体行政行为有法律上利害关系的公民、法人或者其他组织对该行为不服的，可以依法提起行政诉讼"，但在司法实践中，对于"法律上的利害关系"的理解过于混乱，而且由于《行政诉讼法》将"第三人"也定义为"与行政行为存在利害关系的人"。于是，"利害关系"、"法律上的利害关系"、"第三人"等概念就反而模糊了实质标准。此次修改将"利害关系"作为统一的标准进行适用，无疑澄清了这种混乱。

明确了原告资格，对于防止滥诉，减低诉讼成本，促进法律关系的稳定，无疑是很有帮助的。司法实践中，对原告资格总体上应作宽松把握，因为长期的行政诉讼司法实践已经形成了行政相对人不知如何告、不敢告、不愿告的现状。因此，只要公民在诉讼中存在诉讼利益，就应当让其进入到诉讼程序中来，以保护公民、法人和其他组织的合法权益得到最大程度的保障。

在这一节问题中，要把握几个关键概念：原告、原告资格、享有原告资格的条件、原告资格的转移等。

1.原告。是指对行政行为不服，以自己的名义向法院提起诉讼，从而启动行政诉讼程序的公民、法人和其他组织。

2.原告资格。是指公民、法人或者其他组织就行政管理关系中产生的行政争议向法院提起行政诉讼，从而成为行政诉讼原告的法律能力。

原告资格不同于也不等于原告，原告是诉讼地位的称谓，原告资格则是一种法律能力。

3.享有原告资格的条件。本法第二十五条第一款规定了享有原告资格的条件：行政诉讼原告必须是公民、法人或者其他组织。这就明示了居于行政管理方的行政主体不可能成为原告。行政诉讼中，原告、被告的角色是恒定的，行政诉讼永远是"民告官"，而不可能是"官告民"。这也反映了行政诉讼永远是保障居于弱势一方的行政相对人的权益，并监督行政机关依法行政的本质功能。

4.原告与行政行为一定要有利害关系。行政诉讼法修改之前，其第二十四条第一款规定原告资格是"依照本法提起诉讼的公民、法人或者其他组织是原告"，其第四十一条规定"原告是认为具体行政行为侵犯其合法权益的公民、法人或者其他组织"。这两款所确立的"原告"并不是明确的客观标准，而是"主观标准"。"认为"自己的合法权益受到了侵犯，这种主观"认为"，显然不利于法官对起诉人是否具有原告资格作出客观判断。由于没有客观标准，地方法院在各种压力之下，不愿受理行政案件，在向当事人说明时，对原告资格使用了严苛标准，从而导致了"立案难"的问题。关于原告资格，实践中还有一种情况，即有的法院仅将原告理解为行政行为的相对人，使一些应当纳入行政诉讼范畴的争议被排除在外了，这也是立案难的表现形式之一。为了解决这一问题，2000年《最高人民法院关于执行〈中华人民共和国行政诉讼法〉若干问题的解释》，规定原告是"与具体行政行为有法律上利害关系的公民、法人或者其他组织"，将原告资格的认定标准尽量客观化，这与日本和我国台湾地区的规定是一致的。但是，对于什么是"法律上的利害关系"，认识上又会产生歧义。法律上的利害关系，是法律已明确规定保护的利益，还是法律应当保护的利益，即是实然还是应然；是直接利益，还是包括反射利益。这些问题理论界还是实务界并没有形成共识。对于如何确立行政诉讼的原告资格，其实有一个参照标准，就是我国民事诉讼法中对于原告资格的规定。我国民事诉讼法规定，原告是与本案有直接利害关系的公民、法人和其他组织。可见，民事诉讼中是采用了"直接利害关系"的标准。新修改的行政诉讼法，既没有采用之前司法解释中的"法律上的利害关系"，也没有采用民事诉讼中的"直接利害关系"，而是采用了"利害关系"为标准。这样修改，既可避免"法律上的利害关系"标准的严苛，从而限制公民的诉权；又可避免因采用"直接利害关系"从而导致将行政诉讼的原告限制在"行政相对人"的陷阱之中。这两种标准都不适用于我国目前面临的立案难的问题，也不符合行政诉讼的理念。参照2000年《最高人民法院关于执行〈中华人民共和国行政诉讼法〉若干问题的解释》的规定，除行政相对人外，本条规定的"其他与行政行为有利害关系的公民、法人或者其他组织"，至少应当包括：（1）被诉的行政行为涉及相邻权或者公平竞争权的；（2）与被诉的行政复议决定有利害关系或者在复议程序中被追加为第三人的；（3）要求主管行政机关依法追究加害人法律责任的；（4）与被撤销或者变更的行政行为有利害关系的，等等。

5.原告的近亲属作为原告的情形：有权提起诉讼的公民死亡的，其近亲属可以作为原告提起诉讼。本款没有作修改。根据2000年《最高人民法院关于执行〈中华人民共和国行政诉讼法〉若干问题的解释》的规定，这里的"近亲属"，是指配偶、父母、子女、兄弟姐妹、祖父母、外祖父母、孙子女、外孙子女和其他具有抚养、赡养关系的亲属。

6.法人或者其他组织的权利承受人作为原告的情形：有权提起诉讼的法人或者其他组织终止，承受其权利的法人或者其他组织可以作为原告提起诉讼。本款也是原法的规定，没有修改。

（二）被告

关于行政诉讼被告资格的规定，体现在该法第二十六条[1]。本条是对原法第二十五条作的修改。其中第一款没有修改，第三款为增加的内容，第二、四、五、六款对原法相应的款作了修改。

根据该条，有六种情形：

1. 未经复议的案件，作出行政行为的行政机关是被告。我国对于保障行政活动中行政相对人的权益规定了两种途径：一是向上级行政机关申请行政复议；二是向法院提起行政诉讼。根据新的行政诉讼法第44条之规定，除了法律法规规定应当先行复议的情形外，公民、法人或者其他组织可以选择进行复议或者进行诉讼。即，或者先复议，对复议决定不服，再进行诉讼；或者直接向法院提起诉讼。如果选择直接向法院提起诉讼，则作出行政行为的行政机关是被告。这种情形下，要特别注意"法律、法规、规章授权的组织作出的行政行为，该组织是被告"，因为对于不是最终决定的行政行为，根据规定，下级行政机关或者经授权的组织初步审查，这种初步审查，虽然不是最终决定，但会对行政相对人的权利产生实际影响，应当提供司法救济。而对初步审查行为不服的，可以依法对行使初步审查权的下级行政机关或者授权的组织进行起诉，以他们为被告。这样规定，在实践中才具有可操作性，原告的诉讼请求才更有针对性，法院也不至于在能否受理的问题上认识不一致。这种主张的理论依据是，如果上级行政机关尚未参与行政过程，并未体现本机关的意志，不宜对不属于自己的行为承担法律责任。我国行政追责机制普遍存在责任不清的问题，在行政诉讼中，如果要厘清司法上的责任，就一定要界分这点。

2. 经复议的案件，复议机关维持原行政行为的，原行政机关和复议机关是

---

[1] 第二十六条，公民、法人或者其他组织直接向人民法院提起诉讼的，作出行政行为的行政机关是被告；经复议的案件，复议机关决定维持原行政行为的，作出原行政行为的行政机关和复议机关是共同被告；复议机关改变原行政行为的，复议机关是被告；复议机关在法定期限内未作出复议决定，公民、法人或者其他组织起诉原行政行为的，作出原行政行为的行政机关是被告；起诉复议机关不作为的，复议机关是被告；两个以上行政机关作出同一行政行为的，共同作出行政行为的行政机关是共同被告；行政机关委托的组织所作的行政行为，委托的行政机关是被告；行政机关被撤销或者职权变更的，继续行使其职权的行政机关是被告。

共同被告；复议机关改变原行政行为的，复议机关是被告。

本款对原法作了重要修改，明确复议机关维持原行政行为，作出原行政行为的机关和复议机关是共同被告。原法规定，复议机关如果是维持原行政行为的，原行政行为机关是被告。新法作这样修改的主要目的是：实践中行政复议维持率高，纠错率低，因为都怕承担责任。这样就使行政复议制度流于形式，违背了设立行政复议制度的本来意义。行政复议作为解决行政争议的重要手段，具有方便、快捷、成本低等特点，但是，根据来自实践部门的数据，每年进入复议渠道的案件数量并不多，近年来即使数量大体持平，老百姓也普遍反映对行政复议的信任度不高。这除了复议机构中立性、权威性不够外，最主要的还是责任承担机制不合理。根据原法的规定，复议机关如果维持原行政行为，就不作被告，如果改变原行政行为，就作被告。因此，很多复议机关就一味维持，该撤销的不撤销，该纠正的不纠正，导致维持率过高，使复议制度的优势发挥不了。新法作这一修改，就是想从制度上真正发挥复议机关对原行政机关的监督作用。

复议机关改变原行政行为的，复议机关为被告。复议机关是作出原行政行为的行政机关的上级机关，可以改变原行政行为，改变后复议决定就是一个新的行政行为，原行政行为的效力就不存在，如果当事人对复议决定不服，只能起诉复议机关，由复议机关作被告。

3. 复议机关不作为的，由当事人选择原行政机关还是复议机关做被告。该条第三款规定，复议机关在法定期限内未作出复议决定，公民、法人或者其他组织起诉原行政行为的，作出原行政行为的行政机关是被告；起诉复议机关的，复议机关是被告。本款是 2000 年《最高人民法院关于执行〈中华人民共和国行政诉讼法〉若干问题的解释》增加的内容，本款确认了这一规定的法律效力。在这一款中，赋予了公民、法人或者其他组织充分的自主选择权，既可以起诉原行政行为，也可以起诉复议机关不作为。这样规定的初衷，是为了更好地保护行政相对人的权利，也为了使法院更好地对行政机关进行司法监督。行政机关无论是作为还是不作为，都应该纳入司法监督的范畴。这种监督可促使复议机关更好地履职，更快地化解行政争议，更好地保护行政相对人的权益。

4.两个以上行政机关作出同一行政行为的,是共同被告。该条第四款规定,两个以上行政机关作出同一行政行为的,共同作出行政行为的行政机关是共同被告。这种情形最主要的问题是如何认定某个行为是否属于共同行为,最简易的办法就是看行政决定文书上的署名和印章。实践中,有些行政行为需要请示上级机关,但上级机关并不在文书上签章。这种情况下,还是应以签章来做判断,因为,请示程序并不是法律规定的必经程序,有些只是行政机关的内部程序,上级机关不对外承担法律后果,不能作为共同被告。但如果请示程序或者批准程序是法定程序,就应当认定为共同行政行为,也应该充当共同被告。

5.行政机关委托的组织所作的行政行为,委托的行政机关是被告。本款是对原法作了修改的,将法律、法规授权的组织的有关内容移至本法第2条第2款。本条对"行政机关委托的组织",界定为"行政机关以外的社会组织,但也包括行政机关"。由于受委托的组织不是以自己的名义作出行政行为,不能对受委托作出的行政行为承担法律后果,因此,不能成为行政诉讼的被告。行政许可法、行政处罚法的相关规定,都要求委托行政机关对受委托的组织的行为负责监督,并对行为后果承担法律责任。因此,委托机关作为被告,也是法律之明确规定。

6.行政机关被撤销或者职权变更的,继续行使其职权的行政机关是被告。本条对原法作了修改,增加了职权变更的情形。改革开放以来,我国行政机关职权调整、变更的情况比较明显,有的是部门合并或者被撤销,上述情况下,行政相对人对原行政机关作出的行政行为不服提起的诉讼,需要明确被告是谁。本款明确了行政机关被撤销或者职权变更的,继续行使其职权的行政机关是被告。如果被撤销的行政机关都不存在了,原行政机关的行政行为所产生的行政纠纷还存在,那么,撤销机关将作为被告,承担相应的法律责任。这样规定,也是出于保护行政相对人权益的考虑。

(三)行政诉讼第三人

行政诉讼法第二十九条对行政诉讼中的"第三人"做了明确规定。"公民、法人或者其他组织同被诉行政行为有利害关系但没有提起诉讼，或者同案件处理结果有利害关系的，可以作为第三人申请参加诉讼，或者由人民法院通知参加诉讼。人民法院判决第三人承担义务或者减损第三人权益的，第三人有权依法提起上诉"。

行政诉讼第三人是除原告、被告之外，同被诉行政行为有利害关系，或者同案件处理结果有利害关系，为维护自己的合法权益而参加到已经开始的诉讼中来的公民、法人或者其他组织。除公民、法人或者其他组织外，行政机关也可以作为第三人。2000年《最高人民法院关于执行〈中华人民共和国行政诉讼法〉若干问题的解释》中规定，应当追加被告，而原告不同意追加的，人民法院应当通知其以第三人身份参加诉讼。在诉讼中，第三人享有当事人的地位。本条规定对原法第三人制度作了修改：一是增加了"同案件处理结果有利害关系的"；二是增加了一款，即规定法院判决第三人承担义务或者减损第三人权益的，第三人有权依法提起上诉。

界定行政诉讼第三人要把握两个基本点：一是同被诉行政行为有利害关系；二是同案件处理结果有利害关系。第一种情况是指具有原告资格，可以以自己名义提起行政诉讼，如果没有提起诉讼，其他利害关系人可以提起诉讼，是作为第三人参加诉讼。第三人加入诉讼，有利于避免同一问题引起新的争议，可以提高司法效率；同案件处理结果有利害关系是指有些公民、法人或者其他组织虽然同被诉的行政行为没有利害关系，但同案件的判决结果有利害关系，为维护自己的合法权益，可以作为第三人，参加到已经开始的诉讼中来。而对于法院判决第三人承担义务或者减损第三人权益的情形，则上述两种情况都适用，无论是同被诉行政行为有利害关系，还是同案件处理结果有利害关系，只要法院判决其承担义务或者减损其权益的，都有权以自己的名义提起上诉。

三、诉什么？

诉什么涉及到行政诉讼的受案范围。行政诉讼法第十二条列举了十二种情形，最后一款以兜底的方式作了概括性规定，即"除前款规定外，人民法院受理法律、法规规定可以提起诉讼的其他行政案件"。

本条第一款对原法第十一条第一款作了修改，从原法列举的八项增加到十二项。下列这些行政行为将是行政诉讼的受案范围：

（一）行政处罚

对行政处罚不服的，可以提起行政诉讼。行政处罚法对行政处罚的种类和程序作了规定，相关法律、法规和规章对行政处罚也有实体规定。本条第一款第一项列举了行政处罚法规定的六类处罚种类，但行政处罚不限于这六类，其他法律、行政法规还可以规定新的处罚种类。行政机关违反行政处罚的实体规定和程序规定，都可以向法院起诉。

（二）行政强制措施和行政强制执行

对行政强制措施和行政强制执行不服的，可以提起行政诉讼。行政强制措施是指行政机关在行政管理过程中，为了防止违法行为的发生，防止证据毁损，避免损害发生，控制危险扩大等情形，依法对公民的人身自由或者对公民、法人或者其他组织的财务实施暂时性限制或者控制的行为；行政强制执行是指行政机关或者行政机关申请人民法院，对不履行行政决定的公民、法人或者其他组织，依法强制履行义务的行为。行政强制法对行政强制措施的种类、行政强制执行的方式以及实施程序作了规定。相关法律、法规对行政强制措施有实体规定，相关法律对行政强制执行有实体规定。本条第一款第二项只列举了行政强制措施的种类，没有列举行政强制执行的方式。行政强制执行是依据生效的行政决定进行执行。行政决定是一个行政行为，但对该决定的执行也是一个独立的行政行为，有独立的程序要求，执行中可能会影响到行政相对人的人身权和财产权，因此，行政强制法第八条明确行政相对人可以对行政强制执行提起诉讼，体现了人权保护的理念。但要注意的是：本项中的行政强制执行，仅指行政机关的强制执行，不包括法院的非诉强制执行。

（三）行政许可

对行政许可不服的，可以提起行政诉讼。行政许可法对行政许可的实施程序作了规定，相关法律、法规和省级人民政府规章对行政许可有实体规定。公民、法人或者其他组织申请行政许可，行政机关拒绝或者法定限期内不予答复，或者对行政机关作出的有关行政许可的准予、变更、延续、撤销、撤回、注销行政许可等决定不服的，可以向法院提起诉讼。

（四）行政确权行为

对行政机关确认自然资源的所有权或者使用权的决定不服的，可以提起行政诉讼。根据土地管理法、矿产资源法、水法、森林法、草原法、渔业法、海域使用管理法等法律的规定，县级以上各级政府对土地、矿藏、水流、森林、山岭、草原、荒地、滩涂、海域等自然资源的所有权或者使用权予以确认和核发相关证书。此处的"确认"包括了颁发确认所有权或者使用权证书，也包括所有权或者使用权发生争议，由行政机关作出的裁决。这是新行政诉讼法修改时增加的一项内容，司法实践中，法院已根据相关法律受理此类案件。但要注意的是，对于该类确权行为如果发生争议，应当先申请行政复议，对行政复议决定不服的，可以向法院提起诉讼。如果是根据国务院或者省、自治区、直辖市人民政府对行政区划的勘定、调整或者征用土地的决定，省、自治区、直辖市人民政府确认土地、矿藏、水流、森林、山岭、草原、荒地、滩涂、海域等自然资源的所有权或者使用权的行政复议决定为最终裁决，不得向法院起诉。

（五）征收、征用决定及其补偿决定

行政征收、行政征用都是为了公共利益的需要，或依法将公民、法人或者其他组织的财物收归国有；或依法强制使用公民、法人或者其他组织财物或者劳务的行政行为。根据法律规定，无论是征收还是征用，都应当依法给予权利人相应的补偿。公民、法人或者其他组织对征收、征用决定不服的，或者对补偿决定不服的，除法律规定复议终局的以外，都可以提起诉讼。

本项规定是新行政诉讼法修改时新增加的内容，但相关法律法规已有相应规定，司法实践中也有受理此类案件。需要注意的是：一般意义上的征收，还应当包括征税和行政收费，但本项所规定的征收不包括征税和行政收费，对于征税和行政收费所引起的争议，行政相对人可以根据税法和本条第一款第九项向法院提起诉讼。

（六）不履行法定职责的行为

对不履行法定职责的，即行政不作为，公民、法人或者其他组织可以提起行政诉讼。本条第一款第六项明确了保护公民的人身权、财产权以及其他一些基本权利是行政机关的法定职责。对于行政机关的不作为，行政相对人就有权利提起诉讼。

（七）认为侵犯经营自主权或者农村土地承包经营权、农村土地经营权的，可以提起行政诉讼

经营自主权是各类市场主体自主经营的权利，除了法律法规对产业政策、投资领域、商品价格等事项有明确限制外，行政机关不得干预市场主体的自主经营活动。在这种情形下，要注意的是，国有企业其生产经营受到作为履行出资人职责的国有资产监督管理机构的管理，是从股东的角度进行监管，而不是从政府的角度进行监管，对此类行为，不能提起行政诉讼，而只能是民事诉讼。

农村土地承包经营权是农村集体经济组织的成员或者其他承包经营人依法享有的对其承包的土地的自主经营、流转、受益的权利。农村土地承包经营，发包方和承包方是以承包合同的方式约定双方的权利义务，所发生的争议是民事争议，可以申请仲裁或者提起民事诉讼。但如果政府部门干涉农村土地承包、变更或者强迫、阻碍承包方进行土地承包经营流转的，就可以提起行政诉讼。

农村土地经营权是从农村土地承包经营权中分离出来的一项权能。承包农户将其承包土地流转出去，由其他组织或者个人经营，其他组织或者个人就取得了土地经营权。对于行政机关侵犯农村土地经营权的行为，也应纳入行政诉讼的范围。

（八）行政机关滥用行政权力排除或者限制竞争的

这是本条第一款第八项的内容，也是新增加的内容。这一条款涉及的是市场主体的公平竞争权。我国反垄断法、反不正当竞争法都有相关规定。行政机关违反上述规定，经营者均可向法院提起诉讼。

（九）行政机关违法要求履行义务的行为

这一款主要是针对行政机关的"三乱"行为。行政机关向企业、个人乱集资、乱摊派、乱收费的"三乱"行为严重干扰了国家正常的财政税收制度，加重了企业和群众的负担，损坏了政府的形象。因此，将之纳入行政诉讼的范畴，对于遏制这种现象是很有帮助的。本条第一款第九项中的违法要求履行其他义务，包括了违法摊派劳务，要求公民、法人或者其他组织协助执行公务等行为，行政相对人都可以拒绝。对于任何没有法律依据的摊派行为，行政相对人不但可以拒绝，还可以选择向法院提起诉讼。

（十）行政机关没有支付抚恤金、最低生活保障待遇或者社会保险待遇的这类行为，也可向法院起诉

（十一）行政机关不依法履行、未按照约定履行或者违法变更、解除政府特许经营协议、土地房屋征收补偿协议的行为，可以提起行政诉讼

本条款是新增加的内容。政府特许经营一般是存在于城市的供水、供电、供气、垃圾处理、污水处理等城市公共服务领域。政府特许经营是通过招标等公平竞争方式，并以协议的方式约定双方的权利和义务。对于土地房屋的征收补偿，是指依据相关法律，由征收人和被征收方之间就征收补偿相关事项所订立的协议。补偿协议订立后，一方当事人不履行补偿协议约定的义务，另一方当事人可依法提起诉讼。因为此类补偿决定不是民事合同，而是行政决定。但是需要注意的是：本项规定只解决行政机关一方不履行协议的情况，

没有将行政相对人一方不履行协议纳入本法解决。行政诉讼是"民告官"的诉讼，还没有扩展到"官告民"。至于是否可以扩展到"官告民"，还是一个值得探讨的问题。

（十二）认为行政机关侵犯其他人身权、财产权等合法权益的行为

本条第一款第十二项是兜底规定。公民、法人或者其他组织的人身权、财产权的内容非常广泛，除上述列举外，还有一些财产权，如股权、债权、企业产权等没有列举；还有一些人身权，如姓名权、隐私权等也没有列举。除人身权、财产权以外的其他合法权益，有的法律、法规已有规定，但本条没有列举，为了避免遗漏，故以概括性规定作为兜底。

（十三）人民法院还受理法律、法规规定可以提起诉讼的其他行政案件

这一款同样是兜底性条款，这样规定，留有余地。该款是对原法的保留，并非新的规定。

四、到哪里诉？

到哪里诉，涉及到行政诉讼案件的管辖问题。基层人民法院、中级人民法院、高级人民法院、最高人民法院各自在管辖上有什么分工？对于特殊类案件如何管辖？当管辖出现异议时如何解决等等，这些都是必须要了解的问题。

行政诉讼法有关管辖的问题，集中体现在第十四条到第二十四条。

（一）基层人民法院

第十四条规定,基层人民法院管辖第一审行政案件。本条为原法第十三条，未作修改。在我国，基层人民法院、中级人民法院、高级人民法院和最高人民法院四级法院，都可以受理第一审行政案件，只是受理案件的范围有所不同。

第一审行政案件原则上由基层人民法院管辖，那么，基层法院包括哪些呢？在我国即县人民法院和县级开发区人民法院、县级市人民法院、自治县人民法院、市辖区人民法院。基层人民法院还可以根据地区、人口和案件情况可以设立若干人民法庭。人民法庭是法院的派出机构，是基层人民法院的组成部分。

行政相对人、行政诉讼第三人对行政争议的起诉，应按照本条关于管辖的规定，向基层人民法院提起诉讼，除非符合应由中级人民法院、高级人民法院和最高人民法院对管辖的规定。

基层人民法院受理普通的第一审行政案件，既方便当事人就近诉讼，也方便法院进行审理。目前，我国基层人民法院的设置与行政区划是一致的，全国共有三千多个基层法院，数量多，分布均衡，所以，由基层法院管辖第一审普通行政案件，是符合我国国情的。而且这样规定，有利于将行政争议化解在基层，既方便了老百姓诉讼，也节约了司法成本。

由基层法院管辖第一审普通行政案件也被诟病：基层法院的人、财、物都由同级政府管理，法院的行政审判工作受到当地政府的牵制，造成了行政诉讼的"立案难、审理难、执行难"。为了克服地方保护主义和行政干预，有些地方探索了行政案件集中管辖，基层法院不再管辖行政案件的新模式；还有的建议减少管辖第一审行政案件的基层人民法院数量，实行跨行政区域管辖行政案件；有的建议取消基层人民法院的行政审判庭，由中级人民法院管辖第一审行政案件；甚至还有建议设立专门的行政法院管辖行政案件。对于这些探索或者建议，此次行政诉讼法的修改并没有全盘采纳，而是从积极稳妥的角度出发，在第十八条中增加一款，规定经最高人民法院批准，高级人民法院可以根据审判工作的实际情况，确定若干人民法院跨行政区域管辖行政案件，为进一步改革留下空间。

（二）中级人民法院

中级人民法院对行政案件的管辖权体现在本法第十五条的规定上。中级人民法院对下列第一审行政案件拥有管辖权：一是对国务院部门或者县级以上地方人民政府所作的行政行为提起诉讼的案件；二是海关处理的案件；三是本辖区内重大复杂的案件；四是其他法律规定由中级人民法院管辖的案件。

本条是对原法第14条的修改。增加了两类情形：一是县级、地市级人民政府为被告的行政案件；二是其他法律规定由中级法院管辖的案件，这主要是指知识产权类案件。

在中级法院的管辖上，要注意以下一些问题：一是国务院部门，除国务院组成部门外，还包括国务院直属机构、直属事业单位、部管国家局等。县级以上地方人民政府包括省、自治区、直辖市、自治州；设区的市、县、自治县；不设区的市、市辖区的人民政府；二是以县级以上地方人民政府为被告的案件主要集中在土地、林地、矿藏等所有权和使用权争议的案件，征收征用土地及其安置补偿案件等，这类案件案情复杂，影响较大，易受当地政府干预。将这类案件规定由中级人民法院管辖，有助于人民法院排除干扰，公正审判；三是指县级以上人民政府直接作出的行政处理决定，不包括其所作出的维持原行政行为的行政复议决定；四是本辖区内"重大复杂"案件是指那些政策性、专业性强，社会影响重大、波及面广的共同诉讼、集团诉讼、重大涉外或者涉及港澳台的案件。

（三）高级人民法院

高级人民法院管辖本辖区内重大、复杂的第一审行政案件。这一规定体现在本法第十六条。高级人民法院除了管辖第一审、第二审、再审行政案件外，还将承担对本行政区域内的基层法院和中级法院的行政审判监督工作、交流指导工作等，因此，高级法院管辖的第一审行政案件不宜过多。本条对于本辖区内"重大复杂"案件并没有明确具体的标准和范围，在受理案件时，建议一般考虑以下几个因素：一是标的金额较大；二是社会影响较大，如涉案人数、矛盾等级、是否涉及群体利益、是否涉及重大公共利益、是否涉及重大事项、案件类型是否较新、是否涉及到统一裁判尺度等等。总之，凡是涉及到公民、法人和其他组织的重大人身权利和财产权利的案件，都应当列为重大案件。

（四）最高人民法院

最高人民法院管辖全国范围内的重大、复杂的第一审行政案件。这一规定具体体现在行政诉讼法第十七条。

最高人民法院作为我国的最高审判机关，它的主要任务是对全国各级人民法院和军事法院等专门人民法院实行审判监督和指导；通过总结审判工作经验，作出有关适用法律、法规的批复、指示或者司法解释；审判不服高级法院的判决、裁定的上诉案件以及当事人申请再审的案件等。因此，最高人民法院管辖的第一审行政案件应当是很少的，到目前为止，全国还没有一例。

在全国范围内的重大、复杂案件，主要是指对全国有重大影响的案件，有必要作为法律类推的案件或者经典案例；或者在国内外有重大影响的涉外案件等。对于哪些属于重大复杂案件，本条同样没有界定，应由最高人民法院根据实际情况自主判断。由于最高人民法院已经是我国的最高审判机关，由它审理的一审行政案件实行一审终审，所作的判决裁定也是终审的判决、裁定，送达当事人后，即发生法律效力。

（五）一般地域管辖和跨区域管辖

这一内容具体规定在第十八条："行政案件由最初作出行政行为的行政机关所在地人民法院管辖。经复议的案件，也可以由复议机关所在地人民法院管辖。"同时增加一款，为："经最高人民法院批准，确定若干人民法院跨行政区域管辖行政案件。"本条为原法第十七条，但作了两处修改，一是删除了"复议机关改变原具体行政行为的"这一前提条件；二是增加了法院跨区域管辖的规定。

地域管辖是指根据人民法院的辖区来划分第一审行政案件的审判权，是进一步解决同级法院之间，特别是基层人民法院之间审理第一审行政案件的分工和权限。"原告就被告"是行政诉讼地域管辖的一般原则，经复议的案件，也适用这一原则。这样规定是便于诉讼，因为作为被告的行政机关是稳定的，人民法院在审理行政案件时调查、取证、执行主要是在行政机关的所在地进行，由行政机关所在地人民法院管辖，自然是有利于审判，并节约司法资源。一般情况下，原告与被告都地处同一行政区域，这样也不会让原告过于奔波。但这样规定也存在一些弊端，司法辖区与行政辖区合一，法院的审判活动必然受到同级行政机关的干扰，现实中不可避免地出现地方保护主义及司法不公现象。在地域管辖中，要注意的是：首先，经复议的案件，根据新法的规定，无论复议机关改变还是维持原行政行为，都可作被告，这完全取决于行政相对人的选择。与此对应，在管辖问题上，既可以由最初作出行政行为的行政机关所在地人民法院管辖，也可以由复议机关所在地人民法院管辖，同样也是由当事人自行选择。但这已经属于地域管辖的特殊规定了，法律赋予了当事人对管辖的选择权；其次，根据新法第二十一条规定，两个法院都有管辖权的情况下，原告可以选择其中一个人民法院提起诉讼，如果原告向两个法院都提起诉讼的，由最先立案的人民法院管辖。这样规定，体现了对原告权利的尊重和保护，也方便了当事人进行诉讼。

在法律的修改过程中，曾有建议，将"原告就被告"的一般地域管辖改为由原告选择，以解决行政审判中的地方保护和行政干预问题，但这一方案成本太高，会导致作为被告的行政机关需要到全国各地应诉，法院也需要去全国各地调查取证、审判和执行。这样会耗费大量的行政资源和司法资源，明显不符合中国国情，故法律修改时未采纳这一建议，还是采取了原法中的"原告就被告"的一般地域管辖原则。

本次法律修改新增的"法院跨区域管辖行政案件"是贯彻落实党的十八届三中全会决定中的"探索建立与行政区划适当分离的司法管辖制度"以及"法院实行省以下人财物统管"的要求，以及十八届四中全会关于"最高人民法院设立巡回法庭，探索设立跨区域行政区划的人民法院和人民检察院"的要求，在"经最高人民法院批准"的情况下，"高级人民法院可以根据审判工作的实际情况，确定若干人民法院跨行政区域管辖行政案件"。可见，这一规定是留有余地的。

（六）特殊地域管辖

在一般地域管辖之外的例外规定，就属于特殊地域管辖了。特殊地域管辖的内容主要体现在行政诉讼法第十九条之规定中。根据该条，"对限制人身自由的行政强制措施不服提起的诉讼，由被告所在地或者原告所在地人民法院管辖"。对此类的诉讼，在地域管辖问题上，原告所在地和被告所在地法院都有管辖权，起诉者享有自主选择权，这充分体现了对当事人诉权的保护。

由于行政行为在行政诉讼期间一般不停止执行，被限制人身自由的公民，去异地提起诉讼十分不便，如果不赋予当事人这种管辖上的选择权，就有可能使原告失去司法救济的机会。虽然作为被告的行政机关去异地诉讼也有不便，但比起被限制人身自由的原告来说，方便多了。由于考虑到节约行政资源、司法资源、方便诉讼等问题，这种例外情形不宜太宽，仅限于限制人身自由的行政强制措施，不包括其他行政强制措施，也不包括限制人身自由的行政处罚。

在实践中有一种情形需要注意：即行政机关基于同一事实，既对当事人采取了限制人身自由的行政强制措施，又对其采取了其他行政强制措施或者行政处罚，当事人提起诉讼，在管辖的问题上该怎么办。在这种情况下，如果严格按照管辖规则，其他行政行为应当在被告所在地法院管辖，那么就可能会出现同一案件事实分别在两地审理的情况。从简化诉讼程序，节约司法资源，降低当事人诉讼成本，防止人民法院在同一问题上作出相互矛盾的判决等因素考虑，应当允许受诉法院一并管辖。但是，只要有限制人身自由的行政强制措施存在，不管是单独存在还是并存，就应允许原告有自由选择权，受诉法院可以一并管辖。

在法律适用上，本条关于特殊地域管辖的规定要优先于一般地域管辖。如果一个案件兼具一般和特殊两种性质，就应当优先适用特殊地域管辖的规定。如一个经过行政复议的案件，同时也属于限制人身自由的行政强制措施的案件，在管辖上就应优先适用特殊管辖，而不应只是一般管辖中的由复议机关所在地人民法院进行管辖。

（七）专属管辖

行政诉讼法中的专属管辖主要是指因不动产提起的行政诉讼，由不动产所在地人民法院管辖。具体规定体现在行政诉讼法第二十条。不动产案件的专属管辖属于各国通例，主要是方便法院就近调查、勘验、测量、取证，以及就地执行判决。故专属管辖不适用选择管辖和协议管辖，只能由本法规定的人民法院进行管辖。因不动产引起的行政诉讼，包括了因不动产所有权、使用权发生纠纷而起诉的案件，如房屋登记、土地确权、房屋拆迁等。如果行政行为不是直接针对不动产，而是部分涉及不动产的内容，则不属于此类不动产案件。

（八）共同管辖

共同管辖是指两个以上的法院对同一案件都有管辖权的情况。共同管辖的规定体现在本法第二十一条中。即"两个以上人民法院都有管辖权的案件，原告可以选择其中一个人民法院提起诉讼。原告向两个以上有管辖权的人民法院提起诉讼的，由最先立案的人民法院管辖"。共同管辖只是表明多个法院对同一案件都享有管辖权，并不代表多个法院可以同时分别审理同一行政案件，该案件最终由哪个法院来管辖，必须根据原告的选择来确定，原告一旦选择了某法院，其他法院则失去了管辖权。

一般情况下，行政案件管辖法院只有一个，即被诉行政机关所在地法院。但在有的行政案件中，会出现两个以上人民法院都有管辖权的情况，因而形成了共同管辖。如新法第十八条和第十九条之规定。新法第十八条所涉情形是指，经复议的案件，既可以由最初作出行政行为的行政机关所在地法院管辖，也可以由复议机关所在地法院管辖。如果复议机关与最初作出行政行为的机关不在同一区域，就会出现两个有管辖权的法院。新法第十九条是指，对限制人身自由的行政强制措施不服提起诉讼，既可由被告所在地法院，也可由原告所在地法院管辖。如果原告所在地法院与被告所在地法院不在同一区域，或者原告的户籍地、经常居住地和被限制人身自由地不在同一辖区，就会出现两个或者两个以上有管辖权的法院。

实践中，原告为了保护自己的利益，会同时向两个以上有管辖权的法院都提起诉讼，为了避免一事多头审理，也为了防止法院之间互相推诿或者互相争夺管辖权，行政诉讼法规定此种情况下由最先立案的法院管辖。相应地，其他法院则失去了管辖权。

原法规定的是"由最先收到起诉状的人民法院管辖"，这次修改将之改为了"最先立案的人民法院管辖"。这样修改更为科学。因为最先收到起诉状，并不代表已经立案，如果经过审查不属于自己的管辖范围，那么就会裁定不予立案。此番周折中必将耽误当事人起诉，不利于最大限度保护当事人的诉权。同时民事诉讼法也有相应规定，为保持两法在程序上的一致，采取"最先立案"的表述，无疑更妥当。

在理解"共同管辖"的问题时要注意以下几点：一是两个以上人民法院都有管辖权时，先立案的人民法院不得将案件移送到另一个有管辖权的人民法院，也就是要严格遵守法律的规定；二是人民法院在立案前发现其他有管辖权的法院已先立案的，不得重复立案；如果已经立案，发现其他有管辖权的法院已经先立案的，裁定将案件移送给先立案的人民法院；三是当事人没有选择的法院，不能取得案件的管辖权。也就是要尊重当事人的自主选择权，而不能依职权主动要求管辖。

（九）移送管辖

是指人民法院受理案件后经审查，发现案件不属于本院管辖而移送给有管辖权的人民法院处理的管辖制度。它是对管辖发生错误后的一种纠错机制，移送管辖的实质是对案件进行移送，而不是对案件管辖权进行移送。移送管辖主要发生在同级法院之间，对于上下级法院之间，主要适用管辖权转移的规定。

移送管辖的内容主要体现在行政诉讼法第二十二条之规定中。即"人民法院发现受理的案件不属于本院管辖的，应当移送有管辖权的人民法院，受移送的人民法院应当受理。受移送的人民法院认为受移送的案件按照规定不属于本院管辖的，应当报请上级人民法院指定管辖，不得再自行移送"。不得再自行移送，是指既不能将案件再退回原移送的人民法院，也不能再移送给其他人民法院，而只能依照有关规定，报请上级人民法院指定管辖。

新法第二十二条是对原法第二十一条的修改和补充。原法第二十一条仅规定："人民法院发现受理的案件不属于自己管辖时，应当移送有管辖权的人民法院，受移送的人民法院不得自行移送。"这次修改对"不得再自行移送"作了进一步规定，明确了在这种情况下受移送的人民法院应当受理，移送有错误的，应当报请上级人民法院指定管辖，不得再自行移送。这样修改不但与民事诉讼法的规定保持了一致，也使该内容的规定更加具体明确，从而具有可操作性。

在理解"移送管辖"的问题时要注意以下几点：一是移送案件的人民法院已经立案受理了该行政案件，诉讼程序已经开始，但尚未审结，仍在第一审程序中。对尚未受理的案件，不存在移送管辖的问题，只要作出裁定，告知当事人向有管辖权的人民法院起诉即可；对于已经作出判决的案件，也不发生移送管辖，而是需要通过其他程序与方法予以纠正；二是移送案件的人民法院认为自己对案件没有管辖权。案件虽然受理，但在审理过程中发现自己是错误受理，于是通过移送管辖来纠正自己的错误；三是接受移送案件的人民法院依法享有管辖权。移送不得随意移送，只能向有管辖权的人民法院移送；四是按照管辖权恒定的原则，案件受理后，被告所在地发生变化的，受诉人民法院的管辖权不受当事人所在地变更的影响，受诉人民法院不得以此为由将案件移送到当事人变更后的住所地人民法院管辖；五是有管辖权的人民法院受理案件后，行政区域发生变更的，受理案件时有管辖权的人民法院不得以行政区域变更为由，将案件移送给变更后有管辖权的人民法院。

对于符合这几个条件的案件，受理法院必须实行案件移送，在案件移送时也必须遵守这些规则。而对于接受移送案件的人民法院来说，此类移送案件的裁定将产生程序法上的效力，对接受法院具有约束力。这种约束力体现在：受移送的人民法院应当按照立案程序，及时受理，不得拒收、退回或再自行移送；案件一经移送，原则上受移送法院就成了管辖法院，不能再自行移送。如有争议，可以提请上级法院确定。移送管辖只能移送一次。这主要是为了防止法院之间互相推诿，是为了保护当事人的诉权而设立的制度。

（十）指定管辖

指定管辖是指上级人民法院依职权指定下级人民法院对行政案件行使管辖权。被指定的人民法院因指定获得了对某一具体案件的管辖权。指定管辖是对法定管辖的补充，其目的是为了及时审判，减少积压，消除行政案件在管辖上的矛盾，保障行政相对人诉权。本内容具体规定在行政诉讼法第二十三条。即"有管辖权的人民法院由于特殊原因不能行使管辖权的，由上级人民法院指定管辖。人民法院对管辖权发生争议，由争议双方协商解决。协商不成的，报它们的共同上级人民法院指定管辖"。

指定管辖有两种适用情形：一是有管辖权的法院由于特殊原因不能行使管辖权的，报上级法院指定管辖。这些特殊原因有法律上的和事实上的。法律上的原因诸如因当事人申请回避，导致原本有管辖权的法院不能再承担审理工作等；事实上的原因，是指有管辖权的人民法院因不可抗力或者其他障碍不能或者难以行使管辖权的，诸如自然灾害、战争、意外事故等；二是两个以上法院对管辖权发生争议时，协商不成的，报请共同的上级法院指定管辖，这种情况主要适用于管辖权争议的指定。管辖权发生争议，主要指管辖区域不明的案件、有共同管辖的案件、多种地域管辖并存的案件，或者对管辖权的规定产生了不同的理解等。出现了这种情形，第一步是争议双方共同协商；协商不成时，再报请共同的上级人民法院指定管辖。

在指定管辖中，需要注意对"共同的上级人民法院"的理解。对这一问题，行政诉讼及其相关的司法解释都没有作出具体的规定。但因为本条的"指定管辖"与民事诉讼法的规定一致，可以参照最高人民法院《关于适用〈中华人民共和国民事诉讼法〉若干问题的意见》，如双方同属一个地、市辖区的基层人民法院，则由该地、市的中级人民法院指定管辖；同属一个省、自治区、直辖市的两个人民法院，则由该省、自治区、直辖市的高级人民法院指定管辖；如双方为跨省、自治区、直辖市的人民法院，高级人民法院协商不成的，由最高人民法院指定管辖。报请上级法院指定管辖时，应逐级进行。上级人民法院指定管辖后，应当书面通知报送的人民法院和被指定的人民法院，报送的人民法院接到通知后，应及时告知当事人。

（十一）管辖权转移

管辖权转移是为上、下级法院之间灵活处理管辖权的问题而设立的一种制度。具体规定体现在行政诉讼法第二十四条中，是对原法第二十三条的修改。新法作了两处修改：一是取消了管辖权转移中的上转下，删除了原法中"上级法院可以把自己管辖的第一审行政案件移交给下级法院审判"的规定；二是增加了下一级法院申请上级法院指定管辖的规定。管辖权转移只限于第一审行政案件。

理论上，管辖权转移包括了上移和下移。上移又有两种情形，即上提下和下交上。上级法院有权将下级法院管辖的第一审行政案件提上来自己审理，下级法院对其管辖的第一审行政案件认为审理确有困难的，需要由上级法院审理的，可以报请上级法院决定。下移，也就是管辖权下放，上级法院将其管辖的第一审行政案件交由下级法院来审理。

行政诉讼法的修改取消了管辖权的"下移"，并增加了指定管辖的情形。究其原因是司法实践中，有些地方为了让案件不出市、不出省，将本应由中级法院、高级法院管辖的第一审案件交给下级法院审理，不说明理由也不征求原告意见，法律对此也没有明确规范，规避了法律中有关中级法院管辖等规定，不利于案件的公正审判。除此之外，基层法院在行政诉讼中受到干预很明显，无法公正审判，也需要指定管辖。故此次修改放宽了指定管辖的适用情形，除新法第二十三条外，第二十四条第二款也规定了指定管辖。这样修改算是对司法实践中频出问题的环节的一种回应。

五、怎么诉？

（一）第一审普通程序

1. 起诉。起诉环节主要有原告提交起诉书，申请立案；法院向被告发送起诉状副本和被告提交答辩状。其规定主要体现在行政诉讼法第六十七条。

根据第六十七条之规定，"原告向人民法院起诉后，人民法院应当在立案之日起五日内，将起诉状副本发送被告。被告应当在收到起诉状副本之日起十五日内向人民法院提交作出行政行为的证据和所依据的规范性文件，并提出答辩状。人民法院应当在收到答辩状之日起五日内，将答辩状副本发送原告。

被告不提出答辩状的，不影响人民法院审理"。

本条是对原法第四十三条作了修改，主要有两处：一是将被告提交答辩状的时间由 10 日延长为 15 日；二是将被告提交作出行政行为的有关材料改为"作出行政行为的证据和所依据的规范性文件"。

在起诉立案环节，对法院发送起诉状副本和答辩状副本的时间统一规定为五日。这是对法院的要求，防止法院拖延。本次修改增加了口头起诉的方式，口头起诉的并无起诉状，是由法院将起诉内容记入笔录。如果原告是口头起诉，法院也应当将口头起诉告知被告，在五日内将口头起诉笔录的复制本发送被告。

法律规定被告在提交答辩状时，还要提交作出行政行为时的证据和所依据的规范性文件，这是行政诉讼法的特有规定，是与行政诉讼举证责任倒置（被告负举证责任）和逾期不举证视为没有证据等证据规则相关联的。

在法院受理环节，被告和第三人对于管辖权异议应当在提交答辩状期间提出。当事人未提出管辖权异议，并应诉答辩的，视为受诉法院有管辖权。这一规定，民事诉讼和行政诉讼是相通的。

司法实践中，有的被告不提交答辩状。为了保障诉讼的正常进行，法律规定，"不提交答辩状，不影响人民法院审理"。对于不提交答辩状的行为，法律也没有规定惩罚机制，因为行政诉讼对被告是比较严苛的，诸如举证责任倒置、逾期举证视为没有证据、无故不出庭或者中途退庭的缺席判决、予以公告和发出给予处分的司法建议等，都是对被告比较不利的规定。

2. 合议庭的组成。行政诉讼法第六十八条规定，"人民法院审理行政案件，由审判员组成合议庭，或者由审判员、陪审员组成合议庭。合议庭的成员，应当是三人以上的单数"。

合议制是人民法院对行政案件进行审理和裁判的基本组织形式。本条规定了两种形式：一是由审判员组成的合议庭，二是由审判员和陪审员组成的合议庭。什么情况下选择哪一种审判组织形式，新法未作限制性规定，由人民法院根据案件的实际情况确定。实践中，对于那些技术性、业务性比较强的案件，请有关领域的陪审员参加，对于准确认定案件事实，正确适用法律，让当事人服判，意义重大。

3.判决形式。行政诉讼中的判决形式主要有驳回原告诉讼请求的判决、撤销判决、履行职责判决、给付判决、确认违法判决、确认无效判决、变更判决、行政协议履行及补偿判决。有关判决形式的规定主要体现在新的行政诉讼法第六十九条到第七十八条之规定中。

（1）驳回原告诉讼请求的判决。这一判决形式规定在新法第六十九条，"行政行为证据确凿，适用法律、法规正确，符合法定程序的，或者原告申请被告履行法定职责或者给付义务理由不成立的，人民法院判决驳回原告的诉讼请求"。

本条是新增加的内容。原法第五十四条只规定了四类判决形式，新法修改时作了补充和完善，其中就以驳回原告诉讼请求判决取代了之前的维持判决。司法实践中，驳回原告诉讼请求有两种形式：一种是程序上的裁定驳回；另一种是实体上的判决驳回。本条是指后一种形式。驳回原告诉讼请求判决，本意就是原告败诉，由原告承担相应的败诉责任。以驳回原告诉讼请求判决取代维持判决，本意不是改变我国行政诉讼是客观诉讼的定位，而是为了解决司法实践中碰到的一些问题。即使作出"驳回原告诉讼请求的判决"也不能克减法院对被诉行政行为的合法性审查和由被告负举证责任。法院不可能转向只对原告的诉讼请求和证据进行审查，更不能以原告的诉讼请求和提出的证据不成立就直接驳回原告的诉讼请求。

增加"驳回原告诉讼请求判决"的理由很多，具体而言，一是"驳回原告诉讼请求"这一提法本来就广泛使用，在法律修改之前的"维持判决"中就有"维持被诉行政行为，同时驳回原告诉讼请求"这样的表述，所以老百姓不会陌生；二是维持判决不能涵括一些实际情况，而驳回诉讼请求的适用范围更宽。如不作为案件中，就不好适用维持判决。如合法但不合理或者因法律政策的变化需要变更或者废止的，也不适宜用维持判决；三是取消维持判决也是与新法的修改保持一致。新法修改时将立法目的"维护和监督行政机关依法行使行政职权"中的"维护"删除了，相应的维持判决也应取消才能保持修改理念的一致；四是维持判决与法院的中立性、裁决性地位不符，不利于发挥司法机关对行政机关的监督作用；五是维持判决让原告心理上很难接受，原告起诉就是不服原行

269

政行为，结果法院还判决维持，会让原告心中失衡，不利于行政纠纷的解决；六是维持判决与行政行为效力理论不一致，行政行为一经作出就具有公定力、确定力和执行力，这些效力不是法院赋予的，也不是法院可以维持的，诉讼只是对行政行为的执行效力进行阻止或者不阻止；七是根据既判力理论，法院作出维持判决后，行政机关就不能改变被诉行政行为，给行政机关自己弥补被诉行政行为合法但不合理的不足或者根据实际情况调整合法的行政行为，带来阻滞和负面影响。

因此，取消维持判决，改为"驳回原告诉讼请求判决"是合理科学的。本条规定的"驳回原告诉讼请求判决"主要适用三类情形：一是行政行为是合法的。即证据确凿，适用法律法规正确，符合法定程序，这可以涵括多种情形，诸如行政行为完全合法、合法但不合理、合法但应改变或者废止等情形；二是原告要求被告履行职责但理由不成立；三是原告要求被告履行给付义务但理由不成立的。法官在适用这一判决形式时，应坚持客观判决优先的原则。

（2）撤销判决和要求重新作出行政行为的判决。本内容规定在新法第七十条。即"行政行为有下列情形之一的，人民法院判决撤销或者部分撤销，并可以判决被告重新作出行政行为：主要证据不足的；适用法律法规错误的；违反法定程序的；超越职权的；滥用职权的；明显不当的"。本条是原法第五十四条中独立出来的一条，并作了一处重要修改，增加了"明显不当"的情形。明显不当与滥用职权，都是针对行政自由裁量权而言的，但规范角度不同。明显不当是从客观结果角度提出的；滥用职权是从主观角度提出的。考虑到行政诉讼主要是对合法性进行审查，因此对明显不当不宜做过于宽泛的理解，只对被诉行政行为结果畸轻畸重作出一般判断即可。除此之外的前面五种形式都属于违法行政行为情形，没有太多歧义，故不多作说明。

撤销判决是行政诉讼中重要的判决形式，其法律后果就是行政机关承担败诉责任，依照判决撤销被诉行政行为。本条例举了六类情形，这六类情形都属于违法情形。撤销分为全部撤销和部分撤销。如果行政行为全部违法，就全部撤销；如果只是部分违法，就应当只撤销违法部分，保留正确部分。

要求重新作出行政行为的判决是撤销判决的补充，也是司法权与行政权分工，法院不能代替行政机关作出行政行为原则的体现。司法实践中，法院为了维护行政相对人权益，往往以这种判决的方式监督行政机关依法履职。为了更好地督促行政机关重新作出合适的行政行为，新法第七十一条对"重新作出行政行为的判决"作了进一步补充，防止行政机关敷衍了事，怠于行政。这一条限定了行政机关对于违法的行政行为在判决撤销后必须重新作出一个新的、合法的行政行为。而且重新作出的行政行为要受到法院撤销判决所认定的事实和阐述的理由的限制，即不得以同一事实和理由作出与原行政行为基本相同的行政行为。这里的"同一事实和同一理由"是指被撤销的行政行为所认定的事实以及被撤销的行政行为的证据和所依据的规范性文件。这样规定也是符合法院判决既判力的一般理论的。

（3）履职判决。履职判决的内容体现在新法第七十二条的规定之中。即"人民法院经过审理，查明被告不履行法定职责的，判决被告在一定期限内履行"。随着行政不作为案件的增多，履职判决成为行政诉讼的一种重要判决形式。行政不作为也是行政违法的一种形式，法律既然规定了某岗位的职权职责，在该岗位履职的官员就应该依法行政，而不能懈怠、庸政和懒政。行政机关不履行法定职责，损害公民的合法权益的，应当给予司法救济。据统计，履职判决多发生在土地管理、劳动和社会保障、城市规划和拆迁、房屋登记等领域。这些领域是近几年纠纷最多，最易发生群体事件的领域，纠纷的产生更多源于违法行政。有些官员为了保太平，干脆不作为。以为不作为就不会带来麻烦。针对这种现象，本次行政诉讼法修改重点之一就是对不作为案件的诉讼规则进行了完善和发展：一是明确了行政不作为也是违法行政行为的一种；二是在受案范围中明确了不作为情形，保留规定了申请行政机关履行保护人身权、财产权等合法权益的法定职责，行政机关拒绝履行或者不予答复，以及申请行政许可，行政机关不予答复的，属于受案范围；三是为了方便当事人起诉，保护当事人诉权，明确了不作为诉讼的起诉期限起算点，为行政机关接到申请之日起两个月后，同时还规定了紧急情况下起算点不受前述两个月规定的限制；四是规范了不作为案件的证据规则，原告需要提供其向被告提出申请的证据，但被告依职权主动履行法定职责和原告有正当理由不能提供的除外；五是保留了针对行政不作为的判决形式，也就是本条规定的履职判决形式。

履职判决针对的是行政机关不履行法定职责的情形。但在理解这一判决形式时，需要注意以下几点：一是不履行包括拒绝履行和拖延履行两种情形；二是不履行的是法定职责，即法律法规明确规定的职责，对于原则上约定的职责、后续义务等，均不属于本判决的适用情形；三是与本法的适用范围相对应，法定职责主要是保护职责，对当事人申请不予答复等，对其作过宽或者过窄的理解都是不合适的，不能把行政机关裁量范围内的事项以未采取一定措施为由一律纳入不作为范围内；四是法院作出履职判决时要注意司法权与行政权的分工，对于行政机关履职的具体内容不要做过多的指示，只要求行政机关依法履职，并且明确一定的履行期限就可。一般来说，履行期限应当要短于法律、法规规定的行政机关履行该项职责的期限。

（4）给付判决。给付判决的内容体现在新法第七十三条之规定中。即"人民法院经过审理，查明被告依法负有给付义务的，判决被告履行给付义务"。此次行政诉讼法的修改扩充了给付判决形式的范围，将旧法中仅支付抚恤金扩充到"最低生活保障费、社会保险待遇"等事项。给付判决范围的扩展反映了服务行政理念的日益渗透，这是一个全球趋势。英美国家也是近年来才让给付行政进入诉讼领域的，在很长一段时间，英美国家行政给付行为不可诉，其理由是行政给付是国家的恩惠，是裁量性授益行为，给付不是当事人的合法权益。随着理论认识的提高，当明确行政救助、社会保障、社会保险属于政府的责任，而不是政府的恩惠时，这类给付行政行为才进入了诉讼领域。我国二十世纪八十年代末就规定了有关行政给付的可诉性，但只明确了支付抚恤金这一种形式。这次行政诉讼法的修改，将行政给付的范围扩展到社会保险、最低生活保障、社会救助等范围，还形成了专门的给付判决形式，无疑是立法的重大进步。

需要说明的是：在有的诉讼理论上，给付诉讼是一个广义概念，包括了履行法定职责和依法给付钱物，甚至还包括要求被告不作出一定行为。本条规定的给付判决，要比给付诉讼窄很多，是专门针对行政给予行为设置的相应判决。给付判决与履职判决在适用范围上是不同的，但在判决机理上很类似，都是法院判决行政机关作出一定行为。但同样不适合在判决中具体明确给付内容的原则及具体给付的内容,因为这牵涉到司法权和行政权的边界。但是如果不明确,行政机关如果带有偏见,就会克减给付内容或者降低给付标准,不利于当事人权益的保障。这或许是个两难问题。

(5)确认违法判决。确认违法判决但不撤销行政行为的情形具体规定在新法第七十四条中。根据该条规定:"行政行为有下列情形之一的,人民法院判决确认违法,但不撤销行政行为:一是行政行为依法应当撤销,但撤销会给国家利益、社会公共利益造成重大损害的;二是行政行为程序轻微违法,但对原告权利不产生实际影响的;三是行政行为违法,但不具有可撤销内容的;被告已改变原违法行政行为,原告仍要求确认原行政行为违法的;被告不履行或者拖延履行法定职责,判决履行没有意义的。"

本条是新增加的条款。是为了应对司法实践中一些被诉行政行为违法但不宜或者不能适用撤销、履职等判决形式的,只好创新了"确认违法判决"这一形式。在修法过程中,有人提出了反对意见,认为这种创新没有必要,相关情形可以直接适用"驳回原告诉讼请求"的判决形式。这种考虑太简单,试想想,在某一诉讼中原告本来就是受害者,法院不仅没有撤销违法行政行为,还要驳回原告的诉讼请求,判决原告败诉,于情于理都说不通。这必然难以解决行政争议,导致社会矛盾激化。

在某种意义上,确认违法判决是对违法行政行为的"宽容"和妥协,需要严格适用,不能任意解释。适用确认违法判决需要坚持两个原则:一是确认违法判决是撤销判决、履职判决的补充,不是主要的判决形式;二是确认违法判决必须符合法定条件,法定条件要从严把握。

适用确认违法判决的情形有:

第一,行政行为依法应当撤销,但撤销该行政行为会给国家利益、社会公共利益造成重大损失。此种情形下,法院在适用该判决形式时需要权衡,如果撤销该行为造成了国家利益和社会公共利益的重大损失,就不能撤销,而只能适用确认违法即可。由于立法未对重大损失作出界定,司法实践中,需要法官根据实际情况从严把握。

第二,行政行为程序轻微违法,但对原告权利不产生实际影响。此种情形下,如果行使撤销，就会产生更大的行政成本和司法成本，因为撤销以后，还需要重新做一遍行政行为，结果不会变，对当事人程序权利也没有大的损害，在仍需要对该行政行为予以否定性判决时，判决确认其违法比判决撤销该行政行为更为恰当。因为程序轻微违法属于可以补正的情形，不影响实体决定的正确性，如告知送达不规范，超过法定期限作出决定等，但如果是重要程序违法，如听证权利、告知申辩权等，则会影响当事人实体权利，则属于重大程序或者重要程序违法，属于应予撤销的行政行为。

第三，行政行为违法，但不具有可撤销内容的。这种情形主要是指违法的事实行为，如殴打行为、违法的信息公开行为等。殴打已经造成了损害结果、违法的信息公开行为已经造成了对隐私和商业秘密的泄露。行为已经完成，损害结果已经形成，已没有撤销的内容，而且撤销已经没有实际意义。此种情况下，确认该行为违法即可。

第四，被告改变原违法行政行为，原告仍要求确认原行政行为违法的。被告既然已经改变原行政行为，原行政行为已经不复存在。但为了保护当事人合法权益，我国行政诉讼法仍允许当事人起诉，但原告胜诉需要撤销原违法行政行为时，已经无行政行为可撤销，只能作出确认违法判决。

第五，被告不履行或者拖延履行法定职责，判决履行没有意义的。在一些要求行政机关履行保护的法定职责案件中，由于原告的请求时效性很强，时过境迁再去履行已无条件或者已无意义的情况下，确认违法判决比履职判决更为适合。这几种情形下，确认违法判决后，意味着被告败诉，将由被告承担败诉责任。

（6）确认无效判决。无效判决也是此次行政诉讼法修改新增加的内容，具体体现在新法第七十五条中。即"行政行为有实施主体不具有行政主体资格或者没有依据等重大且明显违法情形，原告申请确认行政行为为无效的，人民法院判决确认无效"。我国目前行政立法中还没有关于行政行为无效的实体规定，在缺乏实体规定的情况下，增加确认无效判决，无疑具有较强的前瞻性。这样修改，也是为了区分无效与一般违法的界限，有利于实质解决行政争议，提高行政执法水平及推动行政法理论与立法的发展。

在理解本条规定时要注意以下几点：一是确认无效判决的适用情形很少，不能成为常规化的判决形式。只有重大且明显的违法才是无效，重大与明显需同时具备，虽然立法中没有明确什么情形才是重大且明显，但是一定要符合普通认知标准；二是行政行为一旦确定为无效，就是自始无效，不是法院作出无效判决后才开始没有效力的。这种无效具有溯及性。确认无效的诉讼可以不受起诉期限的限制，可以随时提出。但是，无效判决还是一项新制度，需要实践中不断完善。

为了增强可适用性，新法第七十六条就规定了关于确认违法和无效判决的补充规定。即"人民法院判决确认违法或者无效的，可以同时判决责令被告采取补救措施；给原告造成损失的，依法判决被告承担赔偿责任"。本条也是新增加的内容，法院在依照新法第七十四条作出确认违法判决，依据第七十五条作出确认无效判决时，应与本条一起适用。无效判决尽管不撤销违法行政行为，但行政机关并不能因此免除其他责任，还是要承担比撤销判决较轻的法律责任：一是要积极采取补救措施；二是要承担败诉责任，包括给原告、第三人造成损失的，要承担赔偿责任。法院将根据实际情况来决定是否判决责令被告采取补救措施。补救措施包括使违法行政行为不失去效力的措施，以及消除争议，缓解矛盾的补救措施。如违法公开信息的行为造成了个人隐私和商业秘密的泄露，补救措施就是及时删除信息，收回相关的书面材料、给当事人赔礼道歉、赔偿当事人相关损失。

（7）变更判决。变更判决的内容具体体现在新法第七十七条。即"行政处罚明显不当，或者其他行政行为涉及对款额的确定、认定确有错误的，人民法院可以判决变更。人民法院判决变更，不得加重原告的义务或者减损原告的权益。但利害关系人同为原告，且诉讼请求相反的除外"。

变更判决规定在原法中第五十四条，且单独成条。此次修改了两处：一是扩大了变更判决的适用范围，增加了行政处罚以外的行政行为中对款额的确定或认定确有错误的；二是增加了一款，明确规定了诉讼禁止不利变更原则。为了保持条文之间概念的一致性，还将显失公正改为"明显不当"。明显不当主要表现为处罚决定的偏轻或者偏重，由于已属极不合理，故视为违法情形。

其他行政行为明显不当的，不能适用变更判决，法院只能作出撤销判决；其他行政行为中对款额的确定或者认定确有错误的，主要是指涉及金钱数量的确定和认定的除行政处罚以外的其他行政行为。确定是由行政机关作出决定，如支付抚恤金、最低生活保障待遇、社会保险待遇案件中，对其数额的确定。认定主要是对客观事实的肯定，如拖欠税金的案件中，税务机关对企业营业额的认定。

这次修法较大的亮点是明确增加了诉讼禁止不利变更原则。之前这项原则只存在于相关司法解释中，《行政复议法实施条例》也规定了这一原则。相类似的还有刑事诉讼法中规定的上诉不加刑原则。可以说，诉讼禁止不利变更原则是行政诉讼、行政复议的一项共同原则。是指法院依法判决变更行政行为，不能增加原告的义务或者减损原告的权益，使原告处于更为不利的境地。因为行政复议，行政诉讼其目的都是要救济行政相对人的权益，而不是协助行政机关惩罚行政相对人。司法实践中，法院经审理查明原告确有违法行为，被诉行政处罚轻了，或者罚少了，可以根据实际情况驳回原告的诉讼请求，或者撤销被诉行政行为，但不能直接判决变更，甚至还加重处罚。诉讼禁止不利变更原则也有例外，在利害关系人同为原告、且诉讼请求相反时，不再适用这一原则。

变更判决作为撤销判决的补充形式，变更判决的适用情形要大大窄于撤销判决，且能包含在撤销判决的适用情形之中，是一种被包含与包含的关系。法院作出变更判决时一定要基于事实清楚，证据确实充分，对欠缺这些条件的，就不宜作出变更判决。而且，法律规定法院是"可以"作出变更判决，而不是一定要作出变更判决。司法实践中，法院对这项权力的行使应该要持谨慎的态度，要遵循司法权与行政权的分工之原则，故变更判决的适用情形不宜过于扩大。

（8）补偿判决。补偿判决主要是针对行政协议的履行为主的判决形式。主要体现在新法第七十八条中。即"被告不依法履行，未按照约定履行或者违法变更、解除本法第十二条第一款第十一项规定的协议的，人民法院判决被告承担继续履行、采取补救措施或者赔偿损失等责任。被告变更、解除本法第十二条第一款第十一项规定的协议合法，但未依法给予补偿的，人民法院判决给予补偿"。

　　本条是新增加的内容。本次修法将政府特许经营协议、房屋土地征收补偿协议等纳入了受案范围。但是判决形式上很难适用已有的履职判决、撤销判决、变更判决等,故有必要增加一类相适应的判决形式,即行政协议履行及补偿判决。被诉行政机关不履行行政协议的情形主要有四类:不依法履行、未按照约定履行、违法变更和违法解除。根据合同法的规定,不履行合同就要承担违约责任,与民事合同不同的是,有些法律规定了行政机关为了社会公共利益的需要可以不履行行政协议,因此除了不依法履行外,还有合法的不履行。法院审查行政协议争议,就要进行区分,不仅要审查其合约性,还要审查其合法性。合法性是看是否有相关法律、行政法规、规章的依据,以及是否符合合同法第五十四条规定的法定变更、撤销情形。法院经审查,查明被告有不依法履行、未按约定履行或者违法变更、解除行政协议的,可以要求被诉行政机关承担违约责任,根据原告请求和实际情况,作出要求被诉行政机关继续履行行政协议、采取补救措施或者赔偿损失的判决。被告变更、解除行政协议合法,但未依法给予补偿的,人民法院判决给予补偿。这也是行政法上信赖利益保护原则的体现。

(二)简易程序

　　此次修法,增加了简易程序的规定。具体内容体现在新法第八十二条之中。即人民法院审理下列第一审行政案件,认为事实清楚、权利义务关系明确、争议不大的,可以适用简易程序:被诉行政行为是依法当场作出的;案件涉及款额二千元以下的;属于政府信息公开案件的。除了前款规定以外的第一审行政案件,当事人各方同意适用简易程序的,可以适用简易程序。但发回重审、按照审判监督程序再审的案件不适用简易程序。

　　根据该条,行政诉讼适用简易程序有几层意思:一是法定适用情形;二是协议适用情形;三是法定不能适用情形。第一种法定适用情形主要指条款中明确的三类案件,这些案件只要事实清楚、权利义务关系明确、争议不大,就可以适用简易程序;第二种协议适用,完全是建立在诉讼双方意思自治的基础之上;第三种法定不适用情形主要是对于上诉案件、发回重审的案件、按照审判监督程序申请再审的案件而言的。

　　上诉案件一般都不符合事实清楚、权利义务关系明确、争议不大的标准，不能适用简易程序。而且，根据新法第八十六条之规定，人民法院对上诉案件，应当组成合议庭开庭审理，不能由审判员一人独任审理。

　　发回重审的上诉案件，虽然也是按照第一审程序进行审理，但不能适用简易程序。根据新法第八十九条之规定，原判决认定基本事实不清、证据不足的，或者原判决遗漏当事人或者违法缺席判决等严重违反法定程序的，裁定撤销原判决，发回原审人民法院重审。据此可以看出，发回重审的案件往往都是事实不清楚、权利义务关系不明确、争议比较大的案件，因此，也不能适用简易程序。

　　按照审判监督程序申请再审的案件不适用简易程序。审判监督程序是对确有错误的已经发生法律效力的判决、裁定或者调解书，依法重新审理的程序。审判监督程序属于纠错程序，具有监督性和补救性的特点，对再审案件的审理应当非常审慎，从程序、实体等各方面都要保证案件的正确裁判，因此，也不能采用简易程序，应当另行组成合议庭审理。即使发生法律效力的判决、裁定是由第一审法院作出的，由原审人民法院按照第一审程序审理的再审案件，也不能适用简易程序。

　　适用简易程序审理的行政案件，由审判员一人独任审理，并应当在立案之日起四十五天内审结。人民法院在审理过程中，发现案件不宜适用简易程序的，裁定转为普通程序。

　　简易程序是与普通程序相对的程序，在起诉手续、传唤当事人方式、审理程序以及审理期限等方面都作了简化。这对于及时结案、降低当事人诉讼成本、保护当事人合法权益方面，都是比较好的。

（三）二审程序

　　第二审程序从当事人提起上诉开始。当事人提起上诉，肯定是不服第一审的判决，希望通过上诉程序，上级法院对原审人民法院的判决予以撤销或者予以改变。提起上诉是法律赋予当事人的一种诉讼权利，只要当事人主观上不服人民法院的第一审裁判，就可以提起上诉，而不需要第一审判决、裁定确实存在认定事实不清、适用法律错误、违背法定程序等错误情形。可以提起上诉的裁判文书一定是没有发生法律效力的一审判决和裁定，而对于已经发生法律效力的判决和裁定，如果不服，不是适用上诉程序，而是审判监督程序了。该内容体现在新法第八十五条。即"当事人不服人民法院第一审判决的，有权在判决书送达之日起十五日内向上一级人民法院提起上诉。当事人不服人民法院第一审裁定的，有权在裁定书送达之日起十日内向上一级人民法院提起上诉。逾期不提起上诉的，人民法院的第一审判决或者裁定发生法律效力"。

本条为原法第五十八条，未作修改。该条涉及了提起上诉的主体、提起上诉的理由、可以提起上诉的裁判文书、提起上诉的期限等内容。

可以提起上诉的主体是符合法定条件、享有上诉权的当事人，包括第一审的原告、被告和第三人。当事人只能向第一审人民法院的上一级法院提起上诉，而不能越级提起上诉。上诉应当递交上诉状。上诉状可以通过原审人民法院提出，并按照对方当事人或者代表人的人数提出副本；当事人直接向第二审人民法院上诉的，第二审人民法院应当在五日内将上诉状移交原审人民法院。原审人民法院收到上诉状，应当在五日内将上诉状副本送达对方当事人，对方当事人在收到之日起十五日内提出答辩状。人民法院应当在收到答辩状之日起五日内将副本送达上诉人。当事人不提出答辩状的，不影响人民法院审理。原审人民法院收到上诉状、答辩状的，应当在五日内连同全部案卷和证据，报送第二审人民法院。

在二审程序中，一定要注意，最高人民法院作出的第一审判决和裁定是发生法律效力的判决和裁定，不能上诉。对第一审法院没有发生法律效力的不予立案的裁定、对管辖权有异议的裁定和驳回起诉的裁定可以上诉，其他裁定不能上诉。对于双方当事人已经签收的调解书，由于已经发生法律效力，因此也不能上诉。

提起上诉的期限，第一审判决书和第一审裁定是不同的。不服判决书的上诉，起诉期限是十五日；不服第一审裁定的上诉，起诉期限是十日。为什么会有这种不同？因为判决书是解决案件的实体性问题，涉及当事人双方的权利义务，影响较大；而裁定是解决程序性问题，不涉及当事人双方实体权利义务，影响较小，审查难度也小一些。当事人如果在上诉期限内不提起上诉，人民法院的第一审判决或者裁定就发生法律效力。对于已经发生法律效力的判决和裁定如果不服，就不是通过上诉程序了，而是通过审判监督程序，提起再审了。

对于上诉案件，人民法院应当组成合议庭，开庭审理。经过阅卷、调查和询问当事人，对没有提出新的事实、证据或者理由的，合议庭认为不需要开庭审理的，也可以不开庭审理。这同时意味着，如果当事人上诉时提出了新的事实、证据或者理由的，第二审人民法院必须开庭审理。人民法院审理上诉案件，应当对原审人民法院的判决、裁定和被诉行政行为进行全面审查。上诉案件的全面审查原则是此次新法修改新增加的内容。全面审查原则要求上诉法院不仅审查裁判文书的合法性、规范性问题，还要审查被诉行政行为的合法性。看证据是否确实充分、适用法律法规是否正确，是否违反法定程序等。全面审查原则的确立是符合行政诉讼的立法目的的，因为行政诉讼除了保障当事人的合法权益外，还兼对行政机关进行监督的功能，可以说集合了私益和公益的保护。这点是与民事诉讼不同的地方。上诉案件虽然是全面审查，但同样有期限的限制：人民法院审理上诉案件，应当在收到起诉状之日起三个月内作出终审判决。有特殊情况需要延长的，由高级人民法院批准，高级人民法院在审理上诉案件需要延长的，由最高人民法院批准。可见，上诉案件的审理期限，这次新法修改是进行了延长的，由以前的两个月延长至三个月了。但与第一审期限的六个月相比，还是缩短了时间的。

对于上诉案件的处理结果，集中规定在新法第八十九条，分别有以下几种不同情形：

第一，原判决裁定认定事实清楚，适用法律法规正确的，驳回上诉，维持原判决裁定。

第二，原判决裁定认定事实错误或者适用法律法规错误的，依法改判、撤销或者变更。

第三，原判决认定基本事实不清、证据不足的，发回原审人民法院重审，或者查清事实后改判。

第四，原判决遗漏当事人或者违法缺席判决等严重违反法定程序的，裁定撤销原判决，发回原审人民法院重审。

第五，原审人民法院对于发回重审的案件作出判决后，当事人提起上诉的，第二审人民法院不得再次发回重审。而且，人民法院审理上诉案件，需要改判原审判决的，应当同时对被诉行政行为作出判决。

本次行政诉讼法修改，对该条进行了较大修改：一是增加了对裁定的处理规定，改变了原法只对判决进行处理规定的不足；二是增加了对原判决裁定认定事实错误的处理规定，完善了适用法律法规错误的处理规定；三是完善了对原判决违反法定程序的处理规定；四是增加了发回重审的次数限制，不得两次发回重审；五是增加了对被诉行政行为的处理规定。

（四）审判监督程序

上诉程序是对一审的判决和裁定不服而提起的诉讼，是还没有发生法律效力的判决和裁定。对于已经发生法律效力的判决和裁定，当事人认为确有错误的，可以向上一级人民法院申请再审，但判决裁定不停止执行。申请再审，进入审判监督程序的案件主要是指二审的判决和裁定以及超过上诉期限，而当事人没有上诉的一审判决和裁定。"再审之诉"采取的是"宽进严出"原则，"宽进"是对当事人诉权的保障，使那些万一有错判的案子能够得到及时纠正；"严出"是为了维护判决、裁定既判力的权威。已经生效的判决和裁定具有公定力、确定力和执行力。所以，即使进入再审程序，一般情况下，不停止对判决和裁定的执行。

再审案件的管辖，属于原终审法院的上一级法院。这样规定，既可排除来自原审法院地的干扰，也符合我国上级法院监督下级法院审判业务工作的原则。对于最高人民法院终审的案件，当事人只能向最高人民法院申请再审。

审判监督程序要注意的问题是：（1）当事人对裁定申请再审的范围是有限的。根据新的行政诉讼法第101条的规定，原则上参照适用民事诉讼法第154条的规定。民事诉讼法第154条具体例举了裁定适用的十项范围，其中对前三项裁定，可以上诉。再根据2011年最高人民法院、最高人民检察院联合制定的《关于对民事审判活动与行政诉讼实行法律监督的若干意见（试行）》，"人民检察院发现人民法院已经发生法律效力的行政判决和不予受理、驳回起诉、管辖权异议等行政裁定，有原行政诉讼法第 64 条规定情形的，应当提出抗诉"。该条将可提出抗诉的裁定范围进行了例举，即"不予受理、驳回起诉、管辖权异议"。照此推理，当事人也只能对不予受理、驳回起诉、管辖权异议的三项生效裁定可以申请再审；（2）当事人申请再审的期限，根据新的行政诉讼法第 101 条的规定，应当参照适用民事诉讼法第 205 条的规定。根据该规定，行政诉讼当事人应在判决、裁定发生法律效力后六个月内提出；（3）当事人申请再审的次数遵循"再审一次"的原则，人民法院对再审申请的审查期间为三个月。在作出是否进入再审程序的裁定前，不停止对该判决和裁定的执行。一旦裁定进入再审程序，由再审的人民法院裁定中止对原判决和原裁定的执行。但按照行政诉讼法对关于先于执行的规定，人民法院判决发给抚恤金、最低生活保障金和支付工伤、医疗社会保险金的案件，可以不中止执行。在三个月审查期内，人民法院如发现符合再审条件的，裁定再审；如不符合本法规定的再审条件的，裁定驳回申请。

人民法院应当再审的情形是：（1）不予立案或者驳回起诉确有错误的；（2）有新的证据，足以推翻原判决、裁定的；（3）原判决、裁定认定事实的主要证据不足、未经质证或者证据系伪造的；（4）原判决、裁定适用法律法规确有错误的；（5）违反法律规定的诉讼程序，可能影响公正审判的；（6）原判决、裁定遗漏诉讼请求的；（7）据以作出原判决、裁定的法律文书被撤销或者变更的；（8）审判人员在审理该案件时有贪污受贿、徇私舞弊、枉法裁判行为的。

这八项规定是法定再审的事由。除了法定再审的事由外，行政诉讼法中还规定了"依职权提起再审"的规定。具体内容体现在新的行政诉讼法第九十二条中。即"各级人民法院院长对本院已经发生法律效力的判决、裁定，发现有本法第九十一条规定的情形之一，或者发现调解违反自愿原则或者调解书内容违法，认为需要再审的，应当提交审判委员会讨论决定。最高人民法院对地方各级人民法院已经发生法律效力的判决、裁定，上级人民法院对下级人民法院已经发生法律效力的判决、裁定，发现有本法第九十一条规定的情形之一，或者发现调解违反自愿原则或者调解书内容违法的，有权提审或者指令下级人民法院再审"。

可见，依职权提起再审分几种情况：一是作出生效裁判的本法院院长提交审委会再审；二是最高人民法院对地方各级人民法院可以行使审判监督的再审权；三是上级人民法院对下级人民法院可以行使审判监督的再审权。

本次行政诉讼法修改，增加了人民法院对行政案件进行调解的规定。行政案件原则上不进行调解。但是对于行政赔偿、行政补偿以及行政机关行使法律、法规规定的自由裁量权的案件才可以进行调解。调解必须遵循双方当事人的合意，调解书的内容不得违法。对于调解的再审，同样遵循上面所示的再审规定。

行政诉讼中的抗诉情形：抗诉是人民检察院对行政诉讼实行法律监督的主要方式。新行政诉讼法第九十三条为行政诉讼中的抗诉提供了法律依据，即"最高人民检察院对各级人民法院已经发生法律效力的判决、裁定；上级人民检察院对下级人民法院已经发生法律效力的判决、裁定，发现有本法第九十一条规定情形之一；或者发现调解书损害国家利益、社会公共利益的，应当提出抗诉。地方各级人民检察院对同级人民法院已经发生法律效力的判决、裁定，发现有本法第九十一条规定情形之一，或者发现调解书损害国家利益、社会公共利益的，可以向同级人民法院提出检察建议，并报上级人民检察院备案；也可以提请上级人民检察院向同级人民法院提出抗诉。各级人民检察院对审判监督程序以外的其他审判程序中审判人员的违法行为，有权向同级人民法院提出检察建议"。除了行政诉讼法的规定外，人民检察院组织法第十八条第一款也规定，"最高人民检察院对于各级人民法院已经发生法律效力的判决和裁定，上级人民检察院对于下级人民法院已经发生法律效力的判决和裁定，如果发现确有错误，应当按照审判监督程序提出抗诉"。

由此可见，抗诉是检察院对法院的审判活动的监督机制，是宪法中权力机关相互合作，相互监督的一种体现。

在理解抗诉时，要注意以下几点：

第一，抗诉案件的范围一定是对生效判决的抗诉和对部分生效裁定的抗诉，前面已经提过，部分生效裁定是指对"不予受理、驳回起诉、管辖权异议"三类裁定进行抗诉；而对于调解的抗诉，主要指对损害国家利益、社会公共利益的调解进行抗诉。

第二，前面所列八项再审事由，同时也是人民检察院的抗诉事由。

第三，对于一审后未上诉而生效的案件，人民检察院在当事人申请抗诉时要严格审查，当事人应当说明未提出上诉的理由，没有正当理由的，不予受理。这样规定，一是要强调当事人自己先要穷尽救济；二是在当事人不行使法律提供救济途径的情况下，作为公权力的检察机关也不宜主动提供救济，这是为了维护既判力的权威。但是，如果涉及国家利益和公共利益的除外。

第四，对生效判决和裁定的抗诉原则上实行"上级抗"，即由上级人民检察院抗下级人民法院。同级的检察院对同级的法院之间只能以"检察建议"的方式实行监督，而且提出检察建议的人民检察院还要向上级人民检察院备案，如果要抗诉，也只能是申请上级人民检察院进行抗诉，自己不能"同级抗"。只有最高人民检察院可以进行"同级抗"，即最高人民检察院对最高人民法院已经发生法律效力的判决、裁定，发现有新法第九十一条规定的情形之一的，有权向最高人民法院提出抗诉。人民检察院进行抗诉的审查期限为三个月，跟"再审一次"原则一样，抗诉也要遵循"抗诉一次"原则，不能重复抗诉。这对于维护既判力的权威，节约司法资源，都是有意义的。

第五，检察建议有别于抗诉。抗诉必然引起再审，而检察建议不必然引起再审。检察建议一般是在同级之间进行，而抗诉只能是"上级抗"。检察建议发出后，人民法院应当在三个月内进行审查并将审查结果书面回复人民检察院。人民法院认为需要再审的，应当通知当事人。人民检察院认为人民法院不予再审的决定不当的，应当提请上级人民检察院提出抗诉。这是对于再审检察建议的规定。而对于其他检察建议，人民法院的审查期限不再是三个月，而是一个月。人民法院应当在一个月内作出处理并将处理情况书面回复人民检察院。人民检察院对人民法院的回复意见有异议的，可以通过上一级人民检察院向上一级人民法院提出。上一级人民法院认为人民检察院的意见正确的，应当监督下级人民法院及时纠正。这样，才使监督制度落到实处。

（五）执行程序

对于人民法院已经发生法律效力的判决、裁定、调解书，当事人必须履行，如果拒绝履行，行政机关或者第三人可以向第一审人民法院申请强制执行，或者由行政机关依法强制执行。

在执行程序中，要注意以下几点：一是不是所有的行政机关都能自己强制执行，有强制执行权的行政机关必须由法律进行规定。一般只有税务、海关等少数部门才有直接强制执行权，大部分的行政机关或者第三人都只能向人民法院申请强制执行；二是执行管辖的法院，都是一审法院。虽然一个案子经过了上级法院的上诉审，甚至再审。但是到了生效判决和裁定的执行阶段，还是要回到一审法院。执行程序采取"原告就被告"的原则，也是从方便执行，节约司法资源的角度考虑的。

对于行政机关拒绝履行生效的判决、裁定、调解书的，第一审人民法院可以采取下列措施进行惩处：一是对应当归还的罚款或者应当给付的款额，通知银行从该行政机关的账户内划拨；二是在规定期限内不履行的，从期满之日起，对该行政机关负责人按日处五十元至一百元的罚款；三是将行政机关拒绝履行的情况予以公告；四是向监察机关或者该行政机关的上一级行政机关提出司法建议。接受司法建议的机关，根据有关规定进行处理，并将情况告知人民法院；五是拒不履行判决、裁定、调解书，社会影响恶劣的，可以对该行政机关直接负责的主管人员和其他直接责任人员予以拘留；情节严重，构成犯罪的，依法追究刑事责任。

可见，对拒不履行生效判决的行政机关既有强制划拨、行政罚款、声誉罚、行政处分、行政拘留乃至刑事责任。

除了对生效的判决、裁定、调解书进行强制执行外，还有非诉的强制执行。非诉强制执行内容具体体现在新行政诉讼法第九十七条，即"公民、法人或者其他组织对行政行为在法定期限内不提起诉讼又不履行的，行政机关可以申请人民法院强制执行，或者依法强制执行"。这一条可以结合行政强制法第五十三条之规定一起考虑。即"当事人在法定期限内不申请行政复议或者提起行政诉讼，又不履行行政决定的，没有行政强制执行权的行政机关可以自期限届满之日起三个月内，依照该法规定申请人民法院强制执行"。

行政机关申请人民法院强制执行其作出的行政决定，人民法院应当进行必要性审查，以体现"监督行政机关依法行使职权"的立法宗旨。但是，人民法院对非诉行政行为执行审查的形式主要是书面审查或者说形式审查。审查的内容主要涉及行政机关是否在法定期限内提出的申请；行政机关提交的申请材料是否齐全；行政决定是否具备申请强制执行的条件等等。法院应在受理之日起七日内作出是否执行的裁定。

人民法院对非诉执行进行书面审查是一般原则，但也不排除在书面审查过程中发现问题时转入实质审查环节：行政决定明显缺乏事实根据；或者明显缺乏法律法规依据；以及其他明显违法并损害被执行人合法权益的情形。法院在作出裁定前可以听取被执行人和行政机关的意见，听取意见后，如果认定行政决定属于上述几种情况的，应当在三十日内作出不予执行的裁定，并附理由，在裁定作出后五日内送达行政机关。当然，行政机关对人民法院不予执行的裁定有异议的，可以自收到裁定之日起十五日内向上一级人民法院申请复议，上一级人民法院应当自收到复议申请之日起三十日内作出是否执行的决定。

第二篇　经典案例分析

周某某诉长沙市公安局岳麓分局不履行法定职责案

——广场舞噪声扰民，行政机关拖延履行法定职责的认定

【问题提示】

广场舞噪声扰民是否属于公安机关的法定职责？行政机关履职程度如何判断？

【裁判要旨】

行政机关必须完全、彻底、及时履行自身的法定职责，应当在法定期限内对相对人的申请作出明确的最终结论并告知当事人。行政机关拖延履行法定职责的行为介于拒绝履行和完全履行之间，行政主体虽已开始履行法定职责，如做了一些调查取证和劝导的工作等，但没有完全、彻底完成其法定职责的行为。对行政机关拖延履行职责的，人民法院可以判决其在一定期限内履行。

【案件索引】

一审判决书：长沙市岳麓区人民法院（2013）岳行初字第 249 号（2014年 4 月 18 日）

【案情】

原告周某某，女，1954 年 12 月 22 日出生，汉族，住长沙市岳麓区广厦新苑 ×× 栋 ×× 房。

被告长沙市公安局岳麓分局，住所地长沙市岳麓区新民路。

法定代表人陈某某，局长。

委托代理人刘某某，长沙市公安局岳麓分局法制科副科长。

委托代理人陈某某，长沙市公安局岳麓分局望城坡派出所法制员。

原告周某某认为被告长沙市公安局岳麓分局不履行保护公民人身权利的法定职责，于 2013 年 11 月 20 日向本院提起行政诉讼。本院于同日受理后，于 2013 年 11 月 21 日向被告送达了起诉状副本及应诉通知书。本院依法组成合议庭，于 2013 年 12 月 11 日公开开庭审理了此案。原告周某某，被告的委托代理人刘某某、陈某某到庭参加了诉讼。本案现已一审审理终结。

2013 年 5 月 2 日，原告以居民小区内有人晚上使用音响器材发出噪音影响原告生活为由报警投诉，被告下辖望城坡派出所出警到现场处理，原告对处理结果不满，认为被告未依法履行职责。

原告周某某诉称：原告居住的小区楼下每天晚上都有跳舞者使用音响器材跳广场舞，发出的音响噪音严重影响原告的安静生活。原告于 2013 年 5 月 2 日晚 8 时拨打 110 报警，被告的派出机构望城坡派出所当晚 9 点派员出警到达现场。自被告受理原告的报警至今已逾半年，原告在此期间多次往返派出所，以口头或书面形式请求被告依照《中华人民共和国治安管理处罚法》《中华人民共和国环境噪声污染管理法》的相关规定进行处理解决。但对原告的合理诉求，被告无故拖延，无说明、无回复、无结果，被告没有依法履行保护公民人身权利的法定职责，被告的行政不作为已经违反了《中华人民共和国治安管理处罚法》的相关规定。原告就此向长沙市公安局申请行政复议，2013 年 10 月 31 日收到长沙市公安局作出的《行政复议决定书》（2013 年第 25 号），认定被告已经依法履行了法定职责，驳回了原告的复议申请，原告不服。据此起诉，请求人民法院依法判决：1. 确认被告存在行政不作为并责令被告在一定期限内依法履行职责；2. 由被告承担本案诉讼费用。

被告长沙市公安局岳麓分局辩称：一、我局望城坡派出所依法受理报警并积极履行了相关义务。2013 年 5 月 2 日 20 时许，我局望城坡派出所接市局 110 警令，原告居住的岳麓区望城坡街道箭弓山社区广厦新苑 C4 栋楼下，有群众使用音响器材跳广场舞，发出的声音太大。接警后望城坡派出所值班民警处警到达现场，发现当时该栋楼下的人行道上有 20 余名中老年人在跳广场舞健身，且使用了一个音箱播放音乐。民警见状上前进行询问了解，并告知跳舞群众，有人报警投诉音乐的声音大，影响他人休息。跳舞群众表示理解，但同时表示自己的行为不构成违法，因公安机关无权禁止正常的跳舞健身活动，派出所民警在劝说跳舞者将音量调小后离开。处警后，民警依照规定进行了接处警登记，依法告知了报警人相关处警情况，并告知原告，如果因噪声问题需要投诉维权，还可进一步向环保等部门申请鉴定。此后，原告多次报警，多方投诉，我局多次进行了调查和处置，均无法解决。因跳舞行为发生在公共场所，声音虽然是较大，但当地本来就比较繁华热闹，且跳舞时间不是在晚间十点至凌晨六时之间，跳舞群众也不存在其他违法行为。因此，公安机关只能劝说跳舞群众将音量尽量调小。我局又对原告居住楼栋的20余户居民进行了调查询问，除原告外，没有其他住户认为广场舞音乐声干扰了他们的正常生活。由此可见，我局望城坡派出所民警依法履行了接处警和告知义务，并在后来的工作中，开展了相关调查，还配合社区进行了调解。原告诉称没有回应，不解决、无结果等问题不符合事实。

二、根据我国现行的法律法规来看，目前由公安机关对该行为进行处罚还缺乏相应的法律依据。根据我国《中华人民共和国环境噪声污染防治法》第45条规定："在城市市区街道、广场、公园等公共场所组织娱乐、集会等活动，使用音响器材可能产生干扰周围生活环境的过大音量的，必须遵守当地公安机关的规定。"同时，该法第58条规定，前述行为必须是"违反当地公安机关的规定，才能给予警告，可以并处罚款"。而我国《治安管理处罚法》第58条规定，"违反关于社会生活噪声污染防治的法律规定，制造噪声干扰他人正常生活的，处警告；警告后不改正的，处二百元以上五百元以下罚款"。上述两法从法律效力来看，属于同位法。但根据《治安管理处罚法》的规定，处罚对象只能是违反了关于社会生活噪声污染防治的法律规定，制造噪声干扰他人正常生活的行为，即明确必须是违反我国《社会生活噪声污染防治法》的行为，而《中华人民共和国环境噪声污染防治法》又要求必须违反当地公安机关的规定。因此，违法与否的前提和基本要件，是看该种行为是否违反当地公安机关的规定。但目前湖南省、长沙市均未对该行为作出明确规定，故我局如果要对跳广场舞声音过大的行为进行处罚，缺乏足够的法律依据。因此，我局已经对相关行为进行了全面调查取证，也做了大量的调解工作，但没有法律禁止或者法律授权，我局不能对该行为进行处罚。同时，由于缺乏相关法律的授权和支持，我局没有关于噪声的鉴定资质，故无法对跳舞音乐是否超过法定标准作出认定。

湖南省长沙市岳麓区人民法院经审理查明：原告系居住在长沙市岳麓区望城坡街道箭弓山社区广厦新苑 C4 栋 ×× 房的居民，该社区部分居民经常在晚上八点左右到原告楼下的人行道上跳广场舞（每次跳舞时间约一小时）并使用音响器材播放音乐。原告认为跳广场舞的居民使用的音响器材音量过大，严重影响原告生活，于 2013 年 5 月 2 日晚 8 时许拨打 110 报警，称其楼下跳广场舞的音乐声音太大，影响居民休息，请求公安部门解决。长沙市公安局岳麓分局望城坡派出所接警后派员到场处理，处警民警到场了解情况后制作了接处警案（事）件登记表，告知原告"建议去环保部门申请鉴定"。后原告又多次到望城坡派出所要求公安部门按照《中华人民共和国环境噪声污染防治法》第四十五条第二款、第五十八条、第六十三条以及《中华人民共和国治安管理处罚法》第五十八条的规定，对跳舞居民使用音响器材播放音量过大的行为进行处理。此后，望城坡派出所干警多次到现场劝说跳舞居民将音响音量调小，对参与跳广场舞的居民进行了调查询问，到原告所在居民楼的其他十余户住户家中进行了走访（均反映跳舞行为对其生活"不影响"或"影响不大"），派出所干警还与当地社区干部一起召集参与跳广场舞的居民进行协商交流，劝说他们更换跳舞场地或自觉调低音量，但由于参与跳舞的居民年龄偏大，附近又缺乏合适的场地，而且参与跳舞的居民认为自己的跳舞时间和音乐音量都在合理范围以内，不会影响到其他居民的正常生活，因此协商一直没有结果。原告对此不满，遂诉至法院。

【审判】

湖南省长沙市岳麓区人民法院认为：根据《中华人民共和国治安管理处罚法》第七条、第五十八条的规定，"违反关于社会生活噪声污染防治的法律规定，制造噪声干扰他人正常生活的"属于一种妨害社会管理的行为，对该类行为的查处属于公安机关的法定职责。根据《中华人民共和国环境噪声污染防治法》第五十八条的规定,"违反本法规定,有下列行为之一的,由公安机关给予警告,可以并处罚款:……(二)违反当地公安机关的规定,在城市市区街道、广场、公园等公共场所组织娱乐、集会等活动,使用音响器材,产生干扰周围生活环境的过大音量的;……",所以对使用音响器材产生噪音干扰周围生活环境的行为查处也属于公安机关的法定职责。因此,本案原告的报警事项属于当地公安机关即被告的职责范围。

根据《公安机关办理行政案件程序规定》(公安部令第125号),以下简称《程序规定》)第四十七条的规定,公安机关接到报案,应当及时受理、登记,对属于本单位管辖范围内的事项,应当及时调查处理。原告的报警事项已经涉嫌违反《中华人民共和国治安管理处罚法》第五十八条的规定,被告在接到110报警服务台转来的原告报警信息后可以视为收到报案,应当作为行政案件及时登记受理,按照《程序规定》中规定的程序进行调查处理并在《程序规定》第一百四十一条规定的最长不超过六十日的期限内作出处理决定。在被告2013年5月2日受理原告的报警至原告提起诉讼之间的半年多时间里,虽然原告多次报警、多方投诉,被告也做了大量的调查走访、劝说协调工作,但对于原告报案中所称的部分居民在原告楼下跳广场舞并使用音响器材这一行为是否存在违法事项,是否需要作出行政处罚等实质问题一直没有作出明确认定,案件的办理至今没有做出处理决定,应当认定被告系拖延履行法定职责。

被告在首次处警时向原告出具的接处警案(事)件登记表不能视为对原告报警事项的正式处理决定。首先,对原告报警事项的处理属于被告的法定职责,即使在案件调查处理过程中需要环保部门作出鉴定,也应当由被告向环保部门提出,因此被告告知原告"建议去环保部门申请鉴定"没有法律依据;其次,被告在向原告出具接处警案(事)件登记表后,仍然就原告的报警事项进行了一系列的调查取证、协调走访工作,说明当时该案并未调查完结,也没有正式结论。

当地公安机关没有就《中华人民共和国环境噪声污染防治法》第四十五条中所称"在城市市区街道、广场、公园等公共场所组织娱乐、集会等活动,使用音响器材可能产生干扰周围生活环境的过大音量的"这一情况的处理作出具体规定，不能成为被告拖延履行法定职责的理由。即使被告认为根据现行法律法规的规定对居民使用音响的行为作出行政处罚没有法律依据，也应当在调查清楚案件事实的基础上依法作出不予处罚决定或者其他相应的处理决定，而不应没有任何处理结果。

综上所述，被告在受理了原告的报案后，未在法定期限内完成该案的办理，系拖延履行法定职责。被告提出的受理报警后已积极履行了相关义务的答辩意见与事实不符，本院不予采纳；被告提出的根据现行法律法规，公安机关对原告报警事项进行行政处罚缺乏法律依据的答辩意见，不能成为被告不在法定期限内完成行政案件办理的正当理由，本院不予采纳。原告要求确认被告"行政不作为"的诉讼请求，没有法律依据，本院不予支持；原告要求责令被告在一定期限内依法履行职责的诉讼请求符合法律规定，本院予以支持。据此，依据《中华人民共和国行政诉讼法》第五十四条第（三）项之规定，判决如下：

一、责令被告长沙市公安局岳麓分局按照《公安机关办理行政案件程序规定》的相关规定对本案中原告周某某的报案作出处理。

二、驳回原告其他诉讼请求。

案件受理费 50 元，由被告负担。

依据《中华人民共和国行政诉讼法》第五十四条第（三）项和《最高人民法院关于执行〈中华人民共和国行政诉讼法〉若干问题的解释》第五十六条第（四）项之规定。

判决后，被告向长沙市中级人民法院提出上诉。2014 年 6 月 7 日，被告长沙市公安局岳麓分局向长沙市中级人民法院书面申请撤回上诉。6 月 17 日，市中院书面裁定准许上诉人长沙市公安局岳麓分局撤回上诉。该案现已发生法律效力。

【法官评析】

一、行政机关法定职责的界定：广场舞噪声扰民公安机关应当管

跳广场舞健身娱乐虽然是公民的权利，但一旦因为娱乐健身而导致扰民，

就越过了自己的权限，侵犯了他人的合法权益，且违反了国家的有关法律规定。近日，一则《26万元高音炮"击退"广场舞大妈》的新闻在网上广为传播，再度引发对广场舞噪声扰民问题的热议。2014年3月29日，浙江温州新国光商住广场的600名住户共同出资26万元买来"高音炮"对抗广场舞的噪声，在一阵急促的警报声后，高音炮中反复播放着"请遵守中华人民共和国环境噪声污染防治法，立即停止违法行为"！这句话，从当天下午2点开始，"警告声"一直播放到傍晚5点多。一些广场舞大妈实在受不了了，陆续打道回府。

近年来，跳广场舞风靡大江南北，而由其引发的噪声扰民问题也日益突出。在实践中，相关行政机关对广场舞噪声问题执法疲软，不作为或难作为。而为了对抗广场舞扰民的噪声，人们不得不采取私力救济的手段，有向跳舞群众空投"粪弹"的，有朝天鸣枪还放狗的，此次又出现了买高音炮"以噪制噪"的行为，可谓是"奇招迭出"。有专家称，高音炮的噪声危害尤甚于广场舞的噪声，各地私力救济的无序和失范，既破坏了社会和谐，也不能从根本上破解广场舞噪声管控的问题。人们在困惑之余，开始更多地寄望于执法部门加强对此类行为的有序治理。

本案原告此次拿起法律武器，通过起诉公安机关的方式，寻求对广场舞噪声的依法治理，维护自身的合法权益，反映出当前人民群众对公安机关等依法治理这一问题的普遍期待和热切需求，具有很强的典型性。

笔者认为，对本案被告公安机关处置广场舞噪声行为是否构成不履行法定职责的判定，对于促进公权力介入广场舞治理，推动全社会共同关注和化解这一难题有着积极意义。准确判断公安机关在广场舞噪声扰民时应尽的法定职责，可以从公安机关的法定职责范围、履行职责的程度、不履行或拖延履行职责时的处理等方面展开论述。

首先，担负法定职责是行政机关采取行政行为的前提和基础，也是判定公安机关应否界入广场舞噪声扰民治理的基本前提。法定职责从字面意思来理解就是法律规定的职责，从严格意义上来说是指行政主体依据法律、行政法规、地方性法规、自治条例和单行条例以及规章等的规定或授权进行某些行政管理活动，实现其具体行政管理职能所应承担的法定责任。法定职责本质上是法定义务，是行政主体相对于国家或行政相对人所应尽的义务。

《中华人民共和国环境噪声污染防治法》第四十五条规定："在城市市区街道、广场、公园等公共场所组织娱乐、集会等活动，使用音响器材可能产生干扰周围生活环境的过大音量的，必须遵守当地公安机关的规定。"第五十八条规定"违反本法规定，有下列行为之一的，由公安机关给予警告，可以并处罚款：……（二）违反当地公安机关的规定，在城市市区街道、广场、公园等公共场所组织娱乐、集会等活动，使用音响器材，产生干扰周围生活环境的过大音量的……"《中华人民共和国治安管理处罚法》第五十八条亦规定："违反关于社会生活噪声污染防治的法律规定，制造噪声干扰他人正常生活的，处警告；警告后不改正的，处二百元以上五百元以下罚款。"

根据上述法律规定，对广场舞使用音响器材产生噪音干扰周围生活环境的行为查处属于公安机关的法定职责。即使在案件调查处理过程中需要由环保部门对噪声是否超标作出鉴定，也应当由被告公安机关向环保部门提出，因此项鉴定系被告理应履行的法定职责的工作内容，被告告知原告"去环保部门申请鉴定"没有法律依据，亦与理不合。

二、行政机关履职程度的判断：出警、调查及劝导不构成完全履行

行政机关对行政相对人要求其履行法定职责的申请受理后，行政机关或其工作人员做出具体行政行为，但该具体行政行为只部分满足了申请人的请求，如果未满足的部分，也属于法律法规明确规定行政机关应当履行的职责，行政机关则构成不完全履行法定职责，法院应判决行政机关履行法定职责。

本案中，公安机关根据原告的报案及其要求履行法定职责的申请采取了出警、调查和劝导等一系列行动。被告行政机关对行政相对人的申请已积极做出相应行为，行政机关或其工作人员不存在消极不去实施自己应当实施的行为，也不属于拒绝受理或不予答复的典型不履行法定职责形式。申请人对行政机关所做出的出警行为并不持异议，而是强调行政机关的具体行政行为未全部满足其申请，要求公安机关对广场舞噪声扰民的行为做出定性和处理。

判定行政机关是否迟延履行法定职责，必须从以下三个方面进行审查和判断：一是行为主体必须是行政主体。不履行法定职责的行为主体是行政主

体，即包括行政机关，法律、法规授权的组织以及被视为授权的组织；二是行政机关必须负有外部法定职责。外部职责是指行政主体对行政相对人的职责。行政诉讼领域讨论的法定职责仅指能纳入诉讼范围的外部法定职责。如法律规定公安机关对违反关于社会生活噪声污染防治的法律规定，制造噪声干扰他人正常生活的，应当警告或罚款的法定职责。公安机关不及时履行即构成迟延；三是行政主体有能力及时履行而不履行，不存在不可抗力、意外事件等法定免责事由。

结合本案分析，本案被告系公安机关，是法定的行政机关，符合主体要求。本案原告的报警事项属于当地公安机关即被告的职责范围，且如前所述，公安机关担负有法定的对噪声扰民行为的管理职责。

在被告 2013 年 5 月 2 日受理原告的报警至原告提起诉讼之间的半年多时间里，虽然原告多次报警、多方投诉，被告也做了大量的调查走访、劝说协调工作，但对于原告报案中所称的部分居民在原告楼下跳广场舞并使用音响器材这一行为是否存在违法事项，是否需要作出行政处罚等实质问题一直没有作出明确认定，案件的办理至今没有做出处理决定。被告辩称其之所以未作出处理决定，系当地公安机关没有就《中华人民共和国环境噪声污染防治法》第四十五条中所称"在城市市区街道、广场、公园等公共场所组织娱乐、集会等活动，使用音响器材可能产生干扰周围生活环境的过大音量的"这一情况的处理作出具体规定。但这一抗辩理由并不属于不可抗力或意外事件等法定的免责事由，故不能成为被告拖延履行法定职责的正当理由。即使被告认为根据现行法律法规的规定对居民使用音响的行为作出行政处罚没有法律依据，也应当在调查清楚案件事实的基础上依法作出不予处罚决定或者其他相应的处理决定，而不应没有任何处理结果。

三、行政机关拖延履行法定职责：法院判决其在一定期限内履行

行政主体具有行政职权，其优势地位决定了其法定职责的履行也更加严格。对法定职责，行政主体必须完全、彻底、全面履行，否则将被视为不履行法定职责，这也是防止行政主体逃避履行法定职责或履行不适格的要求。《行政诉讼法》第五十四条第 3 款规定："被告不履行或者拖延履行法定职责的，判决

其在一定期限内履行。"所谓拖延履行，是指行政主体在合理的时间内不履行其行政法上的义务，不对相对人的申请作出明确的答复。行政主体在受理申请立案后积极实施了一些行为，如调查等，这些行为使相对人有理由相信行政主体将履行其法定职责，但行政主体超过法定期限仍未作出最终结论的是拖延履行法定职责。

行政机关拖延履行法定职责的行为介于拒绝履行和完全履行之间，即行政主体虽已开始履行法定职责但没有完全、彻底完成或只是做了前期的工作。法定职责是由一系列的阶段性职责组成的，其阶段主要可以分为：1. 立案审查阶段的职责；2. 受理立案后做出决定前的职责；3. 做出决定阶段的职责；4. 执行阶段的职责。只有完成了所有阶段的职责才能被认为是履行了法定职责。完全履行要求行政主体在法定期限内对相对人的申请做出明确的最终结论并告知当事人。

本案中，虽然岳麓公安分局对群众跳广场舞的行为做出了劝诫，但并未对跳广场舞噪声扰民的行为做出定性和结论，小区大妈跳广场舞的行为也并没有停止，原告的合法权益仍处于继续受侵害的状态，行政机关的前期行为不能实现行政相对人要求其履行法定职责维护其合法权益的需要，故被告的履职行为不完全，构成拖延履行法定职责。法院判决被告公安机关在三十日内就原告 2013 年 5 月 2 日的报案办理完毕并作出处理决定是恰当的，有利于防止行政主体规避法定职责的情形发生，使公民的权利、利益得到更切实的保障。

四、需要注意的事项：不履行法定职责与行政不作为有别

实践中不少人对行政不作为与不履行法定职责不加区分，认为两者只是叫法不同，实质上是同一的，包括本案的原告，亦是以被告公安机关行政不作为而提起的诉讼。但实际上，行政不作为与不履行法定职责虽有交叉但并不重叠，两者是两个完全不同的概念，不可混为一谈。行政不作为是指行政主体负有某种作为的法定义务，并且具有作为的可能性而在程序上逾期不为的行为。不为可以是程序上的不为也可以是实质内容上的不为，而只有是程序上的不为才能被归入不作为的范畴。如《最高人民法院关于执行〈中华人民共和国行政诉讼

法〉若干问题的解释》第二十七条第 2 款："在起诉被告不作为的案件中，证明其提出申请的事实。"这里的"不作为"也仅指不予答复的情形，因为行政机关如果做出了拒绝履行的表示，对于这一事实就不再需要原告（行政相对人）举证。然而，不履行法定职责却并不区分程序与实质内容，只要行政主体不履行法定职责，无论程序上是否"为"，只要内容上表现为"不为"，即构成不履行法定职责。因此，行政不作为与不履行法定职责的第一个区别是，程序上积极地"为"，实质内容上却表现为"不为"的情形，典型的如拒绝履行，属于不履行法定职责但却不是行政不作为。第二个区别是义务的来源不同。作为行政不作为的前提是作为义务的存在，而作为义务又有多种表现形式，如法定义务、因职业而引起的义务、因先行行为而引起的义务等等。然而不履行法定职责中职责的来源正如上文中所说的那样，仅限于法律规定的职责，当然这里的"法"扩及到了行政规范性文件。但无论如何，法定职责的来源都必须具有书面文件并公之于众。本案原告起诉被告不作为，但实际上被告接到报警后出了警，并做了调查取证和调解劝导等工作，并不属于行政不作为的情形。但被告公安机关在开展了前期的调查、劝导等工作后，迟迟不就广场舞噪声扰民的行为做出定性和处理的决定，使其法定职责的履行不能落到实处和产生实际上的效果，小区跳广场舞的行为仍未受到有效遏制或规范，原告的维权诉求仍未能得到有效的回应，被告拖延履职的行为虽不构成行政不作为，但仍构成广义上的不履行法定职责。

（编写人：湖南省长沙市岳麓区人民法院研究室主任 舒秋贇）

张某某诉湖南省教育考试院未依法履行

公开政府信息的法定职责案

——政府信息公开视域下国家秘密的界定

【问题提示】

"国家秘密"如何界定？哪些属于政府信息公开的范围？"高考评卷的命题人员名单、命题程序、评分标准"是否属于国家秘密？

【裁判要旨】

政府信息公开并不等于全部信息公开，也不意味着可以不受任何约束和限制。涉及国家秘密的信息，在任何国家都属于免于公开的范畴。国家秘密由内容、程序和时空三个要件构成。高考命题人员名单、命题程序等信息既符合国家秘密的形式要求，也符合实质要件，应认定为国家秘密，不属于政府信息公开的范畴。

【案件索引】

一审：湖南省长沙市岳麓区人民法院（2014）岳行初字第 00126 号（2014年 9 月 30 日）

二审：湖南省长沙市中级人民法院（2014）长中行终字第 00345 号

【案情】

原告张某某诉称：原告于 2014 年 6 月 7 日、8 日参加了湖南省普通高等学校统一招生考试，原告系《北京晨报》专栏作家，已出版数十本畅销图书，但在此次考试中原告语文成绩仅得 73 分。而 2014 年湖南省高考试卷文科综合卷第 25 题公布的参考答案是 C，原告认为该选项与题干内容风马牛不相及，正确答案应为 B。基于上述理由原告于 2014 年 7 月 14 日向被告申请政府信息公开，但被告却置之不理。故请求人民法院判令：一、被告向原告公开 2014

年全国高等学校统一招生考试湖南省考题中语文科命题人员名单、命题及评分程序和"作文"评分标准；二、被告向原告公开 2014 年全国高等学校统一招生考试湖南省考题语文卷评分情况；三、被告向原告公开湖南省高考 2014 文综第 25 题评分标准答案的依据和理由；四、被告承担本案诉讼费用。

被告湖南省教育考试院辩称：一、被告已如期答复原告。原告于 2014 年 7 月 14 日向被告提交政府信息公开申请，被告在 2014 年 7 月 23 日给予了书面答复，并按原告要求的回复地址予以邮寄，该答复已于 7 月 24 日签收；二、被告的答复符合《教育工作中国家秘密及其密级具体范围的规定》、《普通高等学校招生全国统一考试评卷工作考务管理办法》和《国家教育考试网上评卷暂行实施办法》等法律法规的规定。请求人民法院依法驳回原告的诉讼请求。

法院经审理查明：原告参加了 2014 年湖南省普通高等学校统一招生考试，在考试成绩及参考答案公布后，原告认为语文、文综两科某些题目出题过偏，导致自己考试成绩过低，与实际水平不符。2014 年 7 月 14 日，原告张某某向被告湖南省教育考试院递交申请，要求公开前述三个信息。2014 年 7 月 23 日，被告对原告作出《关于张某某同志申请政府信息公开的答复》，并于当天按照原告提交申请时所留地址邮寄给原告。答复认为：1. 原告申请公开的 2014 年全国高等学校统一招生考试湖南省考题中语文科命题人员名单、命题程序和"作文"评分标准以及湖南省高考 2014 文综第 25 题评分标准答案的依据和理由，属国家秘密事项，不能公开；2. 原告申请公开的语文科目评分程序，被告已多次通过媒体向社会公布，并在答复中再次介绍了评分程序；3. 原告申请公开的 2014 年高考语文卷评分情况，经被告复核，原告的语文成绩没有差错，并详细列举了原告语文卷各题的具体得分，合计得分 72.5 分，公布成绩为 73 分，全省语文科目的平均分为 94.37 分（2013 年为 93.62 分、2012 年为 92.62 分），不存在原告所认为的题目出题过偏的情况。原告不服，遂诉至法院。

【审判】

长沙市岳麓区人民法院认为：一、根据教育部会同国家保密局制订的《教育工作中国家秘密及其密级具体范围的规定》第三条第（三）项和教育部办公厅颁布的《普通高等学校招生全国统一考试评卷工作考务管理办法》第三条的规定，命题人员名单、命题程序、评分标准均属于秘密级事项。而根据《中华人民共和国政府信息公开条例》第十四条第四款的规定，"行政机关不得公开涉及国家秘密、商业秘密、个人隐私的政府信息"。因此，原告申请被告公开的第一项内容中除"评分程序"外的其他部分均属于国家秘密，不能公开；二、原告申请被告公开的第二项内容及第一项中的"评分程序"，被告已经予以公开；三、原告申请被告公开的第三项内容，经查，2014年湖南省高考使用的文科综合试卷由国家教育部考试中心统一命题，试卷答案及评分参考也是由教育部考试中心统一提供，因此该试卷试题答案的依据和理由不属于被告公开。综上所述，被告在收到原告的政府信息公开申请后，在法定期限内予以书面答复，已经依法履行了政府信息公开的法定职责，原告的各项诉讼请求均没有法律依据，本院不予支持。据此依据《最高人民法院关于执行〈中华人民共和国行政诉讼法〉若干问题的解释》第五十六条第（四）项之规定，判决驳回原告张某某的全部诉讼请求。案件受理费50元，由原告张某某负担。一审判决后，原告向长沙市中级人民法院提出了上诉。长沙市中级人民法院经审查认为，被上诉人湖南省教育考试院已经履行了信息公开的法定职责，其作出的《关于张某某同志申请政府信息公开的答复》符合法律规定。原审判决认定事实清楚，适用法律正确，审判程序合法。上诉人的上诉理由不能成立，其上诉请求不予支持。依照《中华人民共和国行政诉讼法》第六十一（一）项的规定，判决驳回上诉，维持原判。

【法官评析】

公开与保密的关系具有内在的关联性。政府信息公开并不等于全部信息公开，也不意味着可以不受任何约束和限制。虽然政府信息公开强调的是信息的开放，而保守国家秘密强调的是对信息的封闭和控制，从这个意义上讲，二者追求的目标是对立的。但是，两种制度在根本利益上是统一的。不论是政府信息公开制度还是保密制度，最终目的都是促进和保障国家利益的实现。

一、"国家秘密"的概念及界定

我国2010年修订的《保守国家秘密法》(以下简称《保密法》)第二条规定：

国家秘密是关系国家安全和利益，依照法定程序确定，在一定时间内只限一定范围的人员知悉的事项。从中可以看出，国家秘密具有依法性、时效性和限定性等特征。

国家秘密的外延界定：国家秘密的外延，又叫保密事项范围，即国家秘密及其密级的具体范围，也就是《保密法》第二条关于国家秘密的定义所确指的对象的总和。按照《保密法》第八条、第十条的规定，国家秘密分为基本范围和具体范围。前者的内容是指：国家事务的重大决策中的秘密事项；国防建设和武装力量活动中的秘密事项；外交和外事活动中的秘密事项以及对外承担保密义务的事项；国民经济和社会发展中的秘密事项；科学技术中的秘密事项；维护国家安全活动和追查刑事犯罪中的秘密事项；其他经国家保密工作部门确定应当保守的国家秘密事项。

国家秘密由内容、程序和时空三个要件构成。《保守国家秘密法》（2011修订）第2条规定："国家秘密是关系国家安全和利益，依照法定程序确定，在一定时间内只限一定范围的人员知悉的事项。"这是现行保密法体系中对"国家秘密"作出的权威性解释。根据这一规定，国家秘密的构成要素是：

（一）内容要素。"国家安全和利益"作为国家秘密的内容要素，事关每个公民切身利益，对某一政府信息是否能成为国家秘密具有实质性的决定功能。"国家秘密"中的核心是"国家安全和利益"，事关"国家安全和利益"的政府信息一旦公开，往往给国家带来巨大的损失。

（二）程序要素。法定程序具有防止权力恣意的功能。一项政府信息需要列入国家秘密范围，必须事先通过法定程序，预防"定密权"滥用，以确保列入国家秘密范围的政府信息之妥当性。

（三）时空要素。政府信息若是国家秘密，只有在特定时空才具有保密性；依法解密后的政府信息属于政府信息公开的范围。

凡被列入国家秘密的政府信息绝对是不可以公开的，因为"国家安全和利益"必须无条件地加以维护，任何一个主权国家都不会放弃这样的原则。

二、政府信息公开的范围

《政府信息公开条例》第九条规定："行政机关对符合下列基本要求之一的政府信息应当主动公开：（一）涉及公民、法人或者其他组织切身利益的；（二）需要社会公众广泛知晓或者参与的；（三）反映本行政机关机构设置、职能、办事程序等情况的；（四）其他依照法律、法规和国家有关规定应当主动公开的。"同时，该《条例》第十条、第十一条、第十二条采取列举式的方式，分别规定了县级以上各级人民政府及其部门，在各自职责范围内应主动公开的政府信息的具体内容，设区的市级人民政府、县级人民政府及其部门重点公开的政府信息的相关内容，以及乡（镇）人民政府应当主动公开的政府信息的具体内容等。《条例》第十三条还规定："除本条例第九条、第十条、第十一条、第十二条规定的行政机关主动公开的政府信息外，公民、法人或者其他组织还可以根据自身生产、生活、科研等特殊需要，向国务院部门、地方各级人民政府及县级以上地方人民政府部门申请获取相关政府信息。"

但在任何国家，信息公开都不可能是完全的、无条件的。涉及国家秘密的信息，在任何国家都属于免于公开的范畴。政府信息公开的范围受到国家秘密范围的直接影响。在中国现行制度框架下，基于法律位阶、一般法与特别法、新法与旧法、法律责任等因素，《政府信息公开条例》的适用受到《中华人民共和国保守国家秘密法》的严格约束，形成了"以保密为原则，以公开为例外"的行政实践。

《条例》将涉及国家秘密作为免于信息公开的理由之一。在《条例》的制度框架下，涉及保密与公开关系的法规主要是第十四条："行政机关应当建立健全政府信息发布保密审查机制，明确审查的程序和责任。行政机关在公开政府信息前，应当依照《中华人民共和国保守国家秘密法》以及其他法律、法规和国家有关规定对拟公开的政府信息进行审查。行政机关对政府信息不能确定是否可以公开时，应当依照法律、法规和国家有关规定报有关主管部门或者同级保密工作部门确定。行政机关不得公开涉及国家秘密、商业秘密、个人隐私的政府信息。但是，经权利人同意公开或者行政机关认为不公开可能对公共利益造成重大影响的涉及商业秘密、个人隐私的政府信息，可以予以公开。"

三、本案中"高考评卷的命题人员名单、命题程序、评分标准"是否属于国家秘密

我国《保密法》对于国家秘密，采取的是复合形式的认定结构，即只有既符合形式要件亦符合实质要件的事项，才能构成国家秘密。

本案原告诉请法院要求被告湖南省教育考试院公开的 2014 年全国高等学校统一招生考试湖南省考题中语文科命题人员名单、命题及评分程序和"作文"评分标准等事项，根据教育部会同国家保密局制订的《教育工作中国家秘密及其密级具体范围的规定》第三条第（三）项和教育部办公厅颁布的《普通高等学校招生全国统一考试评卷工作考务管理办法》第三条的规定，命题人员名单、命题程序、评分标准均属于秘密级事项。而根据《中华人民共和国政府信息公开条例》第十四条第四款的规定，"行政机关不得公开涉及国家秘密、商业秘密、个人隐私的政府信息"。因此，原告申请被告公开的第一项内容中除"评分程序"外的其他部分既符合国家秘密的形式要件（有国家的相关法规和文件规定），也符合实质要求（如果公开会对国家安全和利益造成损害，因高考属于国家的教育战略，高考中的秘密信息直接关系到国家公民教育制度的正常运作，涉及到国家公民的素质培养和教育导向）均属于国家秘密，不能公开。

另外原告申请被告公开"湖南省高考 2014 文综第 25 题评分标准答案的依据和理由"，经查，2014 年湖南省高考使用的文科综合试卷由国家教育部考试中心统一命题，试卷答案及评分参考也是由教育部考试中心统一提供，因此该试卷试题答案的依据和理由不属于被告公开的范围。对此，该院在本院中不予处理的做法是正确的。

（编写人：湖南省长沙市岳麓区人民法院研究室主任舒秋膂）